高职高专会计专业工学结合规划教材

浙江省精品课程建设教材

U0689470

成本会计实务

主　编　陈希琴

副主编　张　颖　江焕平

ZHEJIANG UNIVERSITY PRESS
浙江大学出版社

图书在版编目（CIP）数据

成本会计实务 / 陈希琴主编. —杭州：浙江大学出
版社,2010.3(2024.7 重印)
高职高专会计专业工学结合规划教材
ISBN 978-7-308-07406-3

Ⅰ.①成… Ⅱ.①陈… Ⅲ.①成本会计－高等学校：
技术学校－教材 Ⅳ.①F234.2

中国版本图书馆 CIP 数据核字（2010）第 030444 号

成本会计实务

陈希琴　主编

策划组稿	孙秀丽	
责任编辑	傅百荣	
封面设计	卢　涛	
出版发行	浙江大学出版社	
	（杭州市天目山路 148 号　邮政编码 310007）	
	（网址：http://www.zjupress.com）	
排　　版	杭州大漠照排印刷有限公司	
印　　刷	浙江临安曙光印务有限公司	
开　　本	787mm×1092mm　1/16	
印　　张	14.5	
字　　数	362 千	
版 印 次	2010 年 3 月第 1 版　2024 年 7 月第 6 次印刷	
书　　号	ISBN 978-7-308-07406-3	
定　　价	33.00 元	

INTRODUCTION　内容简介

成本会计课程是会计专业和财务管理专业的一门专业课。成本会计工作是会计工作的重要组成部分,在企业管理中发挥着举足轻重的作用,在激烈的市场经营环境下,企业更需要进行成本核算与管理,以提高自身的经济效益。本教材以新企业会计准则及相关财经法规为依据,介绍了成本会计的基本理论知识,如成本核算的基本要求,成本核算的程序和主要会计科目等。重点阐述了工业企业成本核算的理论和方法,如各种要素费用归集和分配的方法;综合费用归集和分配的方法;生产费用在完工产品和在产品之间分配的方法;产品成本计算的基本方法——品种法、分批法和分步法;产品成本计算的辅助方法——分类法和定额法。同时对商品流通企业和施工企业的成本核算进行了概括性的介绍;最后对成本报表的体系、编报的方法以及分析的方法进行了较为详细的阐述。

本书以理论够用为尺度,突出各种方法的运用,案例丰富,内容翔实。每个模块都列举了大量的例题,并附有思考题和练习题,以便学生课后学习使用。

本书可作为高职高专院校会计专业、财务管理专业以及经济管理类专业的教材,也可作为参考用书供企业经营管理者和相关领域人员参阅。

PREFACE　　　前　言

　　成本会计作为会计体系的重要组成部分,有着自身相对独立的理论和方法体系。但近些年,这一学科受到了日益严峻的挑战,主要表现在两个方面:一是全球经济的发展,企业的制造环境发生的巨大变化,二是最新企业会计准则体系的颁布实施。这些变化都要求成本会计在教学内容上进行更新。本教材正是依据财政部最新颁布的企业会计准则体系的规范要求,结合教育部《关于加强高职高专教育教材建设的若干意见》的精神,从高职高专教育的特点出发,按照高职高专教育"以服务为宗旨,以就业为导向,注重实践能力培养"的原则编写而成。

　　本书的主要内容及其特点是:

　　1. 选取的教学内容具有针对性。本书充分考虑学生的就业需要,在内容选取上从成本核算方法的通用性出发,以生产经营过程最为典型的工业企业为例,对成本核算的理论和方法进行了全面、系统的阐述;同时对商品流通企业和施工企业的成本核算进行了概括性的介绍;最后对成本报表的体系、编报的方法以及分析的方法进行了较为详细的阐述。

　　2. 突出职业实践能力的培养。本书重视学生职业能力的培养,努力探索工学交替、任务驱动的教学模式。在每个模块开始都有明确的知识目标和能力目标,然后情景案例导入,努力打造职业环境,让学生带着任务学习。在教学案例的安排上也尽量与能力目标和任务对应,注重实践性和可操作性。

　　3. 体现了新准则下成本会计的最新变化。本书以财政部最新颁布的《企业会计准则》及《企业会计制度》为依据,取消了待摊费用、预提费用科目,对职工薪酬内涵的界定和会计处理、固定资产修理费的会计处理、产品存货的盘亏、毁损或者盘盈的核算以及费用的跨期分配问题等方面的变化都进行了反映。

本书由浙江经济职业技术学院陈希琴副教授担任主编。各模块分工如下：第一、五模块由陈希琴副教授编写；第二、三模块由浙江经济职业技术学院张颖讲师编写；第四模块由浙江经济职业技术学院江焕平讲师编写；第六、七模块由浙江理工大学山焕老师编写；第八模块由浙江经济职业技术学院景秀平讲师编写。最后由陈希琴对全书进行了总纂。

本书在编写过程中得到了浙江大学出版社及相关院校领导和老师的大力支持，并借鉴了有关的教材和新会计准则辅导资料，编者在此一并表示感谢！同时由于编者的水平所限，本书难免存在不足之处甚至错误。在此，恳切希望有关专家和读者批评指正。

编　者

2010 年 1 月

CONTENTS   目　录

1

1

模块一

总　　论

知 识 目 标	能 力 目 标
1. 理解成本的经济实质； 2. 熟悉成本和费用的关系； 3. 熟悉成本的分类方法； 4. 了解成本会计的职能和成本会计工作的组织； 5. 熟悉成本核算的要求； 6. 熟悉工业企业成本核算的一般程序和主要会计科目。	1. 能正确进行成本的分类,会分析各经济业务哪些应计入成本开支范围,哪些不能计入成本开支范围,为正确计算成本打好基础； 2. 掌握工业企业成本核算的一般程序,能画出产品成本核算的一般程序图； 3. 掌握工业企业成本核算的主要会计科目,会进行主要的账务处理。

案例导入

　　利华科技公司是一家以生产电子科技产品为主的股份有限公司,由于财务会计工作的需要,公司今年面向大专院校招聘了三名会计专业的毕业生,张力被分配到成本核算岗位。上班第一天,财务经理先搬出了前半年的成本核算资料,后拿出本月发生的成本费用支出资料,要求张力在尽快熟悉本公司主要产品的生产过程、成本会计工作的组织、产品成本核算的要求,产品成本核算的程序等的基础上,对本月发生的支出进行合理分类,计算出本月的支出总额、费用总额、期间费用、生产费用和产品成本的数据。在张力完成这个任务前,你衡量一下自己是否也有这个能力。

　　相信通过本模块的学习,你将拥有这个能力。

项目一　成本、费用概述

　　任务一　理解成本的概念,明确成本在企业生产经营中的作用。
　　任务二　理解成本和费用的关系,对企业发生的支出进行合理分类,并能根据相关数据计算出企业发生的生产费用和产品成本。

一、成本的经济实质和作用

(一) 成本的经济实质

成本作为一个价值范畴,在社会主义市场经济中是客观存在的。加强成本管理,努力降低成本,无论对提高企业经济效益,还是对提高整个国民经济的宏观经济效益,都是极为重要的。而要做好成本管理工作就必须首先从理论上充分认识成本的经济实质。

马克思指出,按照资本主义方式生产的每一个商品 W 的价值,用公式来表示是 $W = c + v + m$。如果我们从这个产品价值中减去剩余价值 m,那么,在商品中剩下的,只是一个在生产要素上耗费的资本价值 $c + v$ 的等价物或补偿价值。如果只补偿资本家自身耗费的东西,那就是商品的成本价格。

社会主义市场经济与资本主义市场经济有着本质的区别。但两者都是商品经济,在社会主义市场经济中,企业作为自主经营、自负盈亏的商品生产者和经营者,其基本的经营目标就是向社会提供商品,满足社会的一定需要,同时要以产品的销售收入抵偿自己在商品的生产经营中所支出的各种劳动耗费,并取得盈利。只有这样,才能使企业以至整个社会得以发展。因此,商品价值、成本、利润等经济范畴,在社会主义市场经济中,仍然有其存在的客观必然性,只是它们所体现的社会经济关系与资本主义市场经济不同。

在社会主义市场经济中,产品的价值仍然由三个部分组成:① 已耗费的生产资料转移的价值(c);② 劳动者为自己劳动所创造的价值(v);③ 劳动者为社会劳动所创造的价值(m)。从理论上讲,上述的前两个部分,即 $c + v$,是商品价值中的补偿部分,它构成商品的理论成本。

综上所述,可以对成本的经济实质概括为:生产经营过程中所耗费的生产资料转移的价值和劳动者为自己劳动所创造的价值的货币表现,也就是企业在生产经营中所耗费的资金的总和。

马克思关于商品产品成本的论述是对成本经济实质的高度理论概括。这一理论是指导我们进行成本会计研究的指南,是实际工作中制定成本开支范围,考虑劳动耗费的价值补偿尺度的重要理论依据。但是,社会经济现象是纷繁复杂的,企业在成本核算和成本管理中需要考虑的因素也是多种多样的。因此,理论成本与实际工作中所应用到的成本概念是有一定差别的。这主要表现在以下几个方面。

(1) 在实际工作中,成本的开支范围是由国家通过有关法规制度来加以界定的。为了促使企业加强经济核算,减少生产损失,对于劳动者为社会劳动所创造的某些价值,如财产保险费等,以及一些不形成产品价值的损失性支出,如工业企业的废品损失、季节性和修理期间的停工损失等,也计入了成本。可见,实际工作中的成本开支范围与理论成本包括的内容是有一定差别的。就上述的废品损失、停工损失等支出来说,从实际上看,并不形成产品价值,因为它不是产品的生产性耗费,而是纯粹的损耗,其性质并不属于成本的范围。但是考虑到经济核算的要求,将其计入成本,可促使企业减少生产损失。当然,对于成本实际开支范围与成本经济实质的背离,必须严格限制,否则,成本的计算就失去了理论依据。

(2) 上述的"成本"概念是就企业生产经营过程中所发生的全部劳动耗费而言的,即是一个"全部成本"的概念。在实际工作中,是将其全部对象化,从而计算产品的全部成本,还是将其按一定的标准分类,部分计入产品成本,部分计入期间费用,则取决于成本核算制度。

如按照我国现行企业会计制度的规定,工业企业应采用制造成本法计算产品成本,从而企业生产经营中所发生的全部劳动耗费就相应地分为产品制造(生产)成本和期间费用两大部分。在这里,产品的制造费用是指为制造产品而发生的各种费用总和,包括原材料费用、生产工人工资及福利费用和全部制造费用。期间费用则包括管理费用、销售费用和财务费用。在制造成本法下,期间费用不计入产品成本,而是直接计入当期损益。

(3)上述理论成本的概念主要是针对商品产品成本而言的。在实际工作中,为了加强企业的成本管理和正确地进行决策,涉及和应用的成本概念是多种多样的,其内涵有的已经超出了商品产品成本的范围,如可控成本、不可控成本、机会成本等。

(二)成本的作用

成本的经济实质决定了成本在经济管理工作中具有十分重要的作用。

1. 成本是补偿生产耗费的尺度

为了保证企业再生产的不断进行,必须对生产耗费,即资金耗费进行补偿。企业是自负盈亏的商品生产者和经营者,其生产耗费是用自身的生产成果,即销售收入来补偿的。而成本就是衡量这一补偿份额大小的尺度。企业在取得销售收入后,必须把相当于成本的数额划分出来,用以补偿生产经营中的资金耗费。这样,才能维持资金周转按原有规模进行。如果企业不能按照成本来补偿生产耗费,企业资金就会短缺,再生产就不能按原有的规模进行。成本也是划分生产经营耗费和企业纯收入的依据,在一定的销售收入中,成本越低企业纯收入就越多。可见,成本起着衡量生产耗费尺度的作用,对经济发展有着重要的影响。

2. 成本是综合反映企业工作质量的重要指标

成本是一项综合性的经济指标,企业经营管理中各方面工作的业绩,都可以直接或间接地在成本上反映出来。例如,产品设计的好坏、生产工艺的合理程度、固定资产的利用情况、原材料耗费节约与浪费、劳动生产率的高低、产品质量的高低、产品产量的增减以及供、产、销各环节的工作是否衔接协调等,都可以通过成本直接或间接地反映出来。

成本既然是综合反映企业工作质量的指标,因而可以通过对成本的计划、控制、监督、考核和分析等来促使企业以及企业内各单位加强经济核算,努力改进管理,降低成本,提高经济效益。例如,通过正确确定和认真执行企业以及企业内部各单位的成本计划指标,可以事先控制成本水平和监督各项费用的日常开支,促使企业及企业内部各单位努力降低各种耗费;又如,通过成本的对比和分析,可以及时发现在物化劳动和活劳动消耗上的节约或浪费情况,总结经验,找出工作中的薄弱环节,采取措施挖掘潜力,合理地使用人力、物力和财力,从而降低成本,提高经济效益。

3. 成本是制定产品价格的一项重要因素

在商品经济中,产品价格是产品价值的货币表现。产品价格应大体上符合其价值。无论是国家还是企业,在制定产品价格时都应遵循价值规律的基本要求。但在现阶段,人们还不能直接计算产品的价值,而只能计算成本,通过成本间接地、相对地、掌握产品的价值。因此,成本就成了制定产品价格的重要因素。

当然,产品的定价是一项复杂的工作,应考虑的因素很多,如国家的价格政策及其他经济政策、各种产品的比价关系、产品在市场上的供求关系及市场竞争的态势等,所以产品成本只是制定产品价格的一项重要因素。

4. 成本是企业进行决策的重要依据

努力提高在市场上的竞争能力和经济效益,是社会主义市场经济条件下对企业的客观要求。而要做到这一点,企业首先必须进行正确的生产经营决策。进行生产经营决策,需要考虑的因素很多,成本是主要因素之一。这是因为在价格等因素一定的前提下,成本的高低直接影响着企业盈利的多少;而较低的成本,可以使企业在市场竞争中处于有利地位。

例 1-1 洁丽亚毛巾厂是由26名下岗工人自筹资金成立的一家专门从事毛巾生产和销售的企业。该厂的生产厂房是租来的,每年租金30万元,购买生产设备64万元,可使用8年。

第一年购进生产用原料45万元,支付工人工资25万元,办公费用14万元,用于推销产品发生的费用16万元,全年总收入150万元。

年终,公司召开会议,讨论一年的经营业绩。会上有两种不同的观点:

第一种观点:企业经营状况不好,亏损44万元。

第二种观点:企业经营状况理想,赢利12万元。

双方对持,各不相让,争执的焦点在于今年的成本到底是多少? 你能帮助做个评判吗? 同时请分析两种不同的观点,会对企业的生产经营决策产生什么样的影响?

分析

今年该厂的成本是 45万+25万+30万+64万/8=108万元

第一种观点:亏损44万元(150万-30万-64万-45万-25万-14万-16万=-44万元)。这里把本年发生的成本费用,把可使用8年的购买生产设备款64万元全部从全年总收入中扣除显然不符合马克思的劳动耗费的价值补偿理论,也没有遵守国家规定的成本的开支范围。这样的计算结果会使员工积极性丧失,领导层可能会作出错误的经营决策,比如停产、转产,甚至把企业卖掉等。

第二种观点:赢利12万元(150万-108万-14万-16万=12万元)。这里把全年总收入150万扣除本年的生产费用108万和期间费用30万,符合马克思的劳动耗费的价值补偿理论,也符合国家规定的成本的开支范围。这样的计算结果表明在该厂经营的第一年企业经营状况理想。企业员工和领导层将信心百倍,再创佳绩。

二、支出、费用、成本的关系

此处的成本指产品成本。若要深刻理解产品成本的含义,有必要明确支出、费用、成本的关系。

支出、费用、成本是关系极为密切的三个概念,它们之间既有关系,又存在着很大区别。

(一)支出的含义

支出是企业的一切开支及耗费。在一般情况下,企业的支出可分为资本性支出、收益性支出、所得税支出、营业外支出和利润分配性支出五大类。

资本性支出是指支出的效益同几个会计年度相关的支出,如企业购置和建造固定资产、无形资产和其他资产的支出,以及对外投资支出等。

收益性支出指支出的效益仅同本会计年度相关的支出,如为企业生产经营所发生的材料、工资及其他开支。

营业外支出指同企业的生产经营没有直接联系的支出,如企业支出的罚款、违约金、赔偿金以及非常损失等。

利润分配性支出指在利润分配环节发生的支出,如股利分配支出等。

(二)支出与费用的关系

一般而言,支出中凡是同本企业的生产经营有关的部分,即可表现为或转化为费用,而凡同本企业的生产经营无关的支出,则不能列为费用。如企业用于购置固定资产、无形资产、其他资产及购买材料等与生产经营有关的支出,能表现为或转化为费用;而发生的长期投资支出、利润分配性支出以及营业外支出,应同本企业的生产经营活动没有关系,就不能视为费用。

(三)生产费用与产品成本

费用按其同产品生产的关系可划分为生产费用和期间费用。生产费用是指生产过程中所发生的物化劳动和活劳动耗费的货币表现,同产品的生产有直接关系。期间费用是同企业经营活动有密切关系的耗费,但同产品的生产无直接关系,而与发生期间配比,与当期受益配比。

支出与费用的关系可用图1-1表示。

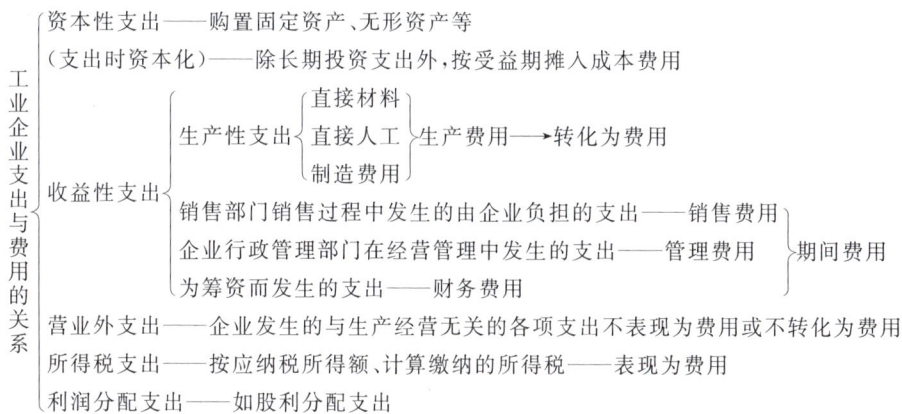

图1-1 支出与费用的关系

生产费用和产品成本是两个既互相联系又互相区别的概念。生产费用按一定的产品加以归集和汇总,就形成产品成本。因此,生产费用的发生是形成产品成本的基础,而产品成本则是对象化的生产费用。但是,生产费用通常是指某一时期(月、季、年)内实际发生的生产费用,而产品成本反映的是某一时期某种产品所应负担的费用。按照权责发生制的原则,企业生产费用的发生期与归属产品的期间并不完全一致。归属于当期产品成本中的一部分生产费用并非当期发生,而是以前期间发生的生产费用;归属于本期间的生产费用不一定归属于当期产品成本,可能要由以后期间的产品来负担。所以,企业某一时期实际发生的产品生产费用总和,不一定等于该期产品成本的总和。某一时期完工产品的成本可能包括几个时期的生产费用,某一时期的生产费用也可能分期计入各期完工产品成本。

三、费用的分类

工业企业生产经营过程中的耗费是多种多样的,为了科学地进行成本管理,正确计算产品成本和期间费用,需要对种类繁多的费用进行合理分类。费用可以按不同的标准分类,其中最基本的是按费用的经济内容和经济用途的分类。

（一）费用按经济内容的分类

企业的生产经营过程,也是物化劳动(劳动对象或劳动手段)和活劳动的耗费过程,因而生产经营过程中发生的费用,按其经济内容分类,可划归为劳动对象方面的费用、劳动手段方面的费用和活劳动方面的费用三大类。这三类可以称为费用的三大要素。为了具体反映各种费用的构成和水平,还应在此基础上,将其进一步划分为一下九个费用要素。所谓费用要素,就是费用按经济内容的分类。

（1）外购材料。指企业为进行生产经营而耗用的一切从外单位购进的原料及主要材料、半成品、辅助材料、包装物、修理用备件和低值易耗品等。

（2）外购燃料。指企业为进行生产经营而耗用的一切从外单位购进的各种固体、液体、和气体燃料。

（3）外购动力。指企业为进行生产经营而耗用的一切从外单位购进的各种动力。

（4）工资。指企业应计入产品成本和期间费用的职工工资。

（5）职工福利费。指企业根规定按工资总额的一定比例计提的、应计入产品成本和期间费用的职工福利费。

（6）折旧费。指企业按规定的固定资产折旧方法计算提取的折旧费用。

（7）利息支出。指企业应计入财务费用的借入款项的利息支出减利息收入后的净额。

（8）税金。指应计入企业管理费用的各种税金,如房产税、车船使用税、土地使用税、印花税等。

（9）其他支出。指不属于以上各要素但应计入产品成本或期间费用的费用支出,如差旅费、租赁费、外部加工费以及保险费等。

按照以上费用要素反映的费用,称为要素费用。将费用划分为若干要素分类核算的作用是:① 可以反映企业一定时期内在生产经营中发生了哪些费用,数额各是多少,据以分析企业各个时期各种费用的构成和水平。② 这种分类反映了企业生产经营中外购材料和燃料费用以及职工工资的实际支出,因而可以为企业核定储备资金定额、考核储备资金的周转速度,以及编制材料采购资金计划和劳动工资计划提供资料。但是这种分类不能说明各项费用的用途,因而不便于分析各种费用的支出是否节约、合理。

（二）费用按经济用途的分类

工业企业在生产经营中发生的费用,首先可以分为计入产品成本的生产费用和直接计入当期损益的期间费用两类。下面分别讲述这两类费用按照经济用途的分类。

1. 生产费用按经济用途的分类

计入产品成本的生产费用在产品生产过程中的用途也不尽相同。有的直接用于产品生产,有的间接用于产品生产。因此,为具体反映计入产品成本的生产费用的各种用途,提供产品成本构成情况的资料,还应将其进一步划分为若干个项目,即产品生产成本项目。产品生产成本项目,简称产品成本项目或成本项目,就是生产费用按其经济用途分类核算的项目。工业企业一般应设置以下几个成本项目:

（1）直接材料,又称原材料。指直接用于产品生产、构成产品实体的原料、主要材料以及有助于产品形成的辅助材料费用。

（2）燃料及动力。指直接用于产品生产的各种燃料和动力费用。

（3）直接人工,又称工资及福利费。指直接参加产品生产的工人工资及福利费。

（4）制造费用。指间接用于产品生产的各项费用，以及虽直接用于产品生产，但不便于直接计入产品成本，因而没有专设成本项目的费用（如机器设备的折旧费用）。制造费用包括企业内部生产单位（分厂、车间）的管理人员工资及福利费、固定资产折旧费、修理费、租赁费（不包括融资租赁费）、机物料消耗、低值易耗品摊销、取暖费、水电费、办公费、运输费、保险费、设计制图费、试验检验费、劳动保护费、季节性或修理期间的停工损失以及其他制造费用。

企业可根据生产特点和管理要求对上述成本项目做适当调整。对于管理上需要单独反映、控制和考核的费用，以及产品成本中比重较大的费用，应专设成本项目；否则，为了简化核算，不必专设成本项目。例如，如果废品损失在产品成本中所占比重较大，在管理上需要对其进行重点控制和考核，则应单设"废品损失"成本项目。又如，如果工艺上耗用的燃料和动力不多，为了简化核算，可将其中的工艺用燃料费用并入"直接材料"成本项目，将其中的工艺用动力费用并入"制造费用"成本项目。

2. 期间费用按经济用途的分类

工业企业的期间费用按照经济用途可分为销售费用、管理费用和财务费用。

（1）销售费用。销售费用是指企业在产品销售过程中发生的费用，以及为销售本企业产品而专设的销售机构的各项经费。包括运输费、装卸费、包装费、保险费、展览费和广告费，以及为销售本企业商品而专设的销售机构（含销售网点、售后服务网点等）的职工工资及福利费、类似工资性质的费用、业务费等经营费用。

（2）管理费用。管理费用是指企业为组织和管理企业生产经营所发生的各项费用，包括企业的董事会和行政管理部门在企业的经营管理中发生的，或者应由企业统一负担的公费经费（包括行政管理部门职工工资、修理费、机物料消耗、低值易耗品摊销、办公费和差旅费等）、工会经费、待业保险费、劳动保险费、董事会费（包括董事会成员津贴、会议费和差旅费等）、聘请中介机构费、咨询费（含顾问费）、诉讼费、业务招待费、房产税、车船使用税、土地使用费、印花税、技术转让费、矿产资源补偿费、无形资产摊销、职工教育经费、研究与开发费、排污费、存货盘亏或盘盈（不包括应计入营业外支出的存货损失）、计提的坏账准备和存货跌价准备等。

（3）财务费用。财务费用是指企业为筹集生产经营所需资金而发生的各项费用，包括利息支出（减利息收入）、汇兑损失（减汇兑收益）以及相关的手续费等。

（三）生产费用的其他分类

1. 生产费用按与生产工艺的关系分类

计入产品成本的各项成本费用，按与生产工艺的关系，可以分为直接生产费用和间接生产费用。直接生产费用是指由生产工艺本身引起的、直接用于产品生产的各项费用，如材料费用、燃料动力费用、生产工人工资和机器设备折旧费等。间接生产费用是指与生产工艺没有联系，间接用于产品生产的各项费用，如机物料消耗、辅助工人工资和车间厂房折旧费等。

2. 生产费用按计入产品成本的方法分类

计入产品成本的各项费用，按计入产品成本的方法，可以分为直接计入费用（一般称为直接费用）和间接计入（或称分配计入）费用（一般称为间接费用）。直接计入费用是指可以分清哪种产品所耗用、可以直接计入某种产品成本的费用。间接计入费用，是指不能分清哪种产品所耗用、不能直接计入某种产品成本，而必须按照一定标准分配计入有关的各种产品成本的费用。

生产费用按与生产工艺的关系分类和按计入产品成本的方法分类之间既有区别又有联系。它们之间的联系表现在：直接生产费用在多数情况下是直接计入费用，如原材料、生产工人工资费用大多能够直接计入某种产品成本；间接生产费用在多数情况下是间接计入费用，如机物料消耗大多需要按照一定标准分配计入有关的各种生产成本。但它们毕竟是对生产费用的两种不同分类，直接生产费用与直接计入费用、间接生产费用与间接计入费用不能等同。例如，在只生产一种产品的企业（或车间）中，直接生产费用和间接生产费用都可以直接计入这种产品的成本，因而均属于直接计入费用；又如，在用同一种原材料同时生产出几种产品的联产品生产企业（或车间）中，直接生产费用和间接恒产费用都需要按照一定标准分配计入有关的各种产品成本，因而均属于间接计入费用。

例 1 - 2　华为科技公司 5 月份有关费用资料如下：生产工人工资 20000 元，基本生产车间管理人员工资 8000 元，车间办公费 1500 元；企业管理人员工资 5000 元，公司电话费 2000 元；生产耗用原材料 100000 元，辅助材料 1000 元，燃料 3000 元，电费 6000 元；支付购买车间用设备所借款项 50 万元的利息 3000 元，该设备已经建造完毕投入使用；固定资产报废清理损失 1000 元。

请你确定该企业本月的费用总额、期间费用和产品成本各项目的数额分别是多少？

参考答案

该企业本月的费用总额为 149500 元。

该企业本月的期间费用为 10000 元。

该企业本月的产品成本为 139500 元。

项目二　成本会计的职能和任务

任务一　正确理解成本会计的职能。
任务二　了解成本会计的任务。

一、成本会计的职能

成本会计的职能是指成本会计所具有的功能。成本会计的职能在不同的历史时期体现为不同的内容。现代成本会计的职能包括成本预测、成本决策、成本计划、成本控制、成本核算、成本分析和成本考核等七项职能。

1. 成本预测

成本预测是指根据成本的有关数据及其他资料，通过一定的程序和方法，对未来的成本水平及其发展趋势所作出的科学估计。成本预测可就某种产品的成本进行预测，也可就企业的总成本进行预测。通过成本预测，可以减少生产经营管理的盲目性，有利于选择最佳方案，提高成本管理的科学性与预见性。

2. 成本决策

成本决策是指在成本预测的基础上，运用一定的专门方法，对有关方案进行比较、分析、判断，从中选出最优方案。做好成本决策对于企业正确的制定成本计划，并在执行过程中完成计划,促进企业提高经济效益具有十分重要的意义。

3. 成本计划

成本计划是根据成本决策确定的目标和成本预测的资料,具有规定计划期内产品的生产耗费和各种产品的成本水平并提出为达到规定的成本水平所应采取的措施方案。成本计划是进行成本控制、成本分析和成本考核的依据。

4. 成本控制

成本控制是指预先制定成本标准,对实际发生的费用严格控制在限额标准之内,并及时揭示实际费用与标准成本之差,采取措施将生产费用控制在计划、预算之内。通过成本控制可以保证成本目标的实现,促使企业不断降低成本。

5. 成本核算

成本核算是指对生产经营过程中所发生的生产费用进行审核,并按照一定的对象和标准进行归集和分配,计算出各成本计算对象的总成本和单位成本。成本核算既是对生产经营过程中发生的生产耗费进行如实反映的过程,也是进行反馈和控制的过程。通过成本核算,可以反映成本计划完成情况,揭露生产经营中存在的问题,为制定价格提供依据;并为进行成本预测、编制下期成本计划提供可靠的资料,同时也为以后的成本分析和成本考核提供必要的依据。

6. 成本分析

成本分析是利用成本核算和其他有关资料,分析成本水平及其构成的变动情况,系统地研究成本变动的趋势和原因,挖掘降低成本的潜力。通过成本分析,可以正确认识和掌握成本变动的规律,以便采取相应的措施,改进管理,降低耗费,提高经济效益;并为编制成本计划和制定新的经营决策提供依据。

7. 成本考核

成本考核是定期对成本计划及其有关指标实际完成情况进行总结和评价,以监督和促使企业加强成本管理责任制,履行经济责任,提高成本管理水平。成本考核一般与奖惩制度结合,以调动各责任人努力完成目标成本的积极性。

成本会计的各项职能是相互联系的、相互依存的。成本预测是成本决策的前提,成本决策是成本预测的结果,又是制定成本计划的依据;成本计划是成本决策所确定目标的具体化;成本控制是对成本计划实施进行的监督,是实现成本决策既定目标的保证;成本核算是对成本计划是否完成的检验;成本分析是对计划完成与否的原因进行的检查;成本考核则是实现成本计划的重要手段。这七项职能中,成本核算是基础,没有成本核算,其他各项职能都无法进行。

二、成本会计的任务

成本会计的任务是成本会计职能的具体化,也是人们期望成本会计应达到的目的和对成本会计的要求。具体说来,成本会计的任务主要有以下几个方面。

1. 进行成本预测,参与经营决策,编制成本计划,为企业有计划地进行成本管理提供基本依据

在社会主义市场经济中,企业应在遵守国家的有关政策、法令和制度的前提下,按照市场经济规律的要求,正确地组织自己的生产经营活动。为此,企业必须在经营管理中加强预见性和计划性。也就是说,面对市场,企业应在分析过去的基础上,科学地预测未来,周密地对自身的各项经济活动实行计划管理。就企业的成本管理工作来说,它是一项综合性很强、涉及面很广的管理工作,仅靠财会部门和成本会计工作是难以完成的。但成本会计作为一项综合性很强的价值管理工作,应充分发挥自己的优势,在成本的计划管理中,发挥主导作用。为了使企业成本管理工作有计划地进行和对费用开支有效地进行控制,成本会计工作应在企业各有关方面的配合下,根据历史成本资料、市场调查情况,以及其他有关方面(如生产、技术、财务等)的资料,采用科学的方法来预见成本水平及其发展趋势,拟定各种降低成本的方案,进而进行成本决策,选出最优方案,确定目标成本;然后再根据目标成本编制成本计划,制定成本费用的控制标准以及降低成本应采取的主要措施,以作为对成本实行计划管理,建立成本管理的责任制,开展经济核算和控制费用支出的基础。

2. 严格审核和控制各项费用支出,努力节约开支,不断降低成本

企业作为自主经营、自负盈亏的商品生产者和经营者,应贯彻增产节约的原则,加强经济核算,不断提高自己的经济效益。这是社会主义市场经济对企业的客观要求,在这方面成本会计担负着极为重要的任务。为此,成本会计必须以国家有关成本费用开支范围和开支标准,以及企业的有关计划、预算、规定、定额等为依据,严格控制各项费用的开支,监督企业内部各单位严格按照计划、预算和规定办事,并积极探求节约开支、降低成本的途径和方法,以促进企业经济效益的不断提高。

3. 及时、正确地进行成本核算,为企业的经营管理提供有用的信息

按照国家有关法规、制度的要求和企业经营管理的需要,及时、正确地进行成本核算,提供真实、有用的成本信息,是成本会计的基本任务。这是因为,成本核算所提供的信息,不仅是企业正确地进行存货计价、正确地确定利润和制定产品价格的依据,同时也是企业进行成本管理的基本依据。在成本管理中,对各项费用的监督与控制主要是在成本核算过程中,利用有关核算资料进行的;成本预测、决策、计划、考核、分析等也是以成本核算所提供的成本信息为基本依据的。

4. 考核成本计划的完成情况,开展成本分析

在成本的经营管理中,成本是一个极为重要的经济指标,它可以综合反映企业以及企业内部有关单位的工作业绩。因此,成本会计必须按照成本计划等的要求,进行成本考核,肯定成绩,找出差距,鼓励先进,鞭策落后。成本是综合性很强的指标,其计划的完成情况是诸多因素共同作用的结果。因此,在成本管理工作中,还必须认真、全面地开展成本分析工作。通过成本分析,揭示影响成本升降的各种因素及其影响程度,以便正确评价企业以及企业内部各有关单位在成本管理工作中的业绩和揭示企业成本管理工作中的问题,从而促进成本管理工作的改善,提高企业的经济效益。

综上所述,成本会计的任务包括成本的预测、决策、计划、控制、核算、考核和分析。其中,进行成本核算,提供真实、有用的核算资料,是成本会计的基本任务和中心环节。有鉴于此,本书的主要内容是:全面、系统地阐述成本核算的基本原理和各种成本计算方法(品种法、分批法、分步法、分类法和定额法),以及成本报表的编制与分析;考虑到其他行业成本核算的需要,本书对商品流通企业和施工企业以及旅游、餐饮服务业的成本核算也进行了概括性的介绍。

项目三 成本会计的组织

任务一 了解成本会计工作组织的原则。

任务二 了解成本会计机构的设置,成本会计人员需要的必备素质,规范成本会计工作所需的制度。

为了充分发挥成本会计的职能作用,圆满完成成本会计的任务,企业必须科学地组织成本会计工作。成本会计工作的组织,主要包括设置成本会计机构,配备必须的成本会计人员,制定科学、合理的成本会计制度等。

一、成本会计工作组织的原则

一般说来,企业应根据本单位生产经营的特点、生产规模的大小和成本管理的要求等具体情况来组织成本会计工作。具体说来,必须遵循以下几项主要的原则。

(一)成本会计工作必须与生产技术相结合

成本是一项综合性的经济指标,它受多种因素的影响。其中产品的设计、加工工艺等技术是否先进、在经济上是否合理,对产品成本的高低有着决定性的影响。在传统的成本会计工作中,会计部门多注重产品加工的耗费,而对产品的设计、加工工艺、质量、性能等与产品成本之间的联系则考虑较少,甚至有的成本会计人员不懂基本的技术问题;相反,工程技术人员考虑产品的技术方面问题多,而对产品的成本则考虑较少。这种成本会计工作与技术工作的脱离,使得企业在降低产品成本方面受到很大限制,成本会计工作也往往仅限于事后算账,只起到了提供核算成本资料的作用。因此,为了在提高产品质量的同时不断降低成本,提高企业经济效益,在成本会计工作的组织上应贯彻与生产技术相结合的原则。不仅要求工程技术人员要懂得相关的成本知识,树立成本意识,成本会计人员也必须改变传统的知识结构,具备与正确进行成本预测、参与经营决策相适应的生产技术方面的知识。只有这样,才能在成本管理上实现经济与技术的结合,才能使成本会计工作真正发挥其应有的作用。

(二)成本会计工作必须与经济责任制相结合

为了降低成本,实行成本管理上的经济责任制是一条重要的途径。由于成本会计工作是一项综合性的价值管理工作,涉及面宽、信息灵,因此,企业应摆脱传统上只注重成本会计事后核算作用的片面性,充分发挥成本会计优势,并将其与成本管理上的经济责任制有机地结合起来,这样可以使成本管理工作收到更好的效果。例如,在实行成本分级分口管理的情况下,应使成本会计工作处于中心地位,由其具体负责组织成本指标的制定、分解落实,日常的监督检查,成本信息的反馈、调节以及成本责任的考核、分析、奖惩等工作。又如,为了配合成本分级分口管理,不仅要搞好厂一级的成本会计工作,而且应该完善各车间的成本会计工作,使之能进行车间成本的核算和分析等工作,并指导和监督班组的日常成本管理工作,从而使成本会计工作渗透到企业生产经营过程的各个环节,更好地发挥其在成本管理经济责任制中的作用。

(三)成本会计工作必须建立在广泛的职工群众基础之上

不断挖掘潜力,努力降低成本,是成本会计的根本性目标。但各种耗费是在生产经营的各个环节中发生的,成本的高低取决于各部门、车间、班组和职工的工作质量。同时,各级、各部门的职工群众最熟悉生产经营情况,最了解哪里有浪费现象,哪里有节约的潜力。因此,要加强成本管理,实现降低成本的目标,不能仅靠几个专业人员,必须充分调动广大职工群众在成本管理上的积极性和创造性。为此,成本会计人员还必须做好成本管理方面的宣传工作,经常深入实际了解生产经营过程中的具体情况,与广大职工群众建立起经常性的联系;吸收广大职工群众参加成本管理工作,增强广大职工群众的成本意识和参与意识,以便互通信息,掌握第一手资料,从而把成本会计工作建立在广泛的职工群众基础之上。

二、成本会计机构

企业的成本会计机构,是在企业中直接从事成本会计工作的机构。一般而言,大中型企业应在专设的会计部门中,单独设置成本会计机构,专门从事成本会计工作;在规模较小、会计人员不多的企业,可以在会计部门中指定专人负责成本会计工作。另外,企业的有关职能部门和生产车间,也应根据工作需要设置成本会计组或者配备专职或兼职的成本会计人员。

成本会计机构内部,可以按成本会计所负担的各项任务分工,也可以按成本会计的对象分工,在分工的基础上建立岗位责任制,使每一个成本会计人员都明确自己的职责,每一项成本会计工作都有人负责。

企业内部各级成本会计机构之间的组织分工,有集中工作和分散工作两种基本方式。

所谓集中工作方式,是指企业的成本会计工作,主要由厂部会计机构集中进行,车间等其他单位的成本会计机构或人员只负责原始记录和原始凭证的填制,并对它们进行初步的审核、整理和汇总,为厂部会计机构进一步工作提供基础资料。这种工作方式的优点是:便于厂部成本会计机构及时地掌握整个企业与成本有关的全面信息;便于集中使用计算机进行成本数据处理;还可以减少成本会计机构的层次和成本会计人员的数量。但这种工作方式不便于直接从事生产经营活动的各单位和职工及时掌握本单位的成本信息,从而不便于成本的及时控制和责任成本制的推行。

所谓分散工作方式,是指成本会计工作中的计划、控制、核算和分析由车间等其他单位的成本会计机构或人员分别进行。成本考核工作由上一级成本会计机构和下一级成本会计机构逐级进行。厂部成本会计机构除对全场成本进行综合的计划、控制、分析和考核,以及汇总核算外,还应负责对各下级成本会计机构或人员进行业务上的指导和监督。成本的预测和决策工作一般仍由厂部成本会计机构集中进行。

分散工作方式的优缺点与集中工作方式正好相反,一般而言,大中型企业由于规模较大,组织结构复杂,会计人员数量较多,为了调动各级各部门控制成本费用、提高经济效益的积极性,一般应采用分散工作方式;小型企业为了提高成本会计工作的效率和降低成本管理的费用,一般可采用集中工作方式。

三、成本会计人员

在成本机构中,配备适当数量思想品德良好、精通业务的成本会计人员是做好会计工作的关键。就思想品德而言,要求成本会计人员应具备脚踏实地、实事求是、敢于坚持原则的作风和高度的敬业精神；就业务数字而言，要求成本会计人员不仅要具备较为全面的会计知识而且要掌握一定的生产技术和经营管理方面的知识。

为了充分调动和保护会计人员的工作积极性，国家在有关的会计法规中对会计人员的职责、权限、任免、奖罚以及会计人员的技术职称等，都做了明确的规定。这些规定对于成本会计人员也是完全适用的。

成本会计机构和成本会计人员应在企业总会计师和会计主管人员的领导下，忠实地履行自己的职责，认真完成自己的各项任务，并从降低成本、提高企业经济效益的角度出发，参与制定企业的生产经营决策。为此，成本会计人员应经常深入生产经营的各个环节，结合实际情况，向有关人员和职工宣传、解释国家的有关方针、政策和制度，以及企业在成本管理方面的计划和目标等，并督促他们贯彻执行；深入了解生产经营的实际情况，注意发现成本管理中存在的问题并提出改进成本管理的意见和建议，当好企业负责人的参谋。

根据成本会计人员的职责应赋予他们相应的权限。这些权限主要有：成本会计人员有权要求企业有关单位和人员认真执行成本计划，严格遵守国家的有关法规、制度和财经纪律；有权参与制订企业生产经营计划和各项定额，参加与成本管理有关的生产经营管理会议；有权监督检查企业各单位对成本计划和有关法规、制度、财经纪律的执行情况。

成本会计工作是一项涉及面很宽、综合性很强的管理工作，尤其是随着市场经济体制的不断发展和完善、科学技术的不断进步，按照市场经济的要求，靠技术进步降低成本，增强企业的竞争能力，提高企业的经济效益，已经成为成本会计工作的重要内容。为此，成本会计人员必须刻苦钻研业务，认真学习有关的业务知识和技术，不断充实和更新自己的专业知识，提高自己的素质，以适应新形势的要求。

四、成本会计制度

成本会计制度是成本会计工作的规范，是会计法规和制度的重要组成部分。企业应遵循国家有关法律、法规、制度，如《中华人民共和国会计法》、《企业财务通则》、《企业会计准则》、《企业会计制度》等的有关规定，并适应企业生产经营的特点和管理的要求，制度企业内部成本会计制度，作为企业进行成本会计工作具体和直接的依据。

各行业企业由于生产经营的特点和管理的要求不同，所制定的成本会计制度有所不同，就工业企业来说，成本会计制度一般应包括以下几个方面的内容：

（1）关于成本预测和决策的制度。

（2）关于成本定额的制度和成本计划编制的制度。

（3）关于成本控制的制度。

（4）关于成本核算规程的制度。包括成本计算对象和成本计算方法的确定；成本项项目的设置；各种费用的分配和归集的程序和方法；完工产品和在产品之间的费用分配方法等。

（5）关于责任成本的制度。

（6）关于企业内部结算价格和内部结算方法的制度。

（7）关于成本报表的制度。

（8）其他有关成本会计的制度。

成本会计制度是开展成本会计工作的依据和行为规范，其是否科学、合理会直接影响成本会计工作的成效。因此,成本会计制度的制订,是一项复杂而细致的工作。在成本会计制度的制订过程中,有关人员不仅应熟悉国家有关法规、制度的规定,而且应深入基层做广泛、深入的调查和研究工作,在反复试点,具备充分依据的基础上进行成本会计制度的制订工作。成本会计制度一经制订,就应认真贯彻执行。但随着时间的推移,实际情况往往会发生变化,出现新的情况,这时应根据变化了的情况,对成本会计制度进行修订和完善,以保证成本会计制度的科学性和先进性。

项目四　成本核算的要求和程序

任务一　理解产品成本核算的要求,能对完善企业成本核算和管理制度,健全成本核算基础工作提出有用建议。
任务二　能正确划分各种费用界限。
任务三　熟悉工业企业成本核算的一般程序和主要会计科目。

一、产品成本核算的要求

成本核算就是按照国家有关的法规、制度和企业经营管理的要求,对生产经营过程中实际发生的各种劳动耗费进行计算,并进行相应的账务处理,提供真实、有用的成本信息。

成本核算不仅是成本会计的基本任务,同时也是企业经营管理的主要组成部分。因此,为了充分发挥成本核算的作用,在成本核算工作中,应贯彻实现以下各项要求。

(一) 算管结合,算为管用

所谓算管结合,算为管用,就是成本核算应当与加强企业经营管理相结合,所提供的成本信息应当满足企业经营管理和决策的需要。为此,成本核算不仅要对各项费用支出进行事后的核算,提供事后的成本信息,而且必须以国家有关的法规、制度和企业成本计划和相应的消耗定额为依据,加强对各项费用支出的事前、事中的审核和控制,并及时进行信息反馈。也就是说,对于合法、合理、有利于发展生产提高经济效益的开支,要积极予以支持,否则就要坚决加以抵制,当已无法制止的,要追究责任,及时采取措施,防止以后再次发生;对于各项费用的发生情况,以及费用脱离定额(或计划)的差异进行分析,及时进行反馈;对于定额或计划不符合实际发生的情况,要按规定予以修订。

同时,在成本计算中,既要防止片面追求简化,以至不能为管理提供所需资料的做法,也要防止为算而算,搞烦琐哲学,脱离管理实际需要的做法。成本核算应该做到分清主次、区别对待、主要从细、次要从简、简而有理、细而有用。

另外,为了满足企业经营管理和决策的需要,成本核算不仅要按照国家有关法规、制度计算产品成本和各项期间费用,还应借鉴西方的一些成本概念和成本计算方法,为不同的管理目的提供不同的管理成本信息,如变动成本信息与固定成本信息、可控成本信息与不可控成本信息、作业成本信息等。

(二) 正确划分各种费用界限

为了正确地进行成本核算,计算产品成本和期间费用,必须正确划分以下五个方面的费用界限。

1. 正确划分应否计入产品成本、期间费用的界限

工业企业的经济活动是多方面的,其支出的用途不尽相同。而不同用途的支出,其列支的项目也应该不同。例如,企业购建固定资产的支出,应计入固定资产的造价;固定资产盘亏损失、固定资产报废清理净损失等应计入营业外支出。用于产品生产和销售、用于组织和管理生产经营活动,以及为筹集生产经营资金所发生的各种支出,即企业日常生产经营管理活动中的各种耗费,则应计入产品成本或期间费用。企业应按照国家有关成本开支范围的有关规定,正确地核算产品成本和期间费用。凡不属于企业日常生产经营方面的支出,均不得计入产品成本或期间费用,即不得乱挤成本;凡属于企业日常生产经营方面的支出,均应全部计入产品成本或期间费用,不得遗漏。乱挤成本,会减少企业利润和国家财政收入;少计成本,则会虚增利润,使企业成本得不到应有的补偿,从而影响企业生产经营活动的顺利进行。而且无论乱挤还是少计成本,都会造成成本不实,从而不利于企业的成本管理。因此,企业必须正确划分应否计入产品成本、期间费用的界限,防止乱挤成本和少计成本的错误做法。

2. 正确划分生产费用与期间费用的界限

工业企业日常生产经营中所发生的各项耗费,其用途和计入损益的时间是有所不同的。用于产品生产的费用形成产品成本,并在产品销售后作为产品销售成本计入企业损益;由于当月投产的产品不一定当月完成,当月完成的产品也不一定当月销售,因而,当月的生产费用往往不是计入当月产品销售成本。而本月发生的销售费用、管理费用和财务费用,则是作为期间费用,直接计入当月损益。因此,为了正确计算产品成本和期间费用,正确计算企业各月份的损益,必须正确地划分产品生产费用和各项期间费用的界限。应当防止混淆产品生产费用与期间费用的界限,借以调节各月产品成本和各月损益的错误做法。

3. 正确划分各月份的费用界限

为了按月分析和考核成本计划的执行情况和执行结果,正确计算各月损益,还必须正确划分各月份的费用界限。本月发生的费用,都应在本月全部入账,不能将其一部分延至下月入账。更重要的是,应该贯彻权责发生制原则,正确地核算待摊费用和预提费用。本月份支付,但属于本月及以后各月受益的费用,应记做待摊费用,在各月间合理分摊计入成本(收益期限超过一年的费用,应记做长期待摊费用,在费用项目的收益期限内,分月摊入成本)。本月虽未支付,但本月已经受益,应由本月负担的费用,应记做预提费用,计入本月的成本。为了简化核算工作,对于数额较小的应该跨期摊销和预提的费用,也可以将其全部计入支付月份的成本,而不作为待摊费用和预提费用处理。正确划分各月份的费用界限是保证成本核算正确的重要环节,应当防止利用待摊和预提的办法人为地调节各月成本,人为地调节各月损益的错误做法。

4. 正确划分各种产品的费用界限

如果企业生产两种或两种以上的产品,那么为了正确计算各种产品的成本,分析和考核各种产品成本计划和定额成本的执行情况,必须将其计入本月产品成本的生产费用在各种产品之间正确地进行划分。凡属于某种产品单独发生,能够直接计入该种产品的费用,均应直接计入该种产品成本;凡属于几种产品共同发生,不能直接计入某种产品的费用,则应采用适当的分配方法,分别计入这几种产品的成本。应当防止在盈利产品与亏损产品之间、可比产品与不可比产品之间任意转移生产费用,借以掩盖成本超支或以盈补亏的错误做法。

5. 正确划分完工产品与在产品的费用界限

在月末计算产品成本时,如果某种产品已全部完工,那么,这种产品的各项生产费用之和就是这种产品的完工产品成本;如果某种产品均未完工,那么,这种产品的各项生产费用之和,就是这种产品的月末在产品成本;如果某种产品既有完工产品,又有在产品,则应将这种产品的各项生产费用,采用适当的分配方法在完工产品与月末在产品之间进行分配,分别计算完工产品成本和月末在产品成本。应该防止任意提高或降低月末在产品成本,人为地调节完工产品成本的错误做法。

以上五个方面费用界限的划分过程,也就是产品成本的计算和各种期间费用的归集过程。在这一过程中应贯彻受益原则,即何者受益何者负担费用,何时受益何时负担费用;负担费用的多少应与受益程度的大小成正比。

(三) 正确确定财产物资的计价和价值结转方法

工业企业的生产经营过程,同时也是各种劳动的耗费过程。在各种劳动耗费中,财产物资的耗费(即生产资料价值的转移)占有相当的比重。因此,这些财产物资计价和价值结转方式是否恰当,会对成本计算的正确性产生重要的影响。企业财产物资计价和价值结转方法主要包括:固定资产原值的计算方法、折旧方法、折旧率的种类和高低;固定资产与低值易耗品的划分标准;材料成本的组成内容、材料按实际成本进行核算时发出材料单位成本的计算方法、材料按计划成本进行核算时材料成本差异率的种类(个别差异率、分类差异率还是综合差异率,本月差异率还是上月差异率)、采用分类差异率时材料类距的大小等;低值易耗品和包装物价值的摊销方法、摊销率的高低及摊销期限的长短等。为了正确地计算成本,对于各种财产物资的计价和价值的结转,都应采用既较为合理又较为简便的方法;国家有统一规定的,应采用国家统一规定的方法。各种方法一经确定,应保持相对稳定,不能随意改变,以保证成本信息的可比性。

(四) 做好各项基础工作

为了加强成本审核、控制,正确、及时地计算成本,企业应做好以下各项基础工作。

1. 做好定额的制订和修改工作

产品的各项消耗定额,既是编制成本计划、分析和考核成本水平的依据,也是审核和控制成本的标准;而且在计算产品成本时,往往要用产品的原材料和工时的定额消耗量或定额费用作为分配实际费用的标准。因此,为了加强生产管理和成本管理,企业必须建立和健全定额管理制度,凡是能够制订定额的各种消耗,都应该制订先进、合理、切实可行的消耗定额,并随着生产的发展、技术的进步、劳动生产率的提高,不断修订消耗定额,以充分发挥其应有的作用。

2. 建立和健全材料物资的计量、收发、领退和盘点制度

成本核算是以价值形式来核算企业生产经营管理中的各项费用的。但价值形式的核算是以实物计量为基础的。因此,为了进行成本管理,正确地计算成本,必须建立和健全材料物资的计量、收发、领退和盘点制度。凡是材料物资的收发、领退,在产品、半成品的内部转移,以及产成品的入库等,均应填制相应的凭证,办理审批手续,并严格进行计量和验收。库存的各种材料物资、车间的在产品、产成品均应按规定进行盘点。只有这样,才能保证账实相符,保证成本计算的正确性。

3. 建立和健全原始记录工作

原始记录是反映生产经营活动的原始资料,是进行成本预测、编制成本计划、进行成本核算、分析消耗定额和成本计划执行情况的依据。因此,工业企业对生产过程中材料的领用、动力与工时的耗费、费用的开支、废品的发生、在产品及半成品的内部转移、产品质量检验及产成品入库等,都要有真实的原始记录。成本核算人员要会同企业的计划统计、生产技术、劳动工资、产品物资供销等有关部门,认真制定既符合成本核算需要,又符合各方面管理需要,既科学又简便易行,讲求实效的原始记录制度;还要组织有关职工认真做好各种原始记录的登记、传递、审核和保管工作,以便正确、及时地为成本核算和其他有关方面提供资料和信息。

4. 做好厂内计划价格的制订和修订工作

在计划管理基础较好的企业中,为了分清企业内部各单位的经济责任,便于分析和考核企业内部各单位成本计划的完成情况和管理业绩,以及加速和简化核算工作,应对原材料、半成品、厂内各车间相互提供的劳务(如修理、运输等)制定厂内计划价格,作为企业内部结算和考核的依据。厂内计划价格要尽可能符合实际,保持相对稳定,一般在年度内不变。在制订了厂内计划价格的企业中,各项原材料的耗用、半成品的转移,以及各车间与部门之间相互提供劳务等,都要首先按计划价格计算(这种按实际生产耗用量和计划价格计算的成本,称为计划价格成本)。月末计算产品实际成本时,再在计划价格成本的基础上,采用适当的方法计算各产品应负担的价格差异(如材料成本差异),将产品的计划价格成本调整为实际成本。这样,既可以加速和简化核算工作,又可以分清内部各单位的经济责任。

5. 按照生产特点和管理要求,采用适当的成本计算方法

产品成本是在生产过程中形成的,产品的生产工艺过程和生产组织不同,所采用的产品成本计算方法也应该有所不同。计算产品成本是为了加强成本管理,因而还应根据管理要求的不同,采用不同的产品成本计算方法。因此,企业只有按照产品生产特点和管理要求,选用适当的成本计算方法,才能正确、及时地计算产品成本,为成本管理提供有用的成本信息。生产特点和管理要求对成本计算方法的影响详见模块五中项目一的内容。

例 1-3　FS 电器照明股份有限公司主要生产和经营各种电光源产品及配套灯具,成本核算基础工作不够健全已经明显制约了该公司成本管理战略的实施,因此,完善成本核算和管理制度,健全成本核算基础工作也已成了财务经理的当务之急。陈建是公司新招聘的成本核算员,通过一个多月对各车间认真考察,结合自己在其他企业的工作经验和所具有的知识,仔细规划了该公司的成本核算方案,下面是其中的三个方案,请你评价小陈的做法是否合适。

1. 成本项目的设计。原先公司的成本项目有"原材料"、"工资和福利费"、"制造反映"、"废品损失"、"停工损失",现在考虑到新会计准则和企业会计制度的要求、企业动力成本的上升,废品率的下降,还有停工损失的减少,设计了"直接材料"、"燃料和动力"、"直接人工"和"制造费用"四个成本项目。

2. 考虑到辅助材料所占比重较小,决定把辅助材料计价方法由实际成本计价法改为计划成本计价法。

3. 考虑到各种电光源产品规格型号比较多,决定把成本核算的品种法改为品种法结合分类法。

分析

1. 小陈的成本项目的设计符合新会计准则和企业会计制度的要求,同时考虑到了企业的实际情况,应予采纳。

2. 把辅助材料计价方法由实际成本计价法改为计划成本计价法不妥。因为材料计价的计划成本计价法本身就是为简化核算的,它适用于材料比重大,收发业务多的企业。

3. 决定把成本核算的品种法改为品种法结合分类法可以采纳。

二、产品成本核算的一般程序和主要会计科目

(一) 产品成本核算的一般程序

成本核算的一般程序是指对企业在生产经营过程中发生的各项费用,按照成本核算的要求,逐步进行归集和分配,最后计算出各种产品的成本和各项期间费用的基本过程。根据前述的成本核算要求和费用的分类,可将成本核算的一般程序归纳如下:

(1) 对各企业的各项支出进行严格的审核和控制,并按照国家有关规定确定其是否应该计入产品成本和期间费用,以及应计入产品成本还是期间费用。也就是说,要在对各项支出的合理性、合法性进行严格审核、控制的基础上,做好前述费用界限划分的第一和第二两个方面的工作。

(2) 正确处理费用的跨期摊提工作。包括将本月实际支出而应该留待以后月份摊销的待摊费用;将以前月份开支的待摊费用中应由本月负担的份额,摊入本月的成本;将本月尚未开支但应由本月负担的费用,预提计入本月的成本。也就是说,要做好前述第三个方面费用界限的划分工作。

(3) 将应计入本月产品成本的各项生产费用,在各种产品之间按照成本项目进行分配和归集,计算出按成本项目反映的各种产品的成本。这是本月生产费用在各种产品之间横向的分配和归集,是前述第四个方面费用界限的划分工作。

(4) 对于月末既有完工产品又有在产品的产品,将该种产品的生产费用(月初在产品生产费用和本月生产费用之和)在完工产品与月末在产品之间进行分配,计算出该种产品的完工产品成本和月末在产品成本。这是生产费用在同种产品的完工产品成本与月末在产品之间的纵向的分配和归集,是前述第五个方面费用界限的划分工作。

(二) 产品成本核算的主要会计科目

为了进行成本核算,企业一般应设置"基本生产成本"、"辅助生产成本"、"制造费用"、"销售费用"、"管理费用"、"财务费用"、"长期待摊费用"等科目。如果需要单独核算废品损失,还应设置"废品损失"科目。下面分别加以介绍。

1. "基本生产成本"科目

基本生产是指为完成企业主要生产目的而进行的商品产品生产。为了归集基本生产所发生的各种生产费用,计算基本生产产品成本,应设置"基本生产成本"科目。该科目借方登记企业为进行基本生产而发生的各种费用;贷方登记转出的完工入库的产品成本;余额在借方,表示基本生产在产品占用的资金。

"基本生产成本"科目应按产品品种或产品批别、生产步骤等成本计算对象设置基本生产成本明细账(或称产品成本计算单),账内按产品成本项目分设专栏或专行。其格式举例详见表1-1和表1-2。

表1－1　基本生产成本明细账

车间：第一车间

产品：甲产品　　　　　　　　　　　　　　　　　　　　　　　　　　单位：元

月	日	摘　要	产量（件）	成本项目			成本合计
				直接材料	直接人工	制造费用	
4	30	本月生产费用		30000	10000	15000	55000
4	30	本月完工	1000	30000	10000	15000	55000
4	30	完工产品单位成本		30	10	15	55

表1－2　基本生产成本明细账

车间：第一车间

产品：乙产品　　　　　　　　　　　　　　　　　　　　　　　　　　单位：元

月	日	摘　要	产品（件）	成本项目			成本合计
				直接材料	直接人工	制造费用	
4	1	月初在产品费用		15000	6000	9000	30000
4	30	本月生产费用		75000	29000	44000	148000
4	30	生产费用合计		90000	35000	53000	178000
4	30	本月完工产品成本	2000	72000	27300	41340	140640
4	30	完工产品单位成本		36	13.65	20.67	70.32
4	30	在产品费用		18000	7700	11660	37360

2."辅助生产成本"科目

辅助生产是指为基本生产服务而进行的产品生产和劳务提供。辅助生产所提供的产品和劳务，有时也对外销售，但这不是它的主要目的。为了归集辅助生产所发生的各种生产费用，计算辅助生产所提供的产品和劳务的成本，应设置"辅助生产成本"科目。该科目的借方登记为进行辅助生产而发生的各种费用；贷方登记完工入库产品的成本或分配转出的劳务成本；余额在借方表示辅助生产在产品的成本，即辅助生产在产品占用的资金。

"辅助生产成本"科目应按辅助生产车间和生产的产品、劳务分设明细分类账，账中按辅助生产的成本项目或费用项目分设专栏或专行进行明细登记。

3."制造费用"科目

为了核算企业为生产产品和提供劳务而发生的各项制造费用，应设置"制造费用"科目。该科目的借方登记实际发生的制造费用；贷方登记分配转出的制造费用；除季节性生产企业外，该科目月末应无余额。

"制造费用"科目，应按车间部门设置明细分类账，账内按费用项目设立专栏进行明细登记。

4."废品损失"科目

需要单独核算废品损失的企业，应设置"废品损失"科目。该科目的借方登记不可修复废品的生产成本和可修复废品的修复费用；贷方登记废品残料回收的价值、应收回的赔款以及转出的废品净损失；该科目月末应无余额。

"废品损失"科目应按车间设置明细分类账，账内按产品品种分设专户，并按成本项目设置专栏或专行进行明细登记。

5. "销售费用"科目

为了核算企业在产品销售过程中所发生的各项费用以及销售本企业产品而专设的销售机构的各项经费,应设置"销售费用"科目。该科目的借方登记实际发生的各项产品销售费用;贷方登记期末转入"本年利润"科目的产品销售费用;期末结转后该科目应无余额。

"销售费用"科目的明细分类账,应按费用项目设置专栏,进行明细登记。

6. "管理费用"科目

为了核算企业行政管理部门为组织和管理生产经营活动而发生的各项管理费用,应设置"管理费用"科目。该科目的借方登记发生的各项管理费用;贷方登记期末转入"本年利润"科目的管理费用;期末结转后该科目应无余额。

"管理费用"科目的明细分类账,应按费用项目设置专栏,进行明细登记。

7. "财务费用"科目

为了核算企业为筹集生产经营所需资金而发生的各项费用,应设置"财务费用"科目。该科目的借方登记发生的各项财务费用;贷方登记应冲减财务费用的利息收入、汇兑收益以及期末转入"本年利润"科目的财务费用;期末结转后该科目应无余额。

"财务费用"科目的明细分类账,应按费用项目设置专栏,进行明细登记。

8. "长期待摊费用"科目

为了核算企业已经支出,但摊销期限在一年以上(不含一年)的各项费用,应设置"长期待摊费用"科目。该科目的借方登记实际支付的各项长期待摊费用;贷方登记分期摊销的长期待摊费用;该科目的余额在借方,表示企业尚未摊销的各项长期待摊费用的摊余价值。

"长期待摊费用"科目应按费用种类设置明细分类账,进行明细核算。

结合本节所讲述的成本核算的一般程序和成本核算的主要会计科目,下面以图1-2列

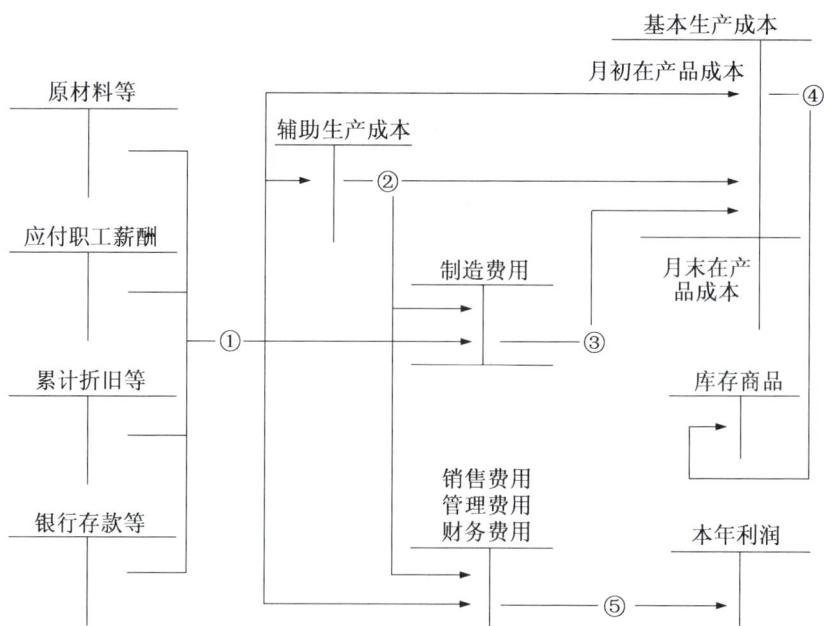

图1-2 成本核算账务处理的基本程序

说明:① 各项要素费用的分配。② 分配辅助生产费用。③ 分配制造费用。④ 结转完工产品成本。⑤ 结转各项期间费用。

示成本核算账务处理的基本程序。通过这一图示,可以对成本核算的账务处理可以有一个概括的了解,也可以从账务处理的角度进一步理解成本核算的一般程序。

例 1-4 华光制造厂生产甲、乙两种产品。2008 年 9 月份,该公司的有关资料如下:

(1) 甲产品月初在产品成本如下:直接材料 22000 元,直接人工 10400 元,燃料与动力 4000 元,制造费用 3400 元。乙产品无期初在产品。

(2) 生产甲产品领用原材料 98000 元,生产乙产品领用原材料 56000 元,生产车间一般耗用原材料 12000 元,在建工程领用原材料 30000 元。

(3) 甲产品生产工人工资为 70000 元,乙产品生产工人工资为 56000 元,车间管理人员工资为 32000 元,行政管理人员工资为 45000 元,销售机构人员工资为 28000 元,在建工程人员工资为 30000 元。

(4) 本月计提固定资产折旧费 60000 元,其中生产用固定资产折旧费 47000 元,管理用固定资产折旧费 13000 元。

(5) 用银行存款支付外购动力费用 75000 元,其中甲产品耗用 33000 元,乙产品耗用 25000 元,生产车间照明耗用 5000 元,行政管理部门耗用 2000 元,在建工程耗用 10000 元。

(6) 生产车间领用低值易耗品 6000 元(采用分期摊销法,期限为 6 个月)。

(7) 待摊费用本月摊销 4000 元,其中生产车间 2500 元,行政管理部门 1500 元。

(8) 以银行存款预付下半年度报纸杂志费 8000 元,其中生产车间 4600 元,行政管理部门 3400 元。

(9) 预提第三季度银行短期借款利息 5000 元。

(10) 以银行存款支付购买设备款 234000 元。

(11) 固定资产清理报废损失 3000 元。

(12) 以银行存款 560000 元向投资者支付利润。

(13) 将制造费用结转到产品成本,按生产工人工资比例分配。

(14) 计算完工产品和在产品成本。甲产品本月完工 90 件,在产品 10 件(已近于完工),按完工产品与在产品数量分配。B 产品本月投入 80 件,本月完工 60 件,其余 20 件完工 50%。

要求根据上述资料确定:

(1) 应计入本期生产费用和期间费用的数额是多少?

(2) 应计入甲产品成本的数额是多少?应计入乙产品成本的数额是多少?

(3) 甲完工产品的生产成本是多少?甲在产品的生产成本是多少?

(4) 乙完工产品的生产成本是多少?乙在产品的生产成本是多少?

参考答案

(1) 本期生产费用的数额是 375400 元。

本期期间费用的数额是 96400 元。

(2) 应计入甲产品成本的数额是 91260 元。

应计入乙产品成本的数额是 10140 元。

(3) 甲完工产品的生产成本 225540 元。

甲在产品的生产成本 25060 元。

(4) 乙完工产品的生产成本 141085.8 元。

乙在产品的生产成本 23514.2 元。

知识拓展

联想集团一直以来都在利用贴近市场的优势,采取低价格战略来赢得市场,2005年5月1日,联想集团完成了对IBM PC部门的收购后,成为全球第三大PC制造商。联想前总裁柳传志曾说过:"降低成本这四个字是我们竞争的诀窍。"

联想一贯坚持在企业内部培养成本管理的意识和能力并建立了一种成本管理模型,力求使企业每个职员都知道花一分钱就减少一分竞争力和一分利润。因此,每个职工每花一分钱,这究竟能给企业或这个产品带来多少价值,联想人认为,不只是控制成本,而是充分利用成本的运作,才是取得竞争优势的利器。

联想人认为,每个公司都要做好两件事:一是提高产品对用户的价值,二是降低产品成本。公司所有规范、流程、人员、岗位职责以及制定各种制度的出发点就是这两点。应该说,每做一件事都要折射到、映射到增加价值和降低成本。

可见,在企业内部,完善成本核算体系,严格控制产品成本,是提高企业核心竞争力的根本途径之一。

思考与练习

一、思考题

1. 如何理解成本的经济实质?
2. 简述支出、费用、成本的关系。
3. 简述费用按经济内容和经济用途的分类。
4. 为了正确计算产品成本,应该划清哪些费用界限?
5. 简述成本核算的一般程序。

二、单项选择题

1. 成本是产品价值中的(　　)部分。

A. c+v+m　　　　B. c+v　　　　C. v+m　　　　D. c+m

2. (　　)是成本决策所确定的成本目标的具体化。

A. 成本预测　　　B. 成本计划　　　C. 成本分析　　　D. 成本考核

3. 成本会计的各个环节中的基础是(　　)。

A. 成本核算　　　B. 成本决策　　　C. 成本分析　　　D. 成本考核

4. 根据有关的历史数据,运用一定的方法对未来的成本水平及其发展趋势所作出的科学估计是(　　)。

A. 成本分析　　　B. 成本预测　　　C. 成本计划　　　D. 成本决策

5. 集中工作方式和分散工作方式是指(　　)。

A. 企业内部成本会计对象　　　　B. 企业内部成本会计职能

C. 企业内部各级成本会计机构　　D. 企业内部成本会计任务

6. 从产品成本耗费角度看,产品成本是指商品生产中所消耗的物化劳动和活劳动中必要劳动的价值,根据这个定义,下列不属于产品成本内容的是(　　)。

A. 生产用设备的折旧

B. 生产工人的工资

C. 劳动对象的消耗

D. 向银行借款购买劳动对象而发生的利息支出

7. 关于费用界限划分,下列说法不正确的是(　　)。

A. 收益性支出应计入成本费用

B. 制造费用应计入生产费用

C. 为组织和管理生产经营活动而发生的费用应计入生产费用

D. 凡为生产某种产品发生的费用应直接计入该产品的成本

8. 下列支出中,不应计入产品成本的有(　　)。

A. 产品生产用材料费用

B. 生产单位管理人员工资

C. 从事自制设备工程的人员工资

D. 车间生产设备的折旧费

9. 需要在各个成本核算对象之间分配的生产费用数额,是指(　　)。

A. 期初在产品成本　　　　　　　B. 本期发生的生产费用

C. 期末在产品成本　　　　　　　D. 期末在产品成本加上本期发生的生产费用

10. 期末如果既有完工产品,又有在产品,企业应将(　　)在完工产品和期末在产品之间进行分配。

A. 期初在产品成本加上本期发生的生产费用

B. 本期发生的生产费用

C. 期初在产品成本

D. 本期发生的生产费用减去期初在产品成本

11. 正确划分各期费用的界限,不需划分(　　)与当期费用的界限。

A. 待摊费用　　　　　　　　　　B. 期间费用

C. 预提费用　　　　　　　　　　D. 长期待摊费用

12. 成本核算的一般程序不包括(　　)。

A. 费用的审核和控制

B. 生产费用在各个成本计算对象之间的分配

C. 期间费用在各个成本计算对象之间的分配

D. 生产费用在本期完工产品和期末在产品之间的分配

13. 应当按照受益原则分配计入各成本计算对象的费用是指(　　)。

A. 管理费用　　　　　　　　　　B. 财务费用

C. 销售费用　　　　　　　　　　D. 产品生产费用中的间接计入费用

14. (　　)不是费用审核和控制的依据。

A. 国家有关法律　　　　　　　　B. 国家统一的会计制度

C. 企业内部有关会计制度　　　　D. 费用发生时有关人员的说明

15. 下列费用中,不属于产品生产费用的是(　　)。

A. 制造费用　　　B. 管理费用　　　C. 直接材料　　　D. 直接人工

三、多项选择题

1. 成本会计的内容主要包括（　　）。

A. 成本预算和成本计划　　　　　　B. 成本决策和成本核算

C. 成本分析和成本控制　　　　　　D. 成本考核

2. 产品成本的主要作用为（　　）。

A. 它是补偿生产耗费的尺度

B. 它是反映和控制各种劳动耗费的综合指标

C. 它是进行成本预测和成本决策的基础

D. 它是企业进行生产经营决策的依据

E. 它是企业进行成本控制和成本考核的依据

F. 它是企业制定产品价格的重要依据

G. 它是综合反映企业工作质量的重要指标

3. 从经济本质看，成本是企业商品生产过程中（　　）之和。

A. 生产资料价值　　　　　　　　　B. 劳动者为自己劳动创造的价值

C. 劳动者创造的价值　　　　　　　D. 已消耗的生产资料价值

4. 应计入期间费用的项目是（　　）。

A. 管理费用　　　B. 制造费用　　　C. 采购成本　　　D. 销售费用

E. 营业费用　　　F. 财务费用

5. 下列内容中属于企业内部成本会计制度的有（　　）等。

A. 成本计划的编制方法规定　　　　B. 成本分析要求的规定

C. 成本项目的规定　　　　　　　　D. 成本岗位责任制

6. 下列项目，不应计入企业生产经营费用的是（　　）。

A. 购置仪器设备费用　　　　　　　B. 废品损失

C. 设备报废清理损失　　　　　　　D. 非常停工损失

7. 下列项目中，构成产品成本的是（　　）。

A. 直接材料　　　B. 管理费用　　　C. 财务费用　　　D. 生产工人工资

8. 为了保证成本核算的正确性，必须正确划分（　　）。

A. 收益性支出与资本性支出的界限　B. 产品制造成本与期间费用的界限

C. 本期产品成本和期初产品成本的界限　D. 各种产品成本的界限

9. 下列账户中，期末结转后一定没有余额的是（　　）。

A. 财务费用　　　B. 制造费用　　　C. 管理费用　　　D. 销售费用

10. 成本核算是成本会计的基础，为了保证成本核算工作质量，要做好成本核算的基础工作，具体包括（　　）等。

A. 原始记录制度　　　　　　　　　B. 定额管理制度

C. 计量验收领退制度　　　　　　　D. 内部结算制度

11. 下列属于核算产品成本的会计科目是（　　）。

A. 生产成本　　　B. 废品损失　　　C. 制造费用　　　D. 财务费用

12. 成本核算的一般程序包括（　　）。

A. 费用和支出的审核和控制

B. 将产品生产费用和期间费用归属于恰当的期间

C. 将产品生产费用在各个成本计算对象之间进行归集和分配

D. 将产品生产费用在完工产品和期末在产品之间进行分配

四、判断题

1. 产品生产成本是企业为生产产品而发生的各种耗费,包括管理费用。(　　)

2. 期间费用一般应当分配计入产品、劳务的成本。(　　)

3. 成本会计的基本工作是指成本预测工作。(　　)

4. 成本核算是基础,没有成本核算,其他各项职能都无法进行。(　　)

5. 集中工作方式一般应用于较为简单的企业。(　　)

6. 成本会计任务取决于成本会计人员的素质和能力,成本会计人员能力很强,成本会计就可以实现企业经营管理的各方面要求。(　　)

7. 当期产品生产费用不一定都计入本期完工产品成本。(　　)

8. 实际成本的核算原则要求对产品成本要素形成的所有环节发生的耗费都必须按实际成本核算。(　　)

9. 一贯性原则是要求成本核算方法及其会计处理方法在企业经营期内不得变更。(　　)

10. 企业必须按照国家有关法律、规章和内部财务会计制度的要求,组织成本核算工作。(　　)

11. 应由本期负担的费用如果列作待摊费用会虚减本期利润。(　　)

12. 直接生产费用和间接生产费用在特定情况下都可以直接计入费用。(　　)

13. 车间生产设备的折旧费不应计入产品成本。(　　)

14. 期间费用应当直接计入当期损益,不得计入产品成本。(　　)

15. 企业资本性支出、营业外支出以及福利性支出等,都属于生产经营费用。(　　)

16. 有几种产品共同负担的生产费用,应当按照受益原则,在各种产品之间进行分配。(　　)

17. 资本性支出不应计入本期产品成本。(　　)

18. 成本项目的具体内容在不同企业可以不同,但任何工业企业都必须至少要有直接材料、直接人工和制造费用三个成本项目。(　　)

五、案例题

大华科技公司本月份发生下列各项支出:

1. 基本生产车间机器维修工人为进行设备经常维修所发生的费用 350 元;

2. 基本生产车间为加强劳动保护领用机器的安全罩,费用 120 元;

3. 企业改建机修车间,改建工程开支 90000 元,工程完工,结转实际成本;

4. 职工生活困难补助费 300 元;

5. 发生修理费用 5500 元;

6. 辅助生产车间对本厂某项机器设备全部拆修并更换主要部件所发生的修理费用 2500 元;

7. 企业材料仓库职工的工资 400 元;

8. 企业医务人员的工资 240 元;

9. 工人建筑本厂围墙期间的工资 460 元；

10. 6 个月以上的长期病员的工资 500 元；

11. 本市采购材料所支付的运杂费 20 元；

12. 材料采购过程中发生的定额内损耗 25 元；

13. 验收材料时，发现由于铁路部门的责任所造成的材料短缺 600 元；

14. 由于台风造成的材料物资的损失 1000 元；

15. 清理已报废的固定资产所发生的费用 200 元；

16. 发生的职工福利费支出，其中：基本生产车间生产工人 1056 元、机修车间生产及管理人员 275 元、基本生产车间管理人员 121 元、企业管理部门 280 元；

17. 按月提取固定资产的折旧，其中：基本生产车间 6500 元、企业管理部门 900 元、机修车间 800 元。

请你将大华科技公司本月发生的支出进行合理分类，并准确计算出本月的支出总额，费用总额、期间费用、生产费用和产品成本的各个数据，并说明理由。

2

模块二

要素费用的核算

知　识　目　标	能　力　目　标
1. 熟悉材料成本的构成和材料费用分配的方法； 2. 熟悉外购动力费用归集和分配； 3. 熟悉计时工资和计件工资的计算，掌握人工费用分配的方法； 4. 熟悉折旧费用和其他费用归集和分配。	1. 能根据相关资料进行材料费用的分配，正确填制材料费用分配表，并进行相关账务处理； 2. 能正确进行计时工资、计件工资和应付工资的计算； 3. 能根据相关资料进行动力费用的分配，正确填制动力费用分配表，并进行相关账务处理； 4. 能根据相关资料进行人工费用的分配，正确填制人工费用分配表，并进行相关账务处理； 5. 能正确计算固定资产折旧，正确填制折旧费用分配表，并进行相关账务处理； 6. 能根据相关资料进行其他费用的核算，进行相关账务处理。

案例导入

　　贾斯丁机械制造有限责任公司设有一个基本生产车间，生产甲、乙两种产品。2009 年 3 月初分别投产甲产品 1000 件，乙产品 2000 件，月末全部完工。本月为生产产品发生了各种要素费用，相关资料如下：

　　1. 甲、乙两种产品共同耗用原材料 10000 千克，每千克 12 元，甲、乙产品单位材料消耗定额分别为 2 千克和 4 千克，该企业按照产品单位消耗定额进行分配原材料费用。

　　2. 本月共发生应付工资 70000 元，甲产品单位实际工时 5 小时，乙产品单位实际工时 4 小时，该企业按实际工时比例分配发生的工资费用。

　　3. 本月共发生外购动力费用 66000 元。其中甲、乙两种产品共同耗用 60000 元，行政管理部门耗用 6000 元，甲、乙产品共同耗用的电费该企业按实际工时比例分配。

　　4. 另外该公司生产车间发生固定资产折旧费 3200 元，行政办公用房折旧 5000 元。

　　你清楚上面的要素费用吗？你能根据上述资料正确地把各要素费用分配到甲、乙两种产品中去吗？通过本模块的学习，你将能够逐个解决上述问题，并为正确计算出两种产品的成本打下良好的基础。

项目一　材料费用的核算

> 任务一　熟悉材料成本的构成。
> 任务二　能根据相关资料进行材料发出的核算，材料成本差异的计算和处理。
> 任务三　会进行材料费用的分配。
> 任务四　能熟练完成材料费用的核算实务。

一、材料费用的归集

材料费用是指企业在生产经营过程中实际消耗的各种材料耗费。主要包括：原材料、辅助材料、外购半成品、修理用备件配件、燃料、动力、包装物和低值易耗品等。要正确归集材料费用，为材料费用的分配打下基础，需要正确计算进料的实际成本和发料的实际成本。

（一）进料成本的确定

企业的材料，除少数自制和委托加工外，大部分通过外购取得。由于材料来源不同，其材料成本的构成也有所不同，大致可以分为三种情况。

1. 外购材料的采购成本

外购材料的采购成本包括：① 买价；② 外地运杂费；③ 运输途中的合理损耗；④ 入库前的挑选整理费；⑤ 按规定应由购买方支付的税金；⑥ 大宗材料的市内运输费。这些成本项目的①、⑤两项应直接计入各种材料的实际采购成本之中；对于②、③、④、⑥项，凡能分清材料成本对象的，可以直接计入各种材料的实际采购成本之中；凡不能分清材料成本对象的，可以以各种材料的重量或买价等为标准，按比例分配计入各种材料的实际采购成本之中。

2. 自制材料的生产成本

自制材料的生产成本包括在制造过程中实际发生的直接材料、直接人工以及其他支出。

3. 委托加工材料的成本

委托加工材料的成本包括：① 加工中耗用的材料物资的实际成本；② 支付的加工费；③ 为加工材料支付的往返运杂费。

在实际工作中，材料日常收发核算可以按实际成本计价，也可以按计划成本计价。因此进料成本的确定也有按实际成本计价和计划成本计价两种方法。

（1）外购材料验收入库时：

借：原材料（实际成本）
　　应交税金——应交增值税（进项税额）
　　贷：银行存款、应付票据、应付账款等
　　若材料按计划成本计价，外购材料时：

借：材料采购（实际成本）
　　应交税金——应交增值税（进项税额）
　　贷：银行存款、应付票据、应付账款等
　　材料验收入库时：

借：原材料(计划成本)
　　材料成本差异(超支)
　贷：材料采购(实际成本)
　　　材料成本差异(节约)

(2)自制并已验收入库的材料,按生产过程中发生的实际成本,借记"原材料"科目,贷记"生产成本"科目。

(3)小企业委托外单位加工完成并已验收入库的材料,按委托加工过程中发生的实际成本,借记"原材料"、"库存商品"科目,贷记"委托加工物资"科目。

（二）发料成本的确定

发出材料的成本确定要考虑两项内容,一是发料的数量,二是发料的单价。如果材料日常收发按计划成本计价,则还要计算材料成本差异。

1. 采用实际成本进行发出材料的日常核算

企业采用实际成本进行材料的日常核算时,同一品种、规格的材料由于购入的时间和地点不同,各批材料购进的实际价格很可能不一致,因此产生了发出(耗用)材料按什么价格来计算的问题。在实际工作中,发出(耗用)材料实际成本(实际价格)的计算有先进先出法、加权平均法(移动加权平均法和月末一次加权平均法)和个别计价法等方法。

先进先出法,是指以假定先入库的材料先发出为前提,并根据这种假定的材料实物流转顺序计算发出(耗用)材料成本的方法。

加权平均法,是指以本期入库和期初结存材料的数量为权数计算出材料的实际平均单位成本,并用以计算本期发出(耗用)材料实际总成本的方法。先进先出法和月末一次加权平均法是企业中应用比较普遍的两种方法。

个别计价法又称个别认定法、具体辨认法、分批实际法,它是指对库存和发出的每一特定材料的个别成本加以认定,以材料购入或生产时所确定的实际单位成本计算各批发出材料和期末特定结存材料成本的方法。采用个别计价法计算的发出(耗用)材料和期末结存材料的成本比较合理、准确,但实务操作的工作量繁重,困难较大。因为采用这种方法必须具备两个条件:一是材料项目必须可以辨别认定的,二是必须对每一特定材料的具体情况进行详细的记录。它主要适用于不能替代使用的材料、为特定项目专门购入或制造的材料,如不能替代使用的贵重材料以及珠宝等。这种方法不能用于可以替代使用的材料。如果用于可以替代使用的材料,则有可能导致企业任意选用较高或较低的单位成本进行计算,从而调整当期利润。

企业对于性质和用途相似的材料,应当采用相同的成本计算方法确定发出(耗用)材料的成本。发出(耗用)材料成本计算方法一经确定,不得随意变更,如需变更,应当按照规定履行有关批准和备案手续。企业确定发出(耗用)材料成本所采用的方法,应当在会计报表附注中披露。

例 2-1　2008 年 9 月生产产品领用 A 材料的有关资料见表 2-1:

表 2-1　A 材料明细账

日　　期	摘　　要	数量(公斤)	单价(元)
9月1日	月初结存	160	90
2日	领用材料	120	

续 表

日　期	摘　要	数　量（公斤）	单价（元）
6 日	购入	200	95
10 日	购入	100	100
16 日	领用材料	310	
20 日	购入	500	85
26 日	领用材料	200	
30 日	月末结存	330	

采用先进先出法计算本月生产领用材料的实际成本，则

领用材料实际成本 $=120\times90+(40\times90+200\times95+70\times100)+(30\times100+170\times85)$
$=57850$（元）

采用一次加权平均法计算本月生产领用材料的实际成本，则

发出材料的加权平均单价 $=\dfrac{160\times90+(200\times95+100\times100+500\times85)}{160+200+100+500}=89.48$（元）

领用材料实际成本 $=89.48\times(120+310+200)=56372.4$（元）

2. 采用计划成本进行发出材料的日常核算

企业采用计划成本进行材料的日常核算时，消耗材料的成本仍应当是实际成本。这时应当单独核算材料实际成本与计划成本之间的差异，正确计算发出（耗用）材料应负担的成本差异，将消耗材料的计划成本调整为实际成本。分摊的材料成本差异为超支差异时（实际成本大于计划成本），与计划成本相加，分摊的材料成本差异为节约差异时（实际成本小于计划成本），与计划成本相减（即加上一个负数）。

材料成本差异率 $=\dfrac{月初结存材料成本差异+本月收入材料成本差异}{月初结存材料的计划成本+本月收入材料的计划成本}\times100\%$

发出材料应负担的材料成本差异 $=$ 发出材料计划成本$\times$材料成本差异率

发出材料实际成本 $=$ 发出材料计划成本$+$发出材料成本差异

例 2-2 某企业月初"原材料"账户计划成本为 1800 元，"材料成本差异"账户期初贷方余额为 50 元；本月购入材料一批，实际成本为 6800 元，计划成本为 7200 元；本月生产领用材料一批，计划成本为 5400 元。

材料成本差异率 $=[-50+(6800-7200)]\div(1800+7200)=-5\%$

发出材料应负担的差异额 $=5400\times(-5\%)=-270$（元）

发出材料实际成本 $=5400-270=5130$（元）

月末库存材料实际成本 $=1800+7200-5400-180=3420$（元）

二、材料费用的分配

材料费用的分配是指根据发出材料的具体用途，把材料费用计入到各种产品成本及期间费用中去，并做好与材料核算有关的明细账的登记工作。在会计核算上，原料及主要材料、辅助材料、修理用备件配件等均反映在"原材料"账上。在生产经营中发生的这些费用，按其不同的经济用途归集：构成产品成本的原材料费用分别计入"基本生产成本"、"辅助生

产成本"及其所属明细账的有关成本项目（如原料及主要材料、修理用备件及配件的耗用）或"制造费用"及其所属明细账有关项目（如辅助材料耗用）；不构成产品成本的原材料费用属期间费用，计入"管理费用"、"销售费用"账户及其所属明细账有关项目。在实际工作中，材料费用的分配是通过编制原材料费用分配表进行的，"原材料费用分配表"应根据领料凭证和有关资料编制，然后根据分配表编制记账凭证，登记有关账户。

材料费用的分配分为直接分配和间接分配，所谓直接分配是指对于产品直接耗用的材料费用应直接计入该产品成本中；间接分配是指几种产品共同耗用的材料，或者不能确认为哪一产品的实际耗用的材料，应采用一定的分配标准，将其费用分配到相关的产品成本中。间接分配的方法主要有以下几种方法。

（一）按重量或产量比例分配

原材料费用按重量比例分配是以产品的重量为分配标准进行分配，适用于耗用原材料费用的多少与产品的重量大小有一定关系的产品。如塑料制造的各种注塑件、机械工业的铸铁件等。原材料按产量比例分配是以产品的产量或以不变价格计算的产值为标准进行分配，适用于耗用材料的多少与产品产量的多少有一定比例关系的产品。

$$费用分配率 = \frac{待分配费用总额}{各产品的重量（产量）之和}$$

某产品或分配对象应负担的费用 = 该产品或分配对象的重量（产量）× 费用分配率

这两种分配方法有个共同点，需注意计量单位要一致。一般情况下，不同的产品，其实物产量或重量是不能直接相加的，如一台电视机与一台电脑相加是没有意义的。

例 2-3 某企业有一个基本生产车间，生产 A、B 两种产品。某月 A 产品产量为 80 件，B 产品产量为 100 件，根据 9 月领料单汇总各车间部门的领料情况为：A 产品直接耗用材料 70000 元，B 产品直接耗用材料 85000 元，A、B 产品共同耗用材料 18000 元，基本生产车间领用机物料 2000 元，管理部门领用 2000 元。A、B 两种产品共同耗用材料按产量比例分配。

共同耗用的材料费用分配率 = 18000 ÷ (80 + 100) = 100

A 产品应承担的材料费用 = 100 × 80 = 8000（元）

B 产品应承担的材料费用 = 100 × 100 = 10000（元）

根据以上资料，编制"原材料费用分配表"（如表 2-2 所示）。

表 2-2 原材料费用分配表

2007 年 9 月

应借项目	直接计入金额（元）	分配计入			材料费用合计（元）
		分配标准	分配率	分配金额（元）	
基本生产成本——A	70000	80		8000	78000
基本生产成本——B	85000	100		10000	95000
小计	155000		100	18000	173000
制造费用	2000				2000
管理费用	2000				2000
合计	159000			18000	177000

根据"原材料费用分配表"编制会计分录，登记有关账户。

```
借：基本生产成本——A        78000
                  ——B        95000
      制造费用                2000
      管理费用                2000
   贷：原材料                        177000
```

（二）按标准产量比例分配

这种方法是以产品的标准产量作为标准进行分配的。因标准产量是各种产品产量通过系数换算的产量,故此法亦称系数分配法。产品系数是某产品的产量作为标准产量,将其系数定为1,其他产品产量系数则按产品材料消耗定额、定额成本或重量等折合成相应的产量系数,并以此计算标准产量。产品系数和标准产量的确定为：

$$某产品系数 = \frac{该产品材料消耗定额}{标准产品材料消耗定额}$$

某产品标准产量＝该产品实际产量×该产品系数

按标准产量比例分配的计算公式为：

$$原材料费用分配率 = \frac{各产品共同耗用的原材料费用}{各产品标准产量之和}$$

某产品应分配原材料费用(数量)＝该产品标准产量×原材料费用分配率

例 2-4 某企业 4 月生产 A 产品 200 件,产品重量 320 千克,B 产品 300 件,产品重量 400 千克,C 产品 400 件,产品重量 240 千克,三种产品共同耗用原材料费用 350000 元。假设以 B 产品为标准产品,其产量系数为1。

A 产品产量系数＝320÷400＝0.8

A 产品标准产量＝200×0.8＝160(件)

C 产品产量系数＝240÷400＝0.6

C 产品标准产量＝400×0.6＝240(件)

原材料费用分配率＝350000÷(160＋300＋240)＝500

A 产品应承担的原材料费用＝160×500＝80000(元)

B 产品应承担的原材料费用＝300×500＝15000(元)

C 产品应承担的原材料费用＝240×150＝120000(元)

根据以上资料,编制"原材料费用分配表"(如表 2-3 所示)。

表 2-3　原材料费用分配表

2007 年 4 月

产品名称	实际产量(件)	产量系数	标准产量	分配率	原材料费用(元)
A	200	0.8	160		80000
B	300	1	300		150000
C	400	0.6	240		120000
合计			700	500	350000

根据"原材料费用分配表"编制会计分录,登记有关账户。

借：基本生产成本——A   80000
       ——B   150000
       ——C   120000
  贷：原材料   350000

（三）按材料定额消耗量比例分配原材料费用

在材料消耗定额比较准确的情况下,原材料费用可以按产品的材料定额消耗量比例进行分配。

材料按定额消耗量比例分配,就是以各产品的消耗定额为基础,计算出各产品材料定额消耗量,以此作为分配标准进行分配的。材料消耗定额是指单位产品消耗的材料数量限额,是根据各地的实际情况制定的标准;材料定额消耗量是指一定产量下按消耗定额计算的消耗材料总的数量。此法的计算公式如下：

某产品原材料定额消耗量＝该产品产量×单位产品原材料消耗定额

$$原材料费用分配率＝\frac{各产品共同耗用的原材料费用}{各产品原材料定额消耗量之和}$$

某产品应负担原材料费用＝该产品原材料定额消耗量×原材料费用分配率

例 2-5 某工业企业生产甲乙两种产品共同消耗用 A 料和 B 料两种原料,耗用量无法按产品直接划分。5月份甲产品投产 100 件,原材料单件消耗定额：A 料 10 公斤,B 料 5 公斤;乙产品投产 200 件,原材料单件消耗定额为：A 材料 4 公斤,B 材料 6 公斤。甲乙两种产品实际消耗总量为：A 材料 1782 公斤,B 材料 1717 公斤。原材料实际单价为：A 材料 2 元,B 材料 3 元。

甲产品 A 材料定额消耗量＝100×10＝1000(公斤)

甲产品 B 材料定额消耗量＝100×5＝500(公斤)

乙产品 A 材料定额消耗量＝200×4＝800(公斤)

乙产品 B 材料定额消耗量＝200×6＝1200(公斤)

A 材料费用分配率＝1782×2÷(1000＋800)＝1.98

甲产品应承担的 A 材料费用＝1.98×1000＝1980(元)

乙产品应承担的 A 材料费用＝1.98×800＝1584(元)

B 材料费用分配率＝1717×3÷(500＋1200)＝3.03

甲产品应承担的 B 材料费用＝3.03×500＝1515(元)

乙产品应承担的 B 材料费用＝3.03×1200＝3636(元)

根据以上资料,编制"原材料费用分配表"(如表 2-4 所示)。

表 2-4 原材料费用分配表

2007 年 5 月

名 称	产量（件）	A 材料单位消耗定额（公斤）	定额消耗量	分配率	B 材料单位消耗定额（公斤）	定额消耗量	分配率	原材料实际成本（元）
甲	100	10	1000		5	500		3495
乙	200	4	800		6	1200		5220
合计				1.98			3.03	8715

根据"原材料费用分配表"编制会计分录,登记有关账户。

借：基本生产成本——甲产品   3495
      ——乙产品   5220
 贷：原材料 ——A   3564
      ——B   5151

三、材料费用核算的实务

在实务中,材料费用核算都是通过相关的凭证和账表进行的,一般的核算程序是：根据审核后的各种领料凭证,定期编制领料凭证汇总表,或按具体用途分类汇总编制"原材料费用分配表",然后根据"原材料费用分配表"编制记账凭证并登记有关总账和明细账户。其中领料凭证包括领料单或限额领料单、领料登记表及退料单。

例2-6 某企业6月份发料情况如表2-5所示。

表2-5 发出材料汇总表

材料类别	发料数量	计划单价(元)	用 途
原料及主要材料	225 吨	70.00	甲产品生产领用
原料及主要材料	190 吨	55.00	乙产品生产领用
燃料	130 吨	50.00	辅助生产车间领用
燃料	4 吨	50.00	基本生产车间一般用
燃料	2 吨	50.00	企业管理部门使用
辅助材料	150 公斤	2.40	基本生产领用
辅助材料	400 公斤	0.35	辅助生产车间领用
辅助材料	160 公斤	2.40	企业管理部门领用
修理用备件	40 只	8.00	基本生产车间修理用

在甲产品生产领用的原料及主要材料中退回废料2吨,计划单价20元,已交废料仓库。在乙产品生产领用的原料及主要材料中,有10吨尚未投入生产,计划单价55元,月末办理了假退料手续。假设原料及主要材料成本差异率为-2%,燃料成本差异率为+3%,辅助材料成本差异率为-1%,修理用备件成本差异率为0。

根据上述资料编制各部门材料费用分配表,如表2-6、表2-7、表2-8所示。

表2-6 材料费用分配明细表
(按计划成本编制)

车间名称：基本生产车间   ××年6月   单位：元

应贷科目 应借科目		基本生产成本				制造费用—基本生产车间				合 计	
		甲产品		乙产品		修理费		消耗材料			
		直接材料		直接材料							
总分类账户	明细分类账户	计划成本	差异	计划成本	差异	计划成本	差异	计划成本	差异	计划成本	差异
原材料	原料及主要材料	15750	-315	10450	-209					26200	-524

续 表

应贷科目 \ 应借科目		基本生产成本				制造费用—基本生产车间				合 计	
		甲产品		乙产品		修理费		消耗材料			
		直接材料		直接材料							
总分类账户	明细分类账户	计划成本	差异	计划成本	差异	计划成本	差异	计划成本	差异	计划成本	差异
减：废料		−40								−40	
退料				−550	+11					−550	+11
小计		15710	−315	9900	−198					25610	−513
原材料	修理用备件					320	0			320	0
	辅助材料							360	−3.6	360	−3.6
	燃料							200	+6	200	+6
合计		15710	−315	9900	−198	320	0	560	+2.4	26490	−510.6

表 2−7 材料费用分配明细表

（按计划成本编制）

车间名称：辅助生产车间　　　　　　　　××年6月　　　　　　　　单位：元

应贷科目 \ 应借科目		制造费用				合计	
		直接材料		修理费			
总分类账户	明细分类账户	计划成本	差 异	计划成本	差 异	计划成本	差 异
原材料	燃料	6500	+195			6500	+195
	辅助材料			140	−1.4	140	−1.4
合 计		6500	+195	140	−1.4	6640	+193.6

表 2−8 材料费用分配明细表

（按计划成本编制）

部门：企业管理部门　　　　　　　　××年6月　　　　　　　　单位：元

应借科目 \ 应贷科目		管理费用		合 计	
		材料消耗			
总分类账户	明细分类账户	计划成本	差 异	计划成本	差 异
原材料	燃料	100	+3	100	+3
	辅助材料	384	−3.84	384	−3.84
合 计		484	−0.84	484	−0.84

　　根据基本生产车间、辅助生产车间、企业管理部门材料费用分配表编制材料费用分配汇总表，如表2−9所示。

表 2-9　材料费用分配汇总表

（按计划成本编制）

××年6月

单位：元

应借科目 / 应贷科目	基本生产成本				辅助生产成本		制造费用—基本生产车间		管理费用		合计	
	甲产品		乙产品									
	计划成本	差异	计划成本	差异	计划成本	差异	计划成本	差异	计划成本	差异	计划成本	差异
原材料	15750	−315	9900	198	6640	+193.6	880	+2.4	484	−0.84	33654	−317.84
减：废料	−40											
合　计	15710	−315	9900	−198	6640	+193.6	880	+2.4	484	−0.84	33654	−317.84

注：辅助生产车间如果只生产一种产品或提供一种劳务，其制造费用可直接计入"辅助生产成本"科目

根据表 2-9"材料费用分配汇总表"编制会计分录如下：

借：基本生产成本——甲产品　　　　　　　　15750

　　　　　　　　——乙产品　　　　　　　　 9900

　　辅助生产成本　　　　　　　　　　　　　 6640

　　制造费用——基本生产车间　　　　　　　　 880

　　管理费用　　　　　　　　　　　　　　　　 484

　贷：原材料　　　　　　　　　　　　　　　　　　　33654

借：原材料——废料　　　　　　　　　　　　　 40

　贷：基本生产成本——甲产品　　　　　　　　　　　　 40

借：基本生产成本——甲产品　　　　　　　　 315

　　　　　　　　——乙产品　　　　　　　　 198

　　辅助生产成本　　　　　　　　　　　　　193.60

　　制造费用——基本生产车间　　　　　　　 2.40

　　管理费用　　　　　　　　　　　　　　　 0.84

　贷：材料成本差异　　　　　　　　　　　　　　　317.84

项目二　外购动力费用的核算

任务一　掌握外购动力费用的计算。

任务二　掌握动力费用的归集和分配。

动力费用是指企业生产经营过程中耗用的动力、蒸汽等，包括外购和自制两部分。外购动力如向外单位购买电力、煤气等；自制动力如自产电力、对外来电力进行变压等。动力费用的核算是按发生地点和用途进行的，只要用途相同，无论外购或自制都归在一起进行核算。动力费用的主要用途是：①生产工艺过程所耗用，这是直接用于产品生产的；②组织管理生产耗用，如车间照明、行政管理部门照明用电等。

对于生产工艺过程所耗用的动力费用,为加强能源核算和控制,可单独设立成本项目"燃料及动力",若不单独设立,则该动力费用可以并入"原材料"等成本项目。

一、直接归集动力费用

直接归集是根据计量仪器仪表确定各产品、各部门的实际耗用量再乘以单价进行归集。外购动力的单价可按供电部门收取的电费总额除以各电表读数总和;自制动力的单价为辅助生产车间(发电车间)的单位成本。

某产品(部门)应负担动力费用=该产品(部门)实际耗用量×单价

企业各车间、部门的动力用电和照明用电,一般都分别装有电表,可根据电表读数直接归集动力费用,但对于车间动力用电,若不能按产品分别安装电表,则动力费用需分配归集。

二、分配归集动力费用

分配归集是指生产工艺上耗用的动力,不能根据计量工具测定各种产品的耗用量,而需按一定分配标准将耗用的动力费用分配于各产品,以确定各产品应负担的动力费用。

动力费用的分配标准可以是产品的机器工时或马力工时、生产工时、定额耗用量等。其计算公式如下:

$$动力费用分配率=\frac{各产品共同耗用的动力费用}{各产品机器工时(或马力工时等)之和}$$

某产品应负担的动力费用=该产品机器工时(或马力工时等)×动力费用分配率

例 2-7 某工业企业某月发生动力费用 7600 元,通过银行支付,月末查明各车间、部门耗电度数为:基本生产车间耗电 5000 度,其中车间照明用电 500 度;辅助生产车间耗电 2000 度;企业管理部门耗电 600 度。按所耗电度数分配各车间部门的电力费用,同时 A、B 产品按生产工时分配电费。A 产品生产工时为 3000 小时,B 产品生产工时为 2000 小时。

动力费用分配率=7600÷(5000+2000+600)=1

基本生产车间应负担动力费=5000×1=5000(元)

辅助生产车间应负担动力费=2000×1=2000(元)

管理部门应负担动力费=600×1=600(元)

由于基本生产车间照明用电应计入制造费用,所以只有4500度,即(5000-500)度电是用于产品生产,从而应该在 A、B 产品间进行分配的。

动力费用分配率=4500÷(3000+2000)=0.9

A 产品应负担动力费=0.9×3000=2700(元)

B 产品应负担动力费=0.9×2000=1800(元)

根据以上资料,编制"动力费用分配表"(如表 2-10 所示)。

表 2-10 动力费用分配表

2007 年 6 月应借科目/项目	外购动力			
	度　　数	机器工时	分配率	动力费用(元)
基本生产成本——A		3000	0.9	2700
基本生产成本——B		2000		1800

2007 年 6 月应借科目/项目	外购动力			
	度　数	机器工时	分配率	动力费用（元）
小　计	4500		1	4500
辅助生产成本	2000		1	2000
制造费用	500		1	500
管理费用	600		1	600
合　计	5000			7600

根据"动力费用分配表"编制会计分录，登记有关账户。

借：基本生产成本——A 产品　　　　　　　　　2700
　　　　　　　　——B 产品　　　　　　　　　1800
　　辅助生产成本　　　　　　　　　　　　　　2000
　　制造费用　　　　　　　　　　　　　　　　 500
　　管理费用　　　　　　　　　　　　　　　　 600
　　贷：应付账款　　　　　　　　　　　　　　　　　7600

项目三　人工费用的核算

任务一　掌握人工费用的构成内容及核算基础工作的内容。
任务二　会进行计时工资和计件工资的计算。
任务三　能编制工资费用结算表。
任务四　掌握与工资总额有关的各项费用的计提。
任务五　会进行工资费用分配的会计处理。

一、人工费用的组成内容及核算基础工作

　　人工费用是企业生产成本和经营费用的重要组成部分，是指企业为获得职工提供的服务而给予其各种形式的报酬以及其他相关支出。根据《企业会计准则第 9 号——职工薪酬》规定，职工薪酬是指企业为获得职工提供的服务而给予各种形式的报酬以及其他相关支出。或者说是企业使用职工的知识、技能、时间和精力等而给予职工的一种报酬或补偿。职工薪酬包括职工工资、奖金、津贴和补贴；职工福利费；医疗保险费、养老保险费、失业保险费、工伤保险费和生育保险费等社会保险费；住房公积金；工会经费和职工教育经费；非货币性福利；因解除与职工的劳动关系给予的补偿；其他与获得职工提供的服务相关的支出。

　　要正确核算产品成本中的人工费用，首先要完善人工费用核算的基础工作，建立完整、正确的原始记录，其内容包括考勤记录、产量和工时记录等。人工费用核算的基础工作主要包括了：

　　（1）考勤记录是登记职工出勤和缺勤时间的原始记录，也是分析考核职工工作时间利

用情况的原始记录和计算计时工资的原始依据。考勤记录的形式有考勤簿和考勤卡两种，两者的内容基本相同，考勤簿按车间或部门设置，每月一份，由考勤负责人按现有考勤人员开设，逐日登记，每月月末计算出每个职工当月的出勤、缺勤时间，并对出勤情况和缺勤原因进行分类汇总登记。考勤卡是按人设置，每年一张，反映每一个职工出勤情况，月终由考勤人员负责汇总统计出每位职工全月的出勤情况。

（2）产量和工时记录是反映小组或工人在出勤时间内完成多少产品和每件产品耗用多少工时的原始记录。在不同行业、不同生产类型和不同劳动组织的企业或车间，产量和工时记录的格式和登记程序也不完全相同。通常有工作通知单、工序进程单、工作班产量记录等几种记录形式。

人工费用核算的基础工作，除上述考勤记录、产量和工时记录以外，如果发生各种代扣款项，也应建立各种原始记录，如"代扣房租通知单"、"水电费扣款通知单"等。这些原始记录应在月终结算工资之前送交财会部门，以便在工资结算时据以扣款。

二、工资的计算与结算

职工工资主要包括了计时工资和计件工资，企业可以根据具体情况采用计时工资制和计件工资制。

（一）计时工资的计算

计时工资指根据计时工资标准（包括地区生活费补贴）、工资等级和工作时间计算并支付的劳动报酬。根据 2008 年发布的《关于职工全年月平均工作时间和工资折算问题的通知》和 2008 年开始实施的《劳动合同法》的有关规定，工资的计算大致有：

1. 月薪制

采用月薪制，不论各月日历日数为多少，职工每月的标准工资（全勤工资）相同。如果有缺勤，还需按出勤或缺勤日数计算计时工资。采用月薪制计算应付职工工资的计算公式为：

应付计时工资＝月标准工资－缺勤工资＋加班工资

＝月标准工资－事假旷工日数×日工资－病假日数×日工资×

病假扣款率＋小时工资×加班工时

日工资＝月工资收入÷月计薪天数

小时工资＝月工资收入÷（月计薪天数×8 小时）

月计薪天数＝（365 天－104 天）÷12 月＝21.75 天

其中 104 天指的是休息日，也就是通常所称的双休日，而不包括法定节假日 11 天（即现在的清明、中秋、端午、十一、五一、元旦和春节），按照国家规定法定节假日工作单位也是要给劳动者发工资的，所以不应该减去。

加班工资星期休假日加班应以 2 倍工资计付，法定节假日加班还应以 3 倍工资计付。

2. 日薪制

采用日薪制，应付职工的计时工资就按日薪乘以某月出勤日数计算，如果有一日内出勤不满 8 小时的（每日工作时数为 8 小时），应按日薪计算每小时工资，从而计算应扣的缺勤（小时）工资。多数企业对临时职工的计时工资采用日薪计算。采用日薪制计算职工应付工资的公式为：

$$应付计时工资=出勤日数×日工资+病假日数×日工资×（1-病假扣款率）$$
$$+加班工资$$

日工资＝月工资收入÷月计薪天数

小时工资＝月工资收入÷（月计薪天数×8小时）

例 2-8 某工厂某员工固定月薪为 600 元，2008 年 5 月应出勤 23 天，实际该员工请假 4 天，实际出勤天数为 19 天，晚上加班共 21 个小时。

月薪制：日工资＝600÷21.75＝27.59(元)

小时工资＝600÷(21.75×8)＝3.45(元)

计时工资＝600-27.59×4+3.45×1.5×21＝598.32(元)

日薪制：日工资＝600÷21.75＝27.59(元)

计时工资＝27.59×19+3.45×1.5×21＝639.73(元)

（二）计件工资的计算

计件工资指根据工作计件单价和每人（或班组）完成的合格品产量计算并支付的劳动报酬。这里所指的产品产量应包括合格品的数量和因材料质量不合适造成的废品不包括在内。报废产品不仅不支付工资，而且还应查明原因追究责任者赔偿责任。实行计件工资的劳动者，在完成计件定额任务后，由用人单位安排延长工作时间的，应分别按照不低于其本人法定工作时间计件单价的 150％、200％、300％支付其工资。

应付职工或班组计件工资＝（合格品数量＋料废品数量）×计件单价

每一职工或班组月内可能从事多种产品生产，计件单价不同，就需逐一计算相加，而计算出班组的计件工资，还需按一定标准分配到班组职工个人。

1. 个人计件工资

例 2-9 某工人 6 月加工 A、B 两种产品，有关资料如表 2-11 所示。

表 2-11　个人计件工资计算资料

产品名称	工时定额 （分钟）	小时工资率 （元/小时）	计件单价 （元）	合格品数量 （件）	料废	工废
A	20		1	200	4	2
B	15	3	0.75	300	2	1

小时工资率与计件单价的关系为：

A 计件单价＝3×20÷60＝1(元)

B 计件单价＝3×15÷60＝0.75(元)

该工人可得计件工资的计算有两种方法。

方法一：按数量和计件单价计算。

应付计件工资＝(200+4)×1+(300+2)×0.75＝430.50(元)

方法二：按该工人完成的各种产品折合定额工时总数和小时工资率计算。

应付计件工资＝(200+4)×20÷60×3+(300+2)×15÷60×3＝430.50(元)

两种方法计算的结果相同。

2. 班组集体计件工资

如果实行班组集体计件工资制,应将班组集体计件工资在班组内按每人贡献大小进行分配,通常是按照每人的标准工资和实际的工作时间(日数或工时数)的综合比例进行分配,因为工资标准和工作时间可体现职工的劳动质量、技术水平和劳动数量,其计算公式为:

$$班组内工资分配率 = \frac{班组集体计件工资额}{每人日工资率(或小时工资率) \times 出勤日数(或工时数)}$$

$$某工人应得计件工资 = 该工人日工资率(或小时工资率) \times 出勤日数(或工时) \times 班组内工资分配率$$

例 2－10 某生产小组 6 月集体完成甲产品 1200 件,计件单价 6 元,乙产品 1000 件,计件单价 7.62 元,共计 14820 元,该小组由 3 人组成,出勤情况及每人应得计件工资如表 2－12 所示。

表 2－12　班组集体计件工资分配表

2008 年 6 月　　　　　　　　　　　　　　　　　　　　　　第 1 小组

姓　　名	工资标准(元)	小时工资率	出勤工时	小时工资率×出勤工时	小组工资分配率	应得计件工资(元)
王　一	522	3.00	166	498		4980
丁　二	609	3.50	164	574		5740
李　四	435	2.50	164	410		4100
合　　计				1482	10	14820

其中:小时工资分配表＝月标准工资÷(21.75×8)
　　　小组工资分配率＝14820÷1482＝10

(三) 工资的结算

会计部门应该根据计算出的职工工资,编制工资结算凭证,作为与职工进行工资结算的依据。在实务工作中,工资结算凭证一般有工资结算单和工资结算汇总表两种形式。工资结算表作为原始凭证,应每月按车间(或部门)进行编制,单位应该分职工类别和每一职工分行填列应付工资,发给职工的但不属于工资总额组成内容的款项(如上下班交通补贴费用、洗理费等),应从职工工资中支付的各种代扣款项(如个人所得税等),以及实发工资。工资结算单一般一式三份:一份按职工姓名裁成"工资条",连同实发工资一起发给职工,以便职工查对;一份作为劳动工资部门进行劳动工资统计的依据;一份经过职工签收后作为工资结算和付款的原始凭证,并据以进行工资结算汇总。工资结算汇总表是根据工资结算单编制的,用以反映全厂工资结算的总括情况,并据以进行工资结算总分类核算和汇总全厂的工资费用。工资结算汇总表的一般格式如表 2－13 所示。工资结算的公式可以表示为:

实发工资＝应付工资＋其他应发款－代扣款项

根据表 2－13 的"工资结算汇总表"可编制工资结算的会计分录,登记有关账户。

借:应付职工薪酬——工资　　　　　　　　63800
　　　　　　　　——福利费　　　　　　　580
　　管理费用　　　　　　　　　　　　　1160

华星企业

表 2-13 全厂工资结算单

2007 年 7 月

单位：元

车间和部门	应付工资							代发款项			代扣款项			实发金额
	月标准工资	奖金	津贴和补贴		扣缺勤工资		应付工资合计	福利补助费	交通补助费	合计	住房公积	个人所得税	合计	
			补贴	津贴	病假	事假								
生产车间：														
生产工人	22500	2300	1560	330	40	188	26462	220	440	660	2920	228	3148	23974
管理人员	2626	180	140		8	40	2898	20	40	60	340	82	422	2536
合　计	25126	2480	1700	330	48	228	29360	240	480	720	3260	310	3570	26510
辅助生产车间	12430	1160	820	150	25	115	14420	100	200	300	1530	120	1650	13070
……	……	……	……	……	……	……	……	……	……	……	……	……	……	……
行政管理部门	8360	730	510	80	10	55	9615	60	120	180	930	95	1025	8770
销售人员	2740	190	130	50	20	10	3080	30	60	90	460	47	507	2663
总　计	53560	5920	4090	780	125	425	63800	580	1160	1740	7890	740	8630	56910

　　贷：其他应付款　　　　　　　　　　　　　　7890
　　　　应交税费——代扣个人所得税　　　　　740
　　　　库存现金　　　　　　　　　　　　　　56910

三、人工费用的分配

　　新的会计准则取消了原"应付工资"、"应付福利费"会计科目,增设"应付职工薪酬"科目核算企业根据有关规定应付给职工的各种薪酬。按照"工资"、"职工福利"、"社会保险费"、"住房公积金"、"工会经费"、"职工教育经费"、"解除职工劳动关系补偿"等应付职工薪酬项目进行明细核算。企业的工资费用(工资总额)按其发生的地点和用途进行归集和分配。生产工人、生产车间或分厂的工程技术人员和管理人员的工资,应计入产品生产成本,其中生产工人工资记入"基本生产成本"或"辅助生产成本"总账及明细账的"工资及福利费"成本项目;其余未专设成本项目的,在"制造费用"账户内归集。行政管理部门人员的工资、专设销售机构人员的工资、福利部门人员(属非生产人员)的工资等分别记入"管理费用"、"营业费用"和"应付福利费"等总账及所属明细账。

(一)生产一种产品生产工人工资费用的分配

　　如果车间只生产一种产品的生产工人工资费用,或生产多种产品的生产工人计件工资,可按发生地点和用途直接分配,即根据审核后的工资费用凭证(如工资结算单或工资结算汇总表)编制记账凭证和登记有关账户。

　　例 2-11　见表 2-13 的企业,如果其基本生产车间只生产 A 产品,可直接根据"工资结算汇总表"(假设省略栏中还有其他人员工资 7325 元,记入"管理费用")编制会计分录,登记有关账户。

　　借：基本生产成本——A　　　　　　　　　26462
　　　　辅助生产成本　　　　　　　　　　　　14420
　　　　制造费用　　　　　　　　　　　　　　2898
　　　　管理费用　　　　　　　　　　　　　　16940
　　　　销售费用　　　　　　　　　　　　　　3080
　　　　贷：应付职工薪酬——工资　　　　　　　　63800

(二)生产多种产品生产工人工资费用的分配

　　生产多种产品的车间,其生产工人的计时工资,以及工资总额中的奖金、津贴、特殊情况下支付的工资,通常都不能根据工资结算原始凭证确定计入哪一产品,而需通过一定的分配方法,方可将工资费用分配到有关账户及其所属明细账。

　　如果实行计时工资,生产工人的工资费用(含工资总额中的奖金、津贴和补贴等),一般按照产品的实际生产工时比例分配计入各产品,如果取得各种产品实际生产工时的资料较困难,或采用实际生产工时明显不合理,而各种产品的单位工时定额较准确,则可采定额工时比例进行分配。其计算公式为：

$$生产工人工资费用分配率=\frac{各产品共同负担的生产工人工资费用}{各产品实际生产工时(或定额工时)之和}$$

　　某产品应负担的工资费用=该产品实际生产工时(或定额工时)×分配率

　　例 2-12　资料仍见表 2-13,假设该企业基本生产车间采用计时工资,该车间生产A、

B 两种产品。A 耗用工时 3000 小时,B 耗用工时 2000 小时。根据工资结算汇总表等有关资料,编制"工资费用分配汇总表"如表 2-14 所示。

表 2-14 生产车间工资费用分配表

2007 年 7 月

产品名称	生产工时	分配率	分配额(元)
A 产品	3000		15877.20
B 产品	2000		10584.80
合计	5000	5.2924	26462

表 2-14 中一车间的工人工资费用分配率＝26462÷(3000＋2000)＝5.2924

根据"工资费用分配汇总表"可编制会计分录,登记有关账户。

借:基本生产成本——A   15877.2

          ——B   10584.8

    辅助生产成本   14420

    制造费用   2898

    管理费用   16940

    销售费用   3080

  贷:应付职工薪酬——工资   63800

四、按工资总额计提费用的归集和分配

企业在正确核算职工工资的同时,还应当根据相关规定,为职工缴纳的"五险一金",即医疗保险费、养老保险费、失业保险费、工伤保险费、生育保险费和住房公积金。并按照职工所在岗位进行分配。

在职工薪酬的计量中,应区分两种情况处理:

(1)国家规定了计提基础和计提比例的,应当按照国家规定的标准计提。比如,应向社会保险经办机构等缴纳的医疗保险费、养老保险费(包括根据企业年金计划向企业年金基金相关管理人缴纳的补充养老保险费)、失业保险费、工伤保险费、生育保险费等社会保险费,应向住房公积金管理机构缴存的住房公积金,以及工会经费和职工教育经费等。

(2)没有规定计提基础和计提比例的,企业应当根据历史经验数据和实际情况,合理预计当期应付职工薪酬。当期实际发生金额大于预计金额的,应当补提应付职工薪酬;当期实际发生金额小于预计金额的,应当冲回多提的应付职工薪酬。

例 2-13   2008 年 6 月,丙公司当月应发工资 1000 万元,其中:生产部门直接生产人员工资 500 万元;生产部门管理人员工资 100 万元;公司管理部门人员工资 180 万元;公司专设产品销售机构人员工资 50 万元;建造厂房人员工资 110 万元;内部开发存货管理系统人员工资 60 万元。根据所在地政府规定,公司分别按照职工工资总额的 10%、12%、2% 和 10.5% 计提医疗保险费、养老保险费、失业保险费和住房公积金,缴纳给当地社会保险经办机构和住房公积金管理机构。根据 2008 年实际发生的职工福利费情况,公司预计 2008 年应承担的职工福利费义务金额为职工工资总额的 2%,职工福利的受益对象为上述所有人

员。公司分别按照职工工资总额的2%和1.5%计提工会经费和职工教育经费。其他条件不考虑。

应计入生产成本的职工薪酬金额

＝500＋500×(10%＋12%＋2%＋10.5%＋2%＋2%＋1.5%)＝700(万元)

应计入制造费用的职工薪酬金额

＝100＋100×(10%＋12%＋2%＋10.5%＋2%＋2%＋1.5%)＝140(万元)

应计入管理费用的职工薪酬金额

＝180＋180×(10%＋12%＋2%＋10.5%＋2%＋2%＋1.5%)＝252(万元)

应计入销售费用的职工薪酬金额

＝50＋50×(10%＋12%＋2%＋10.5%＋2%＋2%＋1.5%)＝70(万元)

应计入在建工程成本的职工薪酬金额

＝110＋110×(10%＋12%＋2%＋10.5%＋2%＋2%＋1.5%)＝154(万元)

应计入研发支出的职工薪酬金额

＝60＋60×(10%＋12%＋2%＋10.5%＋2%＋2%＋1.5%)＝84(万元)

公司在分配工资、职工福利费、各种社会保险费、住房公积金、工会经费和职工教经费等职工薪酬时,应做如下账务处理:

```
借：基本生产成本                     7000000
    制造费用                        1400000
    管理费用                        2520000
    销售费用                         700000
    在建工程                        1540000
    研发支出——资本化支出              840000
  贷：应付职工薪酬——工资           10000000
              ——职工福利            200000
              ——社会保险费         2400000
              ——住房公积金         1050000
              ——工会经费            200000
              ——职工教育经费        150000
```

项目四　折旧费用和其他费用的核算

任务一 掌握折旧费用的概念及计算。
任务二 掌握折旧费用的归集和分配。
任务三 掌握其他费用的分配。

无论在企业核算还是在国民经济核算中折旧都指：在所考察的时期中,资本所消耗掉的价值的货币估计值。对于一般的工业企业来讲,折旧费用是指企业所拥有的或控制的固定资产在使用过程中发生的磨损支出。这部分耗费支出,在产品成本中没有专门设立相应的成本项目,因而作为产品成本构成要素的特殊内容专门加以阐述。

一、折旧费用的计算

(一)固定资产折旧的计提范围

从计提范围看,企业在用的固定资产,包括经营用固定资产、非经营用固定资产、租出固定资产等,一般均应计提折旧,具体范围包括:房屋和建筑物;在用的机器设备、仪器仪表、运输工具;季节性停用、大修理停用的设备;融资租入和以经营租赁方式租出的固定资产。不计提折旧的固定资产包括:未使用、不需用的机器设备;以经营租赁方式租入的固定资产;在建工程项目交付使用以前的固定资产;已提足折旧继续使用的固定资产;未提足折旧提前报废的固定资产;国家规定不提折旧的其他固定资产如土地等。

(二)计提折旧的起止时间

从应计折旧的价值看,折旧应从固定资产投入使用之日起开始计提,到停止使用或减少之日起停提。要计提折旧的固定资产就一个单位(企业、车间)来说,都是以月初固定资产原值为准,所以月份内增加的固定资产,当月就不能计提折旧,但月份内减少的固定资产,当月已经计提了折旧。

(三)计提折旧的方法

计算折旧的方法多种多样,采用不同方法,可能出现计算的某一会计期间的折旧费是不相等的,从而就影响到该会计期间的产品成本,同时还会影响到固定资产的账面净值,因此必须根据具体情况慎重地选择应用折旧方法。在同一个企业里,由于固定资产用途不同、性能不同,可以选用不同的折旧方法。

例如电子工业企业的房屋和其他企业房屋一样,可采用年限法(直线法),而电子机械、电子仪器、仪表以及配套的计算机等机器设备,则因科学技术发展迅速,为避免其陈旧过时,提前报废不能收回原值而遭受损失,可考虑采用加速折旧法对它们计提折旧。即使是同一种固定资产,由于使用情况不同,也可以考虑选用不同的折旧方法。例如企业中经常使用的机械设备,采用年限法计提折旧,而对某些不经常使用的机械设备(如大型的刨床),可以采用工作时数法或产量法等等。

1. 使用年限法亦称直线法

它是指按预计的使用年限平均分摊固定资产价值的一种方法。这种方法若以时间为横坐标,金额为纵坐标,累计折旧额在图形上呈现为一条上升的直线,所以称它为"直线法"。

2. 工作量法

它是指按规定的总工作量(总工作小时、总工作台班、总行驶里程数等)计提固定资产折旧的一种方法。这种方法应用于某些价值很大,但又不经常使用或生产变化大,磨损又不均匀的生产专用设备和运输设备等的折旧计算。根据设备的用途和特点又可以分别按工作时间、工作台班或行驶里程等不同的方法计算折旧。

3. 加速折旧法

加速折旧法中包括使用年限数字总和法和双倍余额递减法,其中使用年限数字总和法亦称年限总数法或年数比例法,是指将应计折旧总额乘以剩余可用年数(包括计算当年)与可使用年数所有数字总和之比,作为某年的折旧费用额。双倍余额递减法是指根据各年年初固定资产折余价值和双倍的不考虑残值的直线法折旧率计提各年折旧额。

二、折旧费用的归集和分配

(一)折旧费用的归集

由于企业的各个车间生产的零部件或产品不同,各部门服务的对象和职责不同,其配备的机器设备等也是不相同的,所以折旧费用必须按车间、部门进行归集,以便分别计算车间、部门有关产品成本费用。车间、部门折旧费用的归集,通常是采用折旧计算表的形式进行的。其格式如表 2-15 所示。

表 2-15　固定资产折旧计算表

甲车间　　　　　　　　　　　　　　　200×年5月　　　　　　　　　　　　　　　单位:元

固定资产类别	折旧率	上月计提		上月增加		上月减少		本月应提	
		原价	折旧额	原价	折旧额	原价	折旧额	原价	折旧额
房屋	2.5‰	250000	625	54000	135	——	——	304000	760
机器设备	5‰	370000	1850	80000	400	24000	120	426000	2130
合计		620000	2475	134000	535	24000	120	730000	2890

(二)折旧费用的分配

对于一般的工业企业来说,由于折旧费用在产品成本中所占的比重不大,一般都把它作为间接费用处理,按它的经济用途和使用地点计入有关的综合费用。折旧费用的分配通常采用固定资产折旧分配表的形式进行。

1. 生产多种品种产品的企业

基本生产车间所使用的固定资产折旧费用,应记入制造费用明细账中的折旧费项目;辅助生产车间所使用的固定资产折旧费用,应记入辅助生产费用明细账有关项目;企业行政部门所使用的固定资产折旧费,应记入管理费用明细账中的折旧费项目;销售部门所使用的固定资产折旧费,应记入产品销售费用明细账中的有关项目。

例 2-14　天辰企业 2007 年 9 月各车间、部门固定资产折旧费用分配情况如表 2-16 所示。

表 2-16　固定资产折旧分配表

2007 年 9 月　　　　　　　　　　单位:元

车间、部门	上月计提折旧额	上月增加旧额	上月减少折旧额	本月应提折旧额
甲车间	9900	2140	480	11560
乙车间	4960	1200	600	5560
行政管理部门	3200		240	2960
销售部门	1000	360		1280
租出	1120			1120
合计	20180	3700	1320	22480

借:制造费用——甲车间　　　　　　　　　11560
　　　　　　——乙车间　　　　　　　　　5560

管理费用	2960
销售费用	1280
其他业务支出	1120
贷：累计折旧	22480

2. 生产单一品种产品的企业

发生的所有费用全部都由该种产品承担,成本项目可按费用的经济内容设置。一切费用在这种情况下,都是直接费用,所以折旧费用可直接计入"基本生产成本"明细账中的"折旧费"成本项目。

对于现代化技术密集型企业来看,折旧费用在产品成本中所占的比重会越来越大。在这种情况下,折旧费用也可以作为单独的成本项目列示,如果企业、车间只生产一种产品,可将折旧费用直接计入生产成本明细账"折旧费"项目,如果企业、车间生产多种产品,则可按机器工时比例将折旧费在各种产品之间进行分配后记入生产成本明细账。

三、其他费用的核算

(一)利息费用的核算

把各会计期间的利息收入(各期均等)作为当期收益实现,这个利息称为"利息费用",内含除正常利息外还有利差。同时将起租日收取的一次性手续费列入当期收益一次实现。在目前的财务会计工作实践中,一般只确认债务资本的成本,称为利息费用,并作为财务费用处理,也即要素费用中的利息费用不包括资本化的利息费用。而对权益资本成本,则不把它当作费用处理。如果利息数额较大,为了正确划分各月的期间费用,可采用预提方法处理。各月预提利息费时,借记"财务费用"账户,贷记"应付利息"账户。实际支付利息时,借记"应付利息"账户,贷记"银行存款"账户。

(二)税金的核算

要素费用中的各税金包括房产税、车船使用税、土地使用税和印花税。

1. 印花税

企业交纳的印花税不通过"应交税费"科目核算,直接计入企业的管理费用。

企业购买印花税票时:

借：管理费用

　　贷：银行存款或库存现金

例 2-15　某建筑安装公司1994年6月承包某工厂建筑工程一项,工程造价60000000元,按照经济合同法,双方签订建筑承包工程合同。

按照规定,订立建筑安装工程承包合同,应按合同金额0.3‰贴花。

应纳税额=60000000×0.3‰=18000 元

按规定,各种合同应于合同正式签订时贴花。建筑公司应在自己的合同正本上贴花18000 元。由于该份合同应纳税额超过500 元,所以该公司应向税务机关申请填写缴款书或完税证,将其中一联粘贴在合同上或由税务机关在合同上加注完税标记。企业应作如下会计分录:

借：管理费用　　　　　　　　　　18000

　　贷：银行存款　　　　　　　　　18000

2．房产税、车船使用税、土地使用税

这些税金应通过"应交税费"科目核算。

计算应交税金时，借记"管理费用"，贷记"应交税费"科目；在交纳税金时，借记"应交税费"科目，贷记"银行存款"等科目。

（三）修理费用的核算

在企业的固定资产管理中，通常将固定资产修理分为大修理和中小修理两类。大修理的特点是：修理范围大、间隔时间长、修理次数少，支出费用大。2006 年企业会计准则应用指南指出，固定资产的修理费不符合资本化条件的，应于发生时直接计入管理费用和销售费用等期间损益，同时也不再采用预提或者待摊方式。生产性固定资产的相关修理费支出，也不再计入制造费用（生产成本），而是直接计入管理费用。固定资产修理费符合资本化条件的，应在发生时计入固定资产的成本，再以折旧费的形式分期摊入各项成本费用类账户中。

（四）其他费用

其他费用，是指除前面所述各要素以外的费用，企业应在发生时，按照发生的车间、部门和用途分配。

1．其他费用的分配去向

属于基本生产车间发生的，例如基本生产车间订阅的报刊费、差旅费等，应计入"制造费用"总账及所属明细账的有关项目。属于辅助生产车间发生的，应记入"辅助生产成本"总账及所属明细账的有关项目。属于行政管理部门发生的，应记入"管理费用"总账及所属明细账的有关项目。属于销售机构发生的，应记入"销售费用"总账及所属明细账的有关项目。对影响几个会计期间的费用，例如预付的财产保险费、年终支付当年的固定资产租赁费等，应根据权责发生制的原则分摊计入相应的期间。

2．编制其他费用分配表并进行相应的账务处理

M 公司支付（假定均通过银行支付）的其他费用汇总表见表 2 - 17 所示。

表 2 - 17　税金、其他费用分配汇总表

M 公司　　　　　　　　　　　　　20××年 6 月

应借科目		成本及费用项目	金　　额（元）
总账科目	明细科目		
制造费用	基本生产车间	办公费	5700
		差旅费	34300
		其他	1390
		小计	41390
辅助生产成本	供电车间	办公费	5400
		其他	5290
	供水车间	办公费	1600
		其他	1670
		小　计	13960

续　表

应借科目		成本及费用项目	金　额（元）
总账科目	明细科目		
销售费用		运输费	7680
		修理费	4000
		其他	3850
		小计	15530
管理费用	行政管理部门	办公费	12350
		修理费	1200
		税金	31200
		其他	11314
		小计	56064
合　　计			126945

根据表 2-17 所列汇总资料，应编制下列会计分录：

借：制造费用——基本生产车间　　　　　　　　41390
　　辅助生产成本——供电车间　　　　　　　　10690
　　　　　　　　——供水车间　　　　　　　　 3270
　　销售费用　　　　　　　　　　　　　　　　15530
　　管理费用　　　　　　　　　　　　　　　　56064
　贷：银行存款　　　　　　　　　　　　　　　　　126945

思考与练习

一、思考题

1. 材料费用的计划成本与实际成本的区别，材料成本差异率的计算公式是怎样的？

2. 计时工资计算方法中的日薪制和月薪制的区别在哪里？按工资费用总额计提的各项费用的相关内容是什么？

二、单项选择题

1. 发出材料应负担的材料成本节约差异，应以_____字从"材料成本差异"科目的_____方转出。（　　）

A. 红……借……　　　B. 红……贷……　　　C. 蓝……借……　　　D. 蓝……贷……

2. 在各种产品共同耗用原材料的种类较多的情况下，为了进一步简化分配计算工作，可按各种材料的（　　）比例分配材料实际费用。

A. 定额消耗　　　　B. 定额费用　　　　C. 消耗定额　　　　D. 定额消耗量

3. 某企业本月生产甲产品 520 件，乙产品 480 件，共领用原材料 15000 千克，单价 0.8 元，合计金额 12000 元。本月甲、乙产品定额耗用量分别为 19500 千克和 10500 千克。则材料耗用量分配率为（　　）

A. 0.50 B. 0.55 C. 0.40 D. 0.60

4. 直接人工费用的分配方法主要有（　　）。

A. 材料定额耗用量比例法 B. 产品定量比例法

C. 生产工时比例法 D. 定额成本计价法

5. 计入产品成本的各种工资,按其用途不可能借记（　　）。

A. 生产成本——基本生产成本 B. 制造费用

C. 生产成本——辅助生产成本 D. 管理费用

6. 某职工10月份病假3日,事假2日,出勤17日,星期双休9日。若日工资率按30天计算,按出勤日数计算月工资,则该职工应得出勤工资按（　　）天计算。

A. 17 B. 20 C. 23 D. 26

7. 核算每个职工的应得计件工资,主要依据（　　）的记录。

A. 工资卡片 B. 考勤记录 C. 产量工时记录 D. 工资单

8. 下列各项中,属于直接生产费用的是（　　）。

A. 机物料消耗 B. 辅助工人工资

C. 车间厂房拆旧费用 D. 机器设备部日费用

9. 某工人本月加工完成的甲产品数量为100件,其中合格品为95件,料废产品为2件,由本人过失造成的工废产品为3件。计件单价为10元/件。据此计算的该工人本月计件工资为（　　）元。

A. 950 B. 970 C. 980 D. 1000

10. 甲、乙两种产品共同耗费的燃料费用为6000元,按燃料定额消耗量比例分配。甲、乙产品的定额消耗量分别为200千克和300千克。据此计算的燃料费用分配率为（　　）。

A. 12 B. 20 C. 30 D. 60

三、多项选择题

1. 材料成本差异率的计算,需使用的项目有（　　）

A. 月末结存材料的实际成本 B. 月初结存材料的计划成本

C. 月初结存材料的成本差异 D. 本月收入材料的计划成本

E. 本月收入材料成本差异

2. 应记入产品成本的各种材料费用,按其用途进行分配,应记入的账户有（　　）。

A. "管理费用" B. "基本生产成本"

C. "制造费用" D. "财务费用"

3. 用于几种产品生产的共同耗用材料费用的分配,常用的分配标准有（　　）。

A. 工时定额 B. 生产工人工资

C. 材料定额费用 D. 材料定额消耗量

4. 根据有关规定,下列不属于工资总额内容的是（　　）。

A. 退休工资 B. 差旅费

C. 福利人员工资 D. 长病假人员工资

5. 职工的计件工资,可能记入（　　）账户借方。

A. "基本生产成本" B. "辅助生产成本"

C. "制造费用" D. "管理费用"

6. 下列固定资产中,其折旧额应作为产品成本构成内容的是(   )。

A. 生产车间房屋　　　　　　　　　B. 企业管理部门房屋

C. 生产用设备　　　　　　　　　　D. 专设销售机构用卡车

7. 实际所耗材料应负担的材料成本差异是(   )

A. 材料实际消耗量乘以材料计划单价,再乘以材料成本差异率

B. 材料定额消耗量乘以材料计划单价,再乘以材料成本差异率

C. 材料定额费用乘以材料成本差异率

D. 材料定额费用与材料脱离定额差异金额之和,乘以材料成本差异率

E. 材料计划成本乘以材料成本差异率

8. 下列费用分配表中,可以直接作为基本生产车间产品成本明细账登记依据的有(   )。

A. 原材料费用分配表　　　　　　　B. 工资费用分配表

C. 折旧费用分配表　　　　　　　　D. 制造费用分配表

9. 下列说法中,正确的有(   )。

A. "材料采购"科目的借方反映采购材料实际成本

B. "材料采购"科目期末无余额

C. "材料成本差异"科目的贷方反映材料采购成本的节约差异

D. "材料成本差异"科目的期末余额可能在借方,也可能在贷方

10. 下列关于"材料成本差异"科目核算内容的论述,正确的有(   )。

A. 借方登记购入材料的超支差异,贷方登记购入材料的节约差异

B. 借方登记购入材料的节约差异,贷方登记购入材料的超支差异

C. 月末余额既可能在借方,也可能在贷方,为库存材料分担的成本差异

D. 发出材料应分担的超支差异或节约差异,均在贷方登记,超支差异用蓝字登记,而节约差异用红字登记。

四、判断题

1. 不论是外购材料还是自制材料,其材料费用的核算方法均相同。(   )

2. 材料费用是产品成本的重要组成部分,因此各部门领用的材料费用都应记入产品成本。(   )

3. 车间领用的材料费用,不一定都记入产品成本的"直接材料"成本项目中。(   )

4. 企业生产工人的工资以及福利费直接计入产品成本,其他部门人员的工资及福利费间接计入产品成本。(   )

5. 专设销售机构的固定资产修理费应间接计入生产成本。(   )

6. 基本生产车间固定资产折旧费应直接计入产品生产成本。(   )

7. 固定资产折旧费是产品成本的组成部分,所以应该全部直接计入或间接计入产品成本。(   )

8. 不设"燃料和动力"成本项目的企业,其生产消耗的燃料可计入"直接材料"成本项目。(   )

9. 凡是发放给企业职工的货币,均作为工资总额的组成部分。(   )

10. 计件工资只能按职工完成的合格品数量乘以计件单价计算发放。(   )

五、案例题

1. 某厂有两个产品生产车间和一个机修车间、一个蒸汽车间。第一产品车间生产♯101和♯102产品,第二产品车间生产♯201产品。

（1）根据领料单汇总该厂200×年10月份各车间、部门和各种产品领用的原材料和低值易耗品如下:

领料部门	用　途	计划价格（元）
第一产品车间	制造♯101产品	145200
第一产品车间	制造♯102产品	126000
第一产品车间	制造♯101产品 制造♯102产品共同耗用	200000
第一产品车间	劳动保护用（低值易耗品,一次摊销）	1500
第一产品车间	一般性消耗	3500
第一产品车间	生产领用低值易耗品（一次摊销）	1800
第二产品车间	制造♯201产品	250000
第二产品车间	劳动保护用（低值易耗品,一次摊销）	2000
第二产品车间	一般性消耗	2500
第二产品车间	机器设备小修理用	2400
蒸汽车间	生产用	14200
机修车间	生产用	8400
合　计		757500

（2）根据领料单汇总该厂200×年10月份各车间领用的燃料如下:

领料部门	用　途	计划价格（元）
第一产品车间	制造♯101产品 制造♯102产品共同耗用	11250
第二产品车间	制造♯201产品	8000
合计		19250

（3）该厂本月份材料价格差异率－2％（包括燃料和低值易耗品）。

（4）第一产品车间♯101产品、♯102两种产品共同耗用的原材料,按产生定额耗用量的比例进行分配,共同耗用的燃料,按两种产品的产量比例进行分配。两种产品的产量资料及定额资料如下:

♯101产量2500件,原材料单位耗用定额11千克。

♯102产量3125件,原材料单位耗用定额4千克。

要求:

① 按照资料（1）（2）（3）计算出材料成本差异和实际成本。

② 根据资料（4）进行材料费用的分配,编制相关的会计分录。

2. 远大公司为增值税一般纳税人,适用的增值税税率为17％,2008年6月份有关职工薪酬业务如下:

当月应发工资200万元,其中:生产部门直接生产人员工资100万元,生产部门管理人员工资20万元;公司管理部门人员工资36万元;公司专设销售机构人员工资10万元;建造厂房人员工资22万元。

按照规定,公司分别按照职工工资总额的 10％、12％、2％和 10.5％计提医疗保险费、养老保险费、失业保险费和住房公积金,缴纳给当地社会保险经办机构和住房公积金管理机构;分别按照职工工资总额的 2％和 1.5％计提工会经费和职工教育经费;企业预计 2008 年应承担的职工福利费金额为职工工资总额的 2％,职工福利的受益对象为上述所有人员。

要求:根据以上资料编制会计分录。

3. 某厂 20××年 10 月共耗用外购电力 54100 度,每度电的单价 0.10 元,外购电力费用总额 5410 元,其中工艺耗用电力 44000 度,费用 4400 元,在第一产品车间生产♯101、♯102 和第二生产车间生产♯201 三种产品之间按机器工时进行分配。本月机器实际总工时 40000 小时,其中:♯101 产品 18000 小时,♯102 产品 14000 小时,♯201 产品 8000 小时。另外,机修车间耗用电力 2000 度,蒸汽车间耗用 2600 度;车间照明用电 2500 度,其中第一车间耗用 1500 度,第二车间耗用 1000 度;厂部照明用电 3000 度。

要求:根据资料编制外购动力分配表,编制相应会计分录。(与生产费用无对应关系的分录可免做)

3

模块三

综合费用的核算

知 识 目 标	能 力 目 标
1. 了解辅助生产费用的特点,熟悉辅助生产费用的归集程序; 2. 熟悉辅助生产费用的分配方法; 3. 熟悉制造费用的组成内容和分配方法; 4. 熟悉可修复废品和不可修复废品的计算,熟悉废品损失的账户设置和账务处理; 5. 了解停工损失的账户设置和账务处理。	1. 掌握辅助生产费用归集,能根据各种情况选择适当的分配方法,会进行辅助生产费用分配,能编制辅助生产费用分配表; 2. 掌握制造费用归集和分配的方法,会进行制造费用分配,能编制制造费用分配表; 3. 掌握废品损失的核算的方法,能熟练进行可修复废品和不可修复废品损失的核算,并进行相关的账务处理; 4. 能进行停工损失的核算和相应的账务处理。

案例导入

利友食品公司主要生产冷冻食品,设有两个基本生产车间和两个辅助生产车间。两个基本生产车间分别是烹饪车间和打包冷冻车间,烹饪车间负责烹饪食品,打包冷冻车间负责将食品打包冷冻。两个辅助生产车间分别是机修车间和动力车间,机修车间为基本生产车间、动力车间以及其他部门提供修理服务,动力车间为基本生产车间、机修车间和其他部门提供电力服务。那么这几个不同车间发生的费用分别应该用什么账户来归集,机修和动力这两个辅助生产车间的费用又该如何分配,还有它们之间相互提供劳务的问题是否需要考虑,应该如何处理? 假如该公司在生产过程中出现了一定数量的不合格产品,这些不合格产品的成本又该如何处理呢?

通过本模块的学习,上述问题将迎刃而解。

项目一 辅助生产费用的核算

任务一 掌握辅助生产费用的特点和账户设置。

任务二 会进行辅助生产费用的归集。

> 任务三　熟练运用辅助生产费用的分配方法。
>
> 任务四　会进行辅助生产费用的分配的账户处理。

一、辅助生产费用的概念及账户设置

辅助生产是指企业内部为基本生产部门和管理部门服务而提供的劳务供应或产品生产。辅助生产有两种类型:一是单品种辅助生产,这类辅助生产只提供一种产品或劳务,如供电、供水、供气、运输等;二是多品种辅助生产,这类辅助生产提供多种产品或多种劳务,如工具、模具、修理用备件的生产、机器设备维修等。辅助生产车间为生产产品或提供劳务所发生的各项费用称为辅助生产费用,这些费用构成辅助生产产品或劳务的成本。辅助生产车间提供的产品或劳务虽然有时也对外销售,但这不是它的主要任务,其根本任务是服务于企业基本生产和管理工作。所以,辅助生产产品或劳务的成本将转归企业基本生产成本、管理费用等负担。

辅助生产费用的核算通常有两种不同的方法来进行。

(一)只设置"辅助生产成本",不设置"制造费用"账户

在这种方法下,凡是辅助生产车间发生的各项费用,无论是为提供劳务或产品发生,还是为组织、管理生产而发生的制造费用,全部记入"辅助生产成本"账户。该账户借方归集辅助生产费用,贷方登记结转完工入库的自制材料、工模具的成本以及向其他辅助生产车间、基本生产车间、行政管理部门等收益单位分配转出的劳务费用。期末若有余额应在借方,表示辅助生产车间在产品的成本。该账户一般按车间、劳务或产品设置明细账。在仅提供一种劳务或产品的辅助生产车间,只需要按车间设置;在提供多种劳务或产品的辅助生产车间,除按车间设置外,还应按各种劳务或产品设置明细账。账内可按成本项目与制造费用项目相结合设置专栏。

(二)设置"辅助生产成本",也设置"制造费用"账户

在这种方法下,比照基本生产车间账户一样处理。对于辅助生产车间提供劳务或产品发生的费用计入"辅助生产费用"及其所属明细账,而对于辅助生产车间为组织和管理生产等发生的制造费用先计入"制造费用—辅助生产车间"账户,月末再分配转入"辅助生产费用"账户,经分配结转后,"制造费用—辅助生产车间"账户应无余额。

如果辅助生产不对外提供商品产品,而且辅助生产车间规模很小,制造费用很少,为了简化核算工作,一般采用第一种方法,即辅助生产车间发生的制造费用不通过"制造费用"账户,而直接记入"辅助生产费用"账户。

二、辅助生产费用的归集

辅助生产车间为企业提供自制材料和包装物、自制工具和模具等产品,或者提供水、电、汽、修理、运输等劳务,一般在月末都应该将所发生的费用,采用一定标准在接受产品和劳务的各受益对象之间进行分配,转入各受益对象的成本费用之中。辅助生产车间提供的各项产品和劳务的受益对象,有企业基本生产单位、管理部门和企业外部的客户,也有辅助生产单位之间相互提供产品和劳务。辅助生产单位在期末进行产品和劳务成本结转以后,辅助生产成本明细账户应无余额。辅助生产费用的归集和分配的程序见图 3-1 所示。

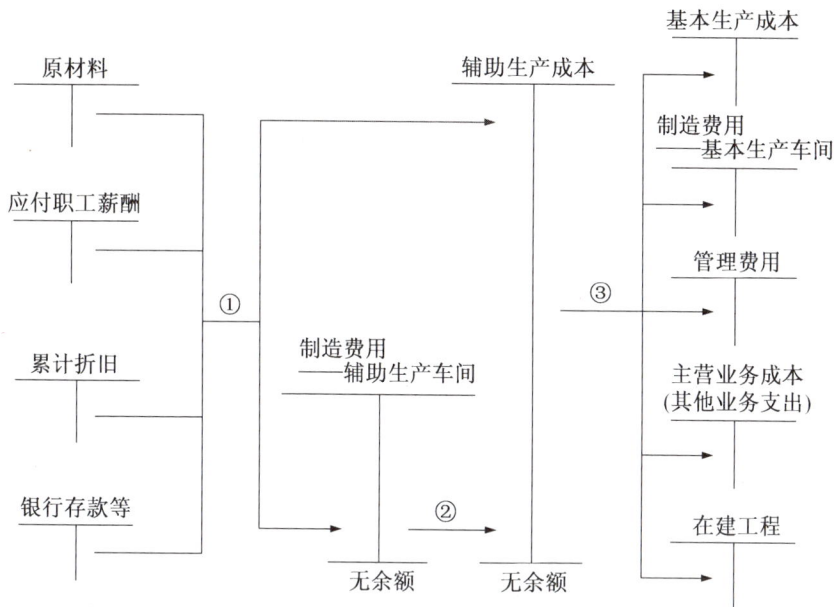

图 3-1 辅助生产费用的归集和分配的程序

上述辅助生产费用的归集,在实务操作中应该根据"材料费用分配表"、"职工薪酬分配表"、辅助生产车间的"制造费用分配表"等有关凭证登记"辅助生产成本"及所属明细账,辅助生产成本明细账如表 3-1 所示。

表 3-1 辅助生产明细账

车间:机修车间　　　　　　　　劳务:机修作业　　　　　　　提供劳务量:900 工时

2007 年		凭证号数	摘　要	原材料（元）	职工薪酬（元）	制造费用（元）	合　计（元）
月	日						
			归集材料费用	2400			2400
			归集工资及福利费		4300		4300
			待分配费用	2400	4300		6700
			分配转入制造费用			7100	7100
			合　计	2400	4300	7100	13800
			转　出	2400	4300	7100	13800

如果辅助生产车间的制造费用不通过"制造费用"归集,而是直接记入"辅助生产成本",则辅助生产费用的归集可根据"材料费用分配表"、"职工薪酬分配表"、"其他费用汇总表"等有关凭证登记"辅助生产成本"及其所属明细账。辅助生产明细账格式如表 3-2 所示。

表 3 - 2 辅助生产明细账

车间：机修车间 　　　　　　　　　劳务：机修作业 　　　　　　　　提供劳务量：900 工时

2007 年		凭证号数	摘　　要	原材料（元）	职工薪酬（元）	折旧费（元）	水电费（元）	租赁费（元）	保险费（元）	运输费（元）	办公费（元）	其他（元）	合计（元）
月	日												
			归集材料费用	2400									2400
			归集职工薪酬		4300								4300
			归集折旧费			2000							2000
			支付水电费				800						800
			保险、租赁费摊销					400	600				1000
			支付办公费等								1200	300	1500
			待分配费用小计	2400	4300	2000	800	400	600		1200	300	12000
			分配转入运输费							1800			
			合计	2400	4300	2000	800	400	600	1800	1200	300	13800
			转出	2400	4300	2000	800	400	600	1800	1200	300	13800

三、辅助生产费用的分配方法

辅助生产费用的分配，就是将"辅助生产成本"账户所归集的费用，采用一定的方法计算出产品或劳务的总成本或单位成本，并按其受益对象和耗用数量分配应负担的辅助生产费用。在分配辅助生产费用时，应遵循谁受益谁负担，多受益多负担，不受益不负担的原则，分配方法力求合理、简便易行。

由于辅助生产车间所提供的产品或劳务的性质不同，在再生产过程中的作用不同，其分配转入产品成本及期间费用的程序、方法也不一样。辅助生产车间提供的产品用作材料，如修理用备件和工具、模具等，应在产品完工入库时，从"辅助生产成本"及其明细账转入"原材料"或"低值易耗品"账户借方，在基本生产车间或其他部门领用时，再从"原材料"、"低值易耗品"转入"制造费用"、"管理费用"、"销售费用"等科目。但是，辅助生产车间提供的劳务直接为生产和管理工作所消耗的，如供电、供水、供气、机修、运输等，则应将辅助生产车间发生的费用，直接在各受益单位按耗用量分配。

辅助生产车间提供的劳务，其受益对象主要是基本生产车间和管理部门，但各辅助生产车间之间也有相互提供服务和受益的，例如，供水车间向机修车间供水，而机修车间为供水车间提供修理服务。这样要计算水的成本，就要确定修理成本，同理，要计算修理成本，需确定供水成本，两个车间的成本计算互为条件，相互制约。因此，辅助生产费用的分配，有个很重要的特点，就是需要在各辅助生产车间之间交互分配费用，然后再向辅助生产车间以外的受益单位（如基本生产车间、管理部门等）分配辅助生产费用。

对于辅助生产车间提供的直接为生产和管理部门所消耗的劳务，企业可根据其辅助生产情况及辅助生产费用分配的特点，采用不同的方法进行分配。在实际工作中，该工作通过编制"辅助生产费用分配表"进行。辅助生产费用分配的主要方法有：直接分配法、一次交互分配法、计划成本分配法、代数分配法。

（一）直接分配法

直接分配法是一种不考虑辅助生产车间相互耗用劳务，不进行交互分配费用，而将辅助生产车间所发生的费用直接分配给辅助生产车间以外的各受益部门的方法。其计算公式为：

$$某辅助生产车间费用分配率=\frac{该辅助生产车间待分配费用}{辅助生产车间以外受益单位耗用劳务量}$$

$$某受益单位应负担该辅助生产费用=该受益单位耗用劳务量×分配率$$

例 3 - 1 　紫荆铸造有限责任公司有供电和运输两个辅助生产车间。辅助生产车间发生的各项车间经费，不通过"制造费用"科目核算。供电车间本月发生的费用为 5000 元，提供劳务 25000 度，其中：为运输车间供电 5000 度，为生产甲产品供电 8000 度，为生产乙产品供电 7000 度，为基本生产车间供电 3000 度，为企业管理部门供电 2000 度。运输车间发生运费 3000 元，运输里程为 12000 吨公里，其中为供电车间运输 2000 吨公里，为基本生产车间运输 7000 吨公里，为企业管理部门运输 3000 吨公里。供电车间计划成本 0.3 元/度，运输车间计划单位成本 0.5 元/吨公里。要求用直接分配法（见表 3 - 3）进行辅助生产费用的分配。

表 3 - 3　辅助生产费用分配表

（直接分配法）　　　　　　　　　　　　　　　　　　金额单位：元

项　　目			供电车间	运输车间	合　　计
待分配辅助生产费用			5000	3000	8000
供应辅助生产以外的劳务数量			20000	10000	
单位成本（分配率）			0.25	0.3	
基本生产	甲产品	耗用数量	8000		
		分配金额	2000		2000
	乙产品	耗用数量	7000		
		分配金额	1750		1750
基本生产车间		耗用数量	3000	7000	
		分配金额	750	2100	2850
行政管理部门		耗用数量	2000	3000	
		分配金额	500	900	1400
合　　计			5000	3000	8000

供电车间的分配率＝5000÷（25000－5000）＝0.25 元/度

运输车间的分配率＝3000÷（12000－2000）＝0.3 元/吨公里

根据"辅助生产费用分配表"，编制会计分录，登记有关账户。

借：基本生产成本——甲产品　　　　　　　　　　2000

　　　　　　　　——乙产品　　　　　　　　　　1750

　　制造费用　　　　　　　　　　　　　　　　　2850

管理费用	1400
贷：辅助生产成本——供电	5000
辅助生产成本——机修	3000

采用直接分配法,各辅助生产车间的费用只对辅助生产车间以外的受益部门一次分配,简便易行,但未进行辅助生产车间之间费用的交互分配,分配结果不够准确。该方法适用于辅助生产车间相互提供劳务较小或交互分配费用相差不大,不进行交互分配对成本影响不大的企业。

（二）交互分配法

一次交互分配法是按各个辅助生产车间相互耗用劳务进行一次相互分配费用,然后再向辅助生产车间以外的受益部门分配费用的方法。

该方法对辅助生产费用的分配分两步进行。第一步是在各辅助生产车间之间分配,即交互分配,是根据辅助生产车间直接发生费用和相互提供的劳务量分配;第二步是向辅助生产车间以外的受益部门分配,即对外分配,是将辅助生产车间直接发生费用（分配前费用）加上交互分配分来的费用,减去交互分配分出去的费用,即对外分配费用,按耗用量分配给辅助生产以外的受益部门。其计算公式如下：

$$某辅助生产车间费用交互分配率 = \frac{该辅助生产车间待分配费用}{该辅助生产车间提供的劳务总量}$$

$$某辅助生产车间费用对外分配率 = \frac{待分配费用+交互分配转入的费用-交互分配转出的费用}{辅助生产车间以外的受益部门耗用劳务量之和}$$

$$某受益部门应负担该辅助生产费用 = 该受益部门耗用劳务量 \times 对外分配率$$

例3-2 仍用【例3-1】资料,采用一次交互分配法编制"辅助生产费用分配表",如表3-4所示。

表3-4 辅助生产费用分配表
（交互分配法）
金额单位：元

分配方向			交互分配			对外分配		
辅助生产车间名称			供 电	运 输	合 计	供 电	运 输	合 计
待分配费用			5000	3000	8000	4500	3500	8000
劳务供应数量			25000	12000		20000	10000	
分配率（单位成本）			0.2	0.25		0.225	0.35	
辅助生产车间	供电	耗用数量		2000				
		分配金额		500	500			
	运输	耗用数量	5000					
		分配金额	100		1000			
分配金额	甲产品	耗用数量				8000		
		分配金额				1800		1800
	乙产品	耗用数量				7000		
		分配金额				1575		1575

续　表

分配方向		交互分配			对外分配		
辅助生产车间名称		供　电	运　输	合　计	供　电	运　输	合　计
基本生产车间	耗用数量				3000	7000	
	分配金额				675	2450	3125
行政管理部门	耗用数量				2000	3000	
	分配金额				450	1050	1500
合　计		1000	500	1500	4500	3500	8000

表3-4中交互分配率及对外分配率计算如下:

供电费用交互分配率＝5000÷25000＝0.2

运输费用交互分配率＝3000÷12000＝0.25

供电费用对外分配实际费用＝5000＋500－1000＝4500(元)

供电车间对外分配率＝4500÷(25000－5000)＝0.225

运输费用对外分配实际费用＝3000＋1000－500＝3500(元)

运输车间对外分配率＝3500÷(12000－2000)＝0.35

根据"辅助生产费用分配表",编制会计分录,登记有关账户。

交互分配分录(可不编制会计分录直接在明细账中登记):

```
借:辅助生产成本——供电车间              500
          ——运输车间             1000
  贷:辅助生产成本——供电车间                   1000
            ——运输车间                    500
```

对外分配分录:

```
借:基本生产成本——甲产品              1800
          ——乙产品             1575
  制造费用                      3125
  管理费用                      1500
  贷:辅助生产成本——供电车间                   4500
            ——运输车间                   3500
```

　　一次交互分配法克服了直接分配法的不足,即考虑了各辅助生产车间之间相互提供劳务,并按受益多少交互分配,分配结果较前两种方法合理、准确。但是,一次交互分配是按照各辅助生产车间直接发生费用而非实际费用进行,因而分配结果也不很准确,而且,如果用于厂部、车间两级核算的企业中,车间要等财务部门转来其他车间分配的费用,才能算出实际费用,影响成本核算的及时性。这一分配方法适用于各辅助生产车间相互提供劳务量大,但无一定顺序的企业。

(三) 代数分析法

　　代数分配法是运用初等数学中多元一次联立方程组求解的原理,计算出各辅助生产车间劳务的单位成本,再根据受益单位实际耗用量分配辅助生产费用的方法。其基本程序为:

① 设未知数,即辅助生产车间劳务的单位成本,并根据辅助生产车间之间相互提供劳务的关系建立多元一次联立方程组;② 解联立方程,求出各辅助生产车间劳务的单位成本;③ 以②求出的单位成本和受益单位的耗用量分配辅助生产费用。

例 3-3 仍以【例 3-1】资料,设供电车间每修理工时成本为 X ,运输车间每吨公里成本为 Y 。

根据资料,设立联立方程如下:

$$25000X = 5000 + 2000Y \qquad ①$$
$$12000Y = 3000 + 5000X \qquad ②$$

整理后得:

$$X = 0.2566$$
$$Y = 0.3569$$

编制"辅助生产费用分配表"如表 3-5 所示。

表 3-5 辅助生产费用分配表
(代数分配法)
金额单位:元

辅助生产车间			供 电	运 输	合 计
分配率			0.2566	0.3569	
辅助生产车间	供电车间	耗用数量		2000	
		分配金额		713.8	713.8
	运输车间	耗用数量	5000		
		分配金额	1283		1283
基本生产	甲产品	耗用数量	8000		
		分配金额	2052.8		2052.8
	乙产品	耗用数量	7000		
		分配金额	1796.2		1796.2
基本生产车间		耗用数量	3000	7000	
		分配金额	769.8	2498.3	3268.1
管理部门		耗用数量	2000	3000	
		分配金额	513.2	1070.7	1583.9
合 计			6415	4282.8	10697.8

根据"辅助生产费用分配表",编制会计分录,登记有关账户。

借:辅助生产成本——供电车间　　　　713.8
　　　　　　　　　——运输车间　　　　1283
　　基本生产成本——甲产品　　　　　2052.8
　　　　　　　　　——乙产品　　　　　1796.2
　　制造费用　　　　　　　　　　　　3268.1
　　管理费用　　　　　　　　　　　　1583.9

贷：辅助生产成本——供电车间　　　　　　　　　6415
　　　　　　　　——运输车间　　　　　　　　　4282.8

代数分配法运用数学方法同时计算各辅助生产产品或劳务的单位成本，分配结果最准确。但若部门多，未知数多，计算较为复杂，工作量较大。该方法适用于辅助生产车间不多或采用计算机进行成本核算的企业。

（四）计划成本分配法

计划成本分配法是指先按辅助生产车间提供劳务的计划单位成本和受益单位的实际耗用量分配辅助生产费用，然后将计划分配额与"实际费用"进行调整的方法。

可见，按此分配方法对辅助生产费用进行分配要分两步进行：

第一步：按产品或劳务的计划单位成本和各受益单位的实际耗用量进行分配，包括分配给其他辅助生产车间（交互分配）和辅助生产车间以外的受益部门（对外分配）。

第二步：求出辅助生产车间直接发生费用和第一步交互分配来的费用之和（即"实际费用"）与按计划成本分配转出费用的差额，将此差额全部计入"管理费用"或按耗用量分配给辅助生产车间以外的受益部门（对外追加分配）。

该方法的计算公式为：

某受益单位应负担辅助生产费用＝该受益单位耗用劳务量×辅助生产车间的劳务计划单位成本"实际费用"与计划成本的差额＝直接费用＋交互分配分入费用－按计划成本分出费用

例 3-4 仍以【例 3-1】为例，根据上述资料，采用计划成本分配法编制"辅助生产费用分配表"如表 3-6 所示。

表 3-6　辅助生产费用分配表
（计划成本分配法）　　　　　　　　　　　　　　　　　　　金额单位：元

辅助生产车间			供 电	运 输	合 计
待分配费用			5000	3000	8000
劳务供应量			25000	12000	
计划单位成本			0.3	0.5	
辅助生产车间	供电车间	耗用数量		2000	
		分配金额		1000	1000
	运输车间	耗用数量	5000		
		分配金额	1500		1500
基本生产	甲产品	耗用数量	8000		
		分配金额	2400		2400
	乙产品	耗用数量	7000		
		分配金额	2100		2100
基本生产车间		耗用数量	3000	7000	
		分配金额	900	3500	4400

辅助生产车间		供　电	运　输	合　计
管理部门	耗用数量	2000	3000	
	分配金额	600	1500	2100
按计划成本分配金额合计		7500	6000	13500
辅助生产实际费用		6000	4500	10500
辅助生产成本差异		－1500	－1500	－3000

供电车间实际费用＝5000＋1000＝6000（元）

运输车间实际费用＝3000＋1500＝4500（元）

根据"辅助生产费用分配表"，编制会计分录，登记有关账户。

按计划成本分配：

借：辅助生产费用——供电车间　　　　　　　　　1000

　　　　　　　　——运输车间　　　　　　　　　1500

　　基本生产成本——甲产品　　　　　　　　　　2400

　　　　　　　　——乙产品　　　　　　　　　　2100

　　制造费用　　　　　　　　　　　　　　　　　4400

　　管理费用　　　　　　　　　　　　　　　　　2100

　　贷：辅助生产费用——供电车间　　　　　　　　　　　7500

　　　　　　　　　　——运输车间　　　　　　　　　　　6000

对差异的处理：

借：管理费用　　　　　　　　　　　　　　　　（3000）

　　贷：辅助生产费用——供电车间　　　　　　　　　（1500）

　　　　　　　　　　——运输车间　　　　　　　　　（1500）

　　　　计划成本分配法按事先制定的计划单位成本进行分配，既能简化计算工作，又能弥补一次交互分配法不够及时的不足，加快分配速度，同时还利于划清各车间部门的经济责任，便于成本考核分析。但是，其分配结果会受计划成本准确与否的影响，因此，该方法适用于计划成本资料比较健全准确、成本核算基础工作较好的企业。

项目二　制造费用的核算

任务一　掌握制造费用的组成内容。

任务二　会进行制造费用的归集。

任务三　会熟练运用制造费用的分配方法。

任务四　会编制相应的会计分录。

一、制造费用的概念和内容

企业直接用于产品生产，但是没有专设成本项目，或是间接用于产品生产的费用，应先通过"制造费用"归集,然后再采用适当的方法分配计入各成本计算对象。制造费用核算的准确性直接影响产品成本的准确性。制造费用的构成比较复杂,大部分是间接用于产品生产的费用,如机物料消耗、车间照明费等,也包括直接用于产品生产,但较难辨认其产品归属或金额较小、管理上不要求单独专设成本项目的费用,如设备折旧费、设计制图等。制造费用的内容一般包括:

(1)车间管理人员的职工薪酬:是指生产车间管理人员、辅助后勤人员等非一线直接从事生产的人员工资及提取的福利费和其他经费;一线直接生产人员非生产期间的薪酬也计入本项目,非一线生产员工提供直接生产时,其相应的薪酬应从本项目转入生产成本中的直接人工项目。

(2)劳动保护费:指按照规定标准和范围支付给车间职工的劳动保护用品,防暑降温、保健饮食品(含外购矿泉水)的费用和劳动保护宣传费用。

(3)折旧费:是指车间所使用固定资产按规定计提的折旧费。

(4)租赁费:是指车间使用的从外部租入的各种固定资产和用具等按规定列支的租金。

(5)物料消耗:指车间管理部门耗用的一般消耗材料,不包括固定资产修理和劳动保护用材料。

(6)低值易耗品摊销:是指车间所使用的低值易耗品的摊销。

(7)生产用工具费:是指车间生产耗用的生产用工具费用。

(8)试验检验费:是指车间发生的对材料、半成品、成品、仪器仪表等试验、检验费。

(9)季节性修理期间的停工损失:是指因生产的季节性需要而必须停工,生产车间停工期间所发生的各项费用。

(10)取暖费:是指车间管理部门所支付的取暖费,包括取暖用燃料、蒸汽、热水、炉具等支出。

(11)水电费:是指车间管理部门由于消耗水、电和照明用材料等而支付的非直接生产费用。

(12)办公费:是指车间生产管理部门的通讯费用以及文具、印刷、办公用品等办公费用;政府部门的宣传经费,包括学习资料、照相洗印费以及按规定开支的报刊订阅费等。

(13)差旅费:是指按照规定报销生产车间职工因公外出的各种差旅费、住宿费;市内交通费和误餐补贴;按规定支付职工及其家属的调转、搬家费;按规定支付患职业病的职工去外地就医的交通费、住宿费、伙食补贴等。

(14)运输费:是指生产应负担的厂内运输部门和厂外运输机构所提供的运输费用,包括其办公用车辆的养路费、管理费、耗用燃料及其他材料等费用。

(15)保险费:是指应由车间负担的财产保险费用。

(16)技术组织措施费:是指生产工艺布局调整等原因发生的费用。

(17)其他制造费用:除前述1~16项所列的,零星发生的其他应由车间负担的费用。

二、制造费用的归集

对于基本生产车间,为了管理和控制该项费用发生,不管是生产多种产品还是一种产品,都应对制造费用单独核算,而对于辅助生产车间,若生产产品或劳务单一,且制造费用金额少,则可不需对制造费用单独设账,而直接计入"辅助生产成本"。所以,制造费用的明细账应根据管理需要,按车间、部门调协,账内按费用项目设置专栏。

例 3-5 某工厂一车间本月生产甲、乙两种产品,二车间本月只生产丙产品。甲、乙、丙三种产品的实际生产工时分别为:甲产品 14000 小时,乙产品 16000 小时,丙产品 20000 小时。2008 年 7 月份发生的相关费用资料如下:

(1)职工工资:一车间工人工资 10000 元,管理人员工资 600 元;二车间工人工资 15000 元,管理人员工资 500 元;行政管理人员工资 5000 元。

(2)材料费用:一车间生产领用材料 34000 元,二车间生产领用材料 58000 元;

(3)一般机物料耗用:一车间耗用 3400 元,二车间耗用 2450 元。

(4)办公费:一车间 551 元,二车间 399 元,行政管理部门 830 元。

(5)固定资产折旧费:一车间 4600 元,二车间 3200 元,行政管理部门 3800 元

(6)其他费用:一车间劳动保护费 2930 元,二车间低值易耗品摊销费 2400 元,行政管理部门业务招待费 2200 元。

根据上述资料,将有关数据填到制造费用明细账上,见表 3-7 和表 3-8。

表 3-7　制造费用明细账

车间名称:一车间　　　　　　　　　　　　　　　　　　　　　　　　　　单位:元

年		凭证号数	摘　要	费用项目						
月	日			职工薪酬	折旧费	办公费	机物料消耗	低值易耗品摊销	其他费	合计
			归集职工薪酬	720						720
			归集折旧费		4600					4600
			归集办公费			551				551
			归集机物料消耗				3400			3400
			归集其他费用						2930	2930
			本月合计							12201

(注:表中的职工薪酬是指工资及计提的一些费用之和,下表同)

表 3-8　制造费用明细账

车间名称:二车间　　　　　　　　　　　　　　　　　　　　　　　　　　单位:元

年		凭证号数	摘　要	费用项目						
月	日			职工薪酬	折旧费	办公费	机物料消耗	低值易耗品摊销	其他费	合计
			归集职工薪酬	600						600
			归集折旧费		3200					3200
			归集易耗品摊销					2400		2400
			归集办公费			399				399
			归集机物料消耗				2450			2450
			归集其他费用							
			本月合计							9049

三、制造费用的分配

企业按车间、部门设置"制造费用"并按费用项目设专栏归集制造费用,这些费用应由各该车间、部门生产的全部产品或提供的劳务来承担,如果生产车间、部门只生产一种产品或劳务,归集的制造费用可直接转入该种产品或劳务的成本,即"基本生产成本"或"辅助生产成本"及其所属明细账。如果生产车间、部门生产多种产品或提供多种劳务,归集的制造费用就应采用适当的方法分配转入该车间、部门的各种产品或劳务的成本。

制造费用的分配方法一般有生产工时比例法、生产工人工资比例法、机器工时比例法和按年度计划分配率分配法等。分配方法一经确定,不应随意变更。

(一)生产工时比例法

生产工时比例法是按照各种产品生产工人工时作为分配标准分配制造费用。如果产品工时定额比较准确,制造费用也可以按生产工人定额工时比例分配。其计算公式为:

$$制造费用分配率＝\frac{本期制造费用总额}{各产品生产工人工时(或者定额工时)之和}$$

$$某产品应负担制造费用＝该产品生产工人工时×制造费用分配率$$

按各产品消耗生产工人工时分配制造费用,将劳动生产率同产品负担的费用水平联系起来,分配结果比较合理,而且分配标准所需的工时资料较易取得,所以实际工作较多采用。但是,如果生产车间、部门内生产的各种产品机械化程度相差悬殊,则不宜采用此法,因为这会使机械化程度较低的产品由于工时多而负担较多的制造费用。所以,按生产工人工时比例分配一般适宜于机械化程度较低,且各种产品机械化水平大致相同的车间、部门。

(二)生产工人工资比例法

生产工人工资比例法是以各种产品的生产工人工资的比例分配制造费用的一种方法其计算公式为:

$$制造费用分配率＝\frac{本期制造费用总额}{各产品生产工人工资之和}$$

$$某产品应负担制造费用＝该产品生产工人工资×制造费用分配率$$

该种分配方法与生产工时比例法原理基本相同。如果生产工人计时工作是按照生产工时比例分配,那么按照生产工人工资比例分配制造费用,实际上就是按生产工时比例分配制造费用。因此该方法一般适用于机械化程度较低,且各种产品机械化水平大致相同的车间、部门。

例3-6 某企业2007年5月一车间全月共发生制造费用20000元,假设一车间生产C、D两种产品,C产品生产工人工时5500小时,D产品生产工人工时4500小时。

一车间制造费用分配率＝20000÷(5500＋4500)＝2

C产品应负担制造费用＝5500×2＝11000(元)

D产品应负担制造费用＝4500×2＝9000(元)

实际工作中,制造费用的分配可通过编制"制造费用分配表"进行。

根据以上资料,编制一车间"制造费用分配表",如表3-9所示。

表 3 - 9　制造费用分配表

车间名称：一车间　　　　　　　　　　　2007 年 5 月

应借科目/项目	生产工人工时	分配率	制造费用
基本生产成本 C	5500		11000
基本生产成本 D	4500		9000
合　计	10000	2	20000

根据"制造费用分配表"编制会计分录，登记有关账户。

借：基本生产成本——C　　　　　　　　11000

　　　　　　　　——D　　　　　　　　9000

　　贷：制造费用——一车间　　　　　　　　20000

如果一车间只生产一种产品 E，制造费用仍为 20000 元，其制造费用全部由 E 产品负担，不存在分配问题，直接转入"基本生产成本"。

借：基本生产成本——E 产品　　　　　　20000

　　贷：制造费用——一车间　　　　　　　　20000

制造费用分配结转后，"制造费用"总账及其明细账均无余额。

（三）计划分配率法

计划分配率法亦称预定分配率法，是按照年度制造费用预算数年度预计产量的定额标准，计算计划分配率分配制造费用的方法。各月按计划分配率计算分配的制造费用与实际归集的制造费用的差额，年末一次按已分配数的比例进行调整。其计算公式如下：

$$制造费用计划分配率 = \frac{年度制造费用预算额}{年度各产品计划产量的定额标准之和}$$

某产品某月应分配制造费用＝该产品该月实际产品定额标准×制造费用计划分配率

两个公式中的"定额标准"可以是生产工人定额工时、生产工人定额工资或机器定额工时。

$$年末差额分配率 = \frac{全年实际制造费用 - 全年按计划分配率分配制造费用}{全年各产品按计划分配率分配制造费用}$$

某产品应负担的差额＝该产品全年按计划分配率分配制造费用×差额分配率

若差额结果为正数，即制造费用实际发生额大于计划分配额，应用蓝字补足分配额；若为负数，即制造费用实际发生额小于计划分配额，用红字冲减分配额。

按计划分配率分配制造费用，不管各月实际发生的制造费用是多少，都按年度计划分配率分配，不必每月等到实际制造费用资料出来再计算分配率分配，能及时分配，简化计算工作，而且能及时反映制造费用预算数与实际数的差异，有利于分析预算执行情况。不过，运用此方法，必须要有较好的计划工作水平，否则，年底制造费用预算脱离实际太大，会影响成本计算的准确性，如果出现这种情况，应及时调整计划分配率。计划分配率法特别适用于季节性生产的车间、部门。

例 3 - 7　某企业某车间年度制造费用的预算额为 48000 元，全年各种产品计划产量为：丙产品 800 件，丁产品 1400 件，单位产品工时定额为：丙产品 4 小时，丁产品 2 小时。假设 5 月份产品实际产量为：丙产品 60 件，丁产品 100 件，实际制造费用 3420 元。

丙产品计划产量定额工时＝800×4＝3200（小时）

丁产品计划产量定额工时＝1400×2＝2800（小时）

制造费用计划分配率＝48000÷（3200＋2800）＝8

根据以上资料，编制 5 月份"制造费用分配表"，如表 3-10 所示。

表 3-10　制造费用分配表

2007 年 5 月

应借科目/项目	实际产量（件）	单位产品工时定额	实际产量定额工时	计划分配率	制造费用（元）
基本生产成本丙	60	4	240		1920
基本生产成本丁	100	2	200		1600
合　计	—		440	8	3520

根据"制造费用分配表"编制会计分录，登记有关账户。

借：基本生产成本——丙　　　　　　　1920

　　　　　　　　　　——丁　　　　　　　1600

　　贷：制造费用　　　　　　　　　　　　　　3520

如果"制造费用"4 月末有借方余额 150 元，则本月"制造费用"期末余额为：

期末余额＝150＋3420－3520＝50 元。

4 月末的借方余额（少分配的）或 5 月末的贷方余额（多分配的），当月都不作调整，年终才一次调整计入 12 月份。

假设该车间全年实际发生的制造费用为 45752 元，而按计划分配率分配，全年丙产品分配制造费用 25696 元，丁产品分配制造费用 22464 元，共已分配制造费用 48160 元。

年末差额分配率＝（45752－48160）÷（25696＋22464）＝－0.05

丙产品应负担差额＝25969×（－0.05）＝－1284.80（元）

丁产品应负担差额＝22464×（－0.05）＝－1123.20（元）

借：基本生产成本——丙　　　　　$\boxed{1284.80}$

　　　　　　　　　　——丁　　　　　$\boxed{1123.20}$

　　贷：制造费用　　　　　　　　　$\boxed{2408.00}$

年末差额调整后，"制造费用"总账及其所属明细账均无余额。

项目三　生产损失的核算

任务一　掌握废品损失的内容和账户设置。

任务二　能熟练进行可修复废品的核算。

任务三　能熟练进行不可修复废品的核算。

任务四　会进行停工损失的核算。

企业在生产经营过程中难免会发生各种各样的损失,理论上说,这些损失不形成价值,不应计入产品成本。但在实际应用时,为了促进企业加强经济核算,减少损失,有些损失也计入产品成本。从严格意义上看,生产损失包括的内容很多,本项目主要介绍计入产品成本的废品损失以及停工损失。

一、废品损失的内容

废品是指不符合规定的质量、技术标准,不能按其原定用途加以利用,或者需要加工修复后才能使用的产成品、在制品、半成品和零部件等。

废品按其修复的技术可能性和修复费用的经济合理性,分为可修复废品和不可修复废品两种。可修复废品是指在技术上可以修得,而且所耗修复费用在经济上合算的废品(两个条件必须同时具备)。不可修复废品是指在技术上不能修得,或者可修复但所耗修复费用在经济上不合算的废品(两个条件只需具备其一)。经济上合算是指修复费用低于重新制造同一产品的支出。

废品损失是因生产原因造成的废品而发生的损失。对产品实际"三包"(包修、包换、包退)的企业,如果销售后发现废品,理论上来说,其修理费、退回调换产品的运杂费、退回废品的成本减残值后的净损失等"三包"损失,都应属于废品损失。但在实际工作中,为简化核算,"三包"损失发生时,直接计入"管理费用"。除"三包"损失外,下列情况的损失也不包括在废品损失内:因保管不善、运输不当或其他原因使合格品损坏变质所带来的损失;经质检部门检验鉴定不需要返修,即行降级出售或使用的次品、等外品等不合格品,因降价带来的损失。

二、废品损失核算的账户设置

废品损失的核算是指对废品损失的发生,进行归集、结转和分配的核算,包括可修复废品损失核算和不可修复废品损失核算。

为反映基本生产车间废品损失的情况,一般应设置"废品损失"账户,而"基本生产成本"明细账则设"废品损失"成本项目。设置的"废品损失"账户可作为一级(总分类)账户,也可将其作为"基本生产成本"的二级账户,应按车间分产品设立明细账,账内按成本项目设专栏进行核算。不可修复废品的生产成本和可修复废品的修复费用在"废品损失"账户借方归集,而废品残料回收的价值和应收的赔偿款记入"废品损失"账户贷方,上述借方发生额大于贷方发生额的废品净损失,从"废品损失"账户贷方直接或分配转入"基本生产成本"及其所属明细账。"废品损失"账户月末无余额。

废品损失的核算,也可不设"废品损失"账户,而将废品损失直接在"基本生产成本"总账及其所属明细账的"废品损失"成本项目核算。这样,对不可修复废品,是将其成本从"基本生产成本"的各成本项目分别转入"基本生产成本"的废品损失成本项目,而收回的残料价值和应收赔偿款则贷记"基本生产成本",从废品损失成本项目中减除;对于可修复废品的修复费用,则直接归集于"基本生产成本"的废品损失成本项目。

三、可修复废品损失的核算

可修复废品损失是指废品在修复过程中所发生的修复费用,包括修复废品所耗用的原材料、燃料和动力、工资及福利费用和应负担的制造费用等。

可修复废品返修以前发生的生产费用,不是废品损失,不必计算其生产成本转出,仍保留在"基本生产成本"及其所属明细账中(生产过程中出现)或保留在"产成品"中(入库以后发现)。

(一)单独设置"废品损失"账户的核算

企业单独设置"废品损失"一级或二级科目的,可修复废品在返修中发生的各种修复费用,应该根据注明"返修废品用"的领料单、工作通知单等凭证,编制各种费用分配表,然后根据各种费用分配表将修复费用归集于"废品损失"及其明细账的各成本项目。如果有残料收回和应收赔偿款,则根据废料交库单和结算凭证将残料价值和应赔偿款从"废品损失"账户分别转入"原材料"和"其他应收款"账户。最后,归集在"废品损失"账户借方的修理费用减去账户贷方的收回残料价值和应收赔偿款后的净损失,应从"废品损失"账户贷方转入"基本生产成本"及其所属明细账的废品损失成本项目。

例 3 - 8 M公司铸造车间在产品质量检验中,发现10件阀门铸件,出现不同程度的砂眼、气孔和飞边。废品通知单见表3-11:

表 3 - 11　废品通知单

车间:铸造　　　　　　　　　　工程:2　　　　　　　　　　编　　号:66 - 236
生产小组:6　　　　　　　　　　机床:5　　　　　　　　　　开工日期:2008/5/12

原工作通知单编号	零件		工序	计量单位	定额工时(分)	加工单价(元)	废品数量(件)			实际工时(分)	应负担的工资(元)
	名称	编号					工废	料废	退修		
0503	阀门	0412	8	只	90	8.00	10		10	100	800

废品原因:						
工废工件	浇注中砂型塌陷出现砂眼、气孔和飞边					
退修工件	浇注中砂型塌陷出现砂眼、气孔和飞边					
责任者:			追偿废品			备　注
姓名	工种	工号	数量(件)	单价	金额(元)	废工件经查属责任赔偿
王军隆	浇注	1256	10	10.00	100.00	

检验员:陈渊馨　　　　　　　生产组长:王剑法　　　　　　　责任人:王军隆

经技术部门鉴定铸件的缺损情况,砂眼可通过填加填补剂、气孔可通过补焊、飞边通过打磨等措施修复,修复费用较少应为可修复废品。废品应进行修复。修复A铸件实际耗用材料500元,实际耗用工时200小时,小时人工费用分配率为4.56元,小时制造费用分配率为2.50元,修复过程中回收残料(已入库)10元,应由废品责任人王军隆赔偿100元。

根据各种凭证编制费用分配表(略),编制归集修复费用的会计分录:

(1)计算并归集修复费用:

直接材料＝500(元)

直接人工＝200×4.56＝912(元)其中:工资800元,福利费112元

制造费用＝200×2.5＝500(元)

编制归集修复费用会计分录:

借：废品损失——铸造车间（A 铸件）   1912

    贷：原材料   500

        应付职工薪酬——工资   800

                ——福利费   112

        制造费用   500

（2）结转残料残值及责任人赔偿，编制会计分录:

借：原材料   10

   其他应收款   100

    贷：废品损失——铸造车间（A 铸件）   110

（3）计算并分配废品净损失:

废品净损失＝修复费用—残料残值—责任人赔偿＝1802(元)

编制分配废品净损失会计分录:

借：基本生产成本——A 铸件   1802

    贷：废品损失——铸造车间（A 铸件）   1802

（二）不单独设置"废品损失"账户的核算

如果企业不设"废品损失"账户，仅在"基本生产成本"专设废品损失成本项目，那么，对修复费用的归集和残料价值收回和应收赔偿款的核算，应是借记或贷记"基本生产成本"及其所属明细账废品损失成本项目，而不是"废品损失"账户，最后一步净损失的结转则不需要做，因其已直接在废品损失成本项目中反映出来。

例 3-9 仍用【例 3-8】的资料，所作的会计分录为:

（1）归集修复费用:

借：基本生产成本——A 铸件（废品损失）   1912

    贷：原材料   500

        应付职工薪酬——工资   800

                ——福利费   112

        制造费用   500

（2）残料回收及应收过失人赔偿:

借：原材料   10

   其他应收款   100

    贷：基本生产成本——A 铸件（废品损失）   110

经过以上处理，"基本生产成本"甲产品明细账中废品损失成本项目为 1802(1912－110)元，正是计入产品成本的净损失。

四、不可修复废品损失的核算

不可修复废品损失是不可修复废品的生产成本和扣除废品残值及赔偿款后的净损失。进行不可修复废品损失的核算，首先应计算截至报废时已经发生的不可修复废品的生产成本，然后扣除废品收回残料价值和应收赔偿款，算出废品净损失，再计入合格产品的成本。

不可修复废品的生产成本，可按废品所耗实际费用计算，也可按废品所耗定额费用计算。

（一）不可修复废品成本按所耗实际费用计算

在采用按废品所耗实际费用计算的方法时，由于废品报废以前发生的各项费用是与合格品一起归集在"基本生产成本"账户，所以不能直接从"基本生产成本"账户确定该废品损失，则需要将"基本生产成本"及其明细账归集的各项费用，采用适当的分配方法，在废品与合格品之间进行分配，计算出不可修复品的实际成本，从"基本生产成本"及所属明细账转入"废品损失"及其明细账或直接转入"基本生产成本"及其明细账的废品损失成本项目。

在生产过程中发生废品，可以按废品所耗的原材料费用和合格品所耗的原材料费用比例分配归集在"基本生产成本"及其明细账的原材料费用，按废品所耗的生产工时和合格品所耗的生产工时比例分配归集在"基本生产成本"及其明细账的工资及福利费、制造费用等加工费。

例 3 - 10 某工业企业二车间 2007 年 5 月生产甲产品 100 件，生产过程中发现 1 件为不可修复废品。甲产品成本明细账归集的生产费用为：直接材料 125000 元，直接人工 4875 元，制造费用 24375 元，合计 154250 元。原材料于生产开始时一次投入。生产工时为：合格品 1505 小时，废品 120 小时，合计 1625 小时。废品回收的残料计价 200 元。

根据以上资料，编制"不可修复废品损失计算表"，如表 3 - 12 所示。

表 3 - 12　不可修复废品损失计算表

2007 年 5 月　　　　　　　　　　　　　　　　　　　　　　　产品：甲产品

车间：二车间　　　　　　　　　　　　　　　　　　　　　　　金额单位：元

项　　目	数量（件）	直接材料	生产工时（小时）	直接人工	制造费用	成本合计
生产费用合计	100	125000	1625	4875	24375	154250
费用分配率		1250		3	15	
废品实际成本	1	1250	120	360	1800	3410
减：残料价值		200				
废品报废损失 减：应收赔偿		1050		360	1800	3210
废品净损失	—	—	—	—	—	3210

根据"不可修得废品损失计算表"，编制会计分录，登记有关账户。

结转不可修复废品成本：

借：废品损失——甲　　　　　　　　　　　　　3410

　　贷：基本生产成本——甲（直接材料）　　　　　　　1250

　　　　　　　　　——甲（直接人工）　　　　　　　　360

　　　　　　　　　——甲（制造费用）　　　　　　　　1800

回收废品残料价值：

借：原材料　　　　　　　　　　　　　　　　　200

　　贷：废品损失——甲　　　　　　　　　　　　　　200

将废品净损失计入产品成本：

借：基本生产成本——甲（废品损失）　　　　　3210

　　　　贷：废品损失——甲　　　　　　　　　　　　　　　　　3210

　　本例中，原材料是生产开始时一次投入，所以可直接按废品数量和合格品数量比例分配原材料费用。但如果原材料是陆续投入，废品的原材料费用则不能按 100% 计算，需要按其投料程序，将废品数量折算为约当产量分配，加工费也可按约当产量（按加工进度折算）分配；如果废品是在完工后发现的，这时每一废品所应负担的费用与每一完工合格品所应负担的费用是等同的，分配所有成本项目的费用都不需将废品数量折算，直接以废品数量和合格品产量比例分配；此外，如果产品生产费用中原材料占的比重很大，为简化核算，废品也可只计算应负担的原材料费用。

　　不可修复废品成本按实际费用计算和分配废品损失，符合实际，但核算的工作量较大，且必须等"基本生产成本"实际生产费用汇总完以后才能计算、结转废品实际成本。

　　（二）不可修复废品按所耗定额费用计算

　　在采用按废品所耗定额费用计算的方法时，废品的生产成本是按废品的数量、工时定额和各项费用定额计算，而不考虑废品实际发生的生产费用。其计算公式为：

　　　　废品定额成本＝废品数量×各成本项目费用定额

　　　　废品净损失＝废品定额成本－收回残料价值－应收赔偿款

　　例 3-11　第一生产车间 2008 年 8 月在乙产品生产过程中发现不可修复废品 12 件，按所耗定额费用计算不可修复废品的生产成本。单件原材料费用定额为 60 元；已完成的定额工时共计 140 小时，每小时的费用定额为：燃料和动力 1.5 元，工资和福利费 1.9 元，制造费用 1.10 元。不可修复废品的残料作价 130 元以辅助材料入库；应由过失人赔款 40 元。废品净损失由当月同种合格产品成本负担。

　　根据以上资料，编制"不可修复废品损失计算表"，如表 3-13 所示。

表 3-13　不可修复废品损失计算表

2008 年 8 月　　　　　　　　　　　　　　　　　　　　　　　　产品：乙产品

车间：一车间　　　　　　　　　　　　　　　　　　　　　　　　　　　单位：元

项　　目	数量（件）	原材料	生产工时（小时）	燃料及动力	工资及福利费	制造费用	成本合计
每件或每小时费用定额	12	60	140	1.5	1.9	1.1	
废品定额成本		720		210	266	154	1350
减：残料价值		130					
废品报废损失 减：应收损失		590		210	266	154	1220 40
废品净损失							1180

　　根据"不可修复废品损失计算表"编制会计分录、登记有关账户，其方法与按实际成本计算的相同，此略。

　　不可修得废品成本按定额费用计算，因费用定额事先确定，所以计算工作比较简便、及时，而且可使计入产品成本的废品损失不受实际费用水平高低的影响，有利于废品损失的分析和考核。但是，采用这一方法须具备齐全而较准确的消耗定额和费用定额资料，凡符合此条件的企业,都可按定额费用计算废品成本。

通过上述介绍,废品损失已归集到"基本生产成本"及其明细账中"废品损失"成本项目。这些废品损失通常只计入本月完工产品成本,而在产品、自制半成品一般不负担,这样可集中将本月的废品损失反映于本月完工产品,引起管理者重视。但若是单件小批生产,则废品损失属于该批(或订单)产品成本。

五、停工损失的核算

(一)停工损失的内容

停工损失是指企业生产车间、班组在停工期间内(非季节性停工期间)发生的各项费用,包括停工期内发生的材料、燃料费,应支付的生产工人的工资和应分摊的制造费用。企业发生停工的原因多种多样,停工可分为计划内停工和计划外停工两种。计划内停工是计划规定停工,如计划压缩产量、季节性停工和机器设备大修理期间的停工。计划外停工是各种事故意外造成的,如停电、待料、机器设备故障、发生非常灾害等造成的停工。

停工期间发生的损失性费用应当根据停工发生的原因进行归集和结转。可以获得赔偿的停工损失,应当积极索赔;由于自然灾害等引起的非正常停工损失,应计入营业外支出;机器设备大修理期间的停工损失应当在发生时计入管理费用;季节性生产企业在停工期间发生的费用,以及因临时停电、短时待料、机器设备小故障造成的停工不满一个工作日的损失,应当在发生时计入制造费用。

(二)停工损失账户的设置

为了考核和控制企业停工期间发生的各项费用,应设置"停工损失"账户,并在成本计算单中增设"停工损失"成本项目。"停工损失"账户借方登记生产单位发生的各项停工损失,贷方登记应索赔的停工损失和分配结转的停工净损失(停工期间发生的各项费用减去应收索赔款后的余额)。其明细账按生产单位设置。

(三)停工损失的核算

1. 停工损失的归集

是在"基本生产"账户下设置"停工损失明细账"来进行核算的。企业发生停工时,应填列"停工报告单",在报告单上写明停工的原因、时间和过失单位或个人等事项,经财会部门审核后的"停工报告单"就作为登记"停工损失明细账"借方各项费用的依据。"停工报告单"是计算停工损失的主要原始凭证,应由生产单位有关人员填写,报送厂部有关部门,积极查明原因,尽快恢复生产。只有审核无误的"停工报告单",才能作为核算停工损失的原始凭证。

2. 停工损失的分配

通过登账停工损失都归集起来了,但由于企业发生停工的时间有长有短,停工的原因多种多样,因此,对其发生的停工损失,应根据不同情况进行分配处理。

(1)由非常灾害造成的停工损失和因计划压缩产量而使主要生产车间连续停产一个月以上的停工损失,则应借记"营业外支出"账户,贷记"停工损失"账户。

(2)对计划压缩产量而使主要生产车间连续停产不满一个月,而下个月准备连续停工的,其停工损失本月可以不予结转,留到下月根据实际情况进行结转。上月和本月累计仍然不满规定期限的,应将全部停工损失借记"基本生产成本——××产品"账户,贷记"停工损失"账户;上月和本月累计已超过规定期限的,应将全部停工损失借记"营业外支出"账户,贷记"停工损失"账户。

（3）应由当月产品负担的停工损失,应全部记入当月生产成本,并按一定的分配方法和分配标准分配记入各种产品成本中的"停工损失"项目。注意:属于季节性停工的,在停工期间内发生的费用,不作为停工损失进行核算,而在"制造费用"账户进行核算。

停工期间发生的各项费用应根据"材料费用分配汇总表"、"职工薪酬分配汇总表"和"制造费用分配表"等原始凭证提供的资料归集,按照停工发生的原因进行分配结转。

例 3－12 某企业第一基本生产车间生产甲产品,本月由于设备故障停工 5 天,根据"材料费用分配汇总表"、"职工薪酬分配汇总表"和"制造费用分配表"等原始凭证提供的资料可知,停工期间应支付工人工资 2000 元,应提取的福利费用 280 元,应分摊的制造费用 900 元,其损失计入甲产品成本;第二基本生产车间生产乙产品,由于外部供电线路原因停工 3 天,根据相关资料可知,停工期间损失材料费用 3000 元,应支付工人工资 1500 元,应提取的福利费 249.2 元,应分摊的制造费用 980 元,供电局已同意赔偿 2800 元,其余净损失计入营业外支出。根据资料,做会计分录如下:

① 归集停工损失

借:停工损失——一车间　　　　　　　　　　3180
　　　　　　　——二车间　　　　　　　　　5729.2
　　贷:原材料　　　　　　　　　　　　　　3000
　　　　应付职工薪酬——工资　　　　　　　3500
　　　　　　　　　　　——福利费　　　　　529.2
　　　　制造费用——一车间　　　　　　　　900
　　　　　　　　　——二车间　　　　　　　980

② 应收赔偿款

借:其他应收款——供电局　　　　　　　　　2800
　　贷:停工损失——二车间　　　　　　　　2800

③ 结转停工净损失

借:基本生产成本——一车间(甲产品)　　　3180
　　营业外支出　　　　　　　　　　　　　　2929.2
　　贷:停工损失——一车间　　　　　　　　3180
　　　　　　　　　——二车间　　　　　　　2929.2

知识拓展

辅助生产费用分配方法的梯形分配法

顺序分配法又称梯形分配法,是按照每一个辅助生产车间向其他辅助生产车间提供的劳务量占其服务总额比例从大到小顺序依次分配,一般是从向其他辅助生产车间提供的服务量占服务总额比例最大的部门开始,一个辅助生产车间的成本分摊完毕后,其后的辅助生产车间不再向该部门分配费用,而将其费用分配给排列在其后的辅助生产车间。

根据阶梯分配法的原理,要科学、合理地分配辅助生产费用,关键是要确定辅助生产车间的费用分配顺序,而要确定费用的分配顺序,必须首先解决顺序确定的标准问题。如某企业有供电、锅炉、运输三个辅助车间,梯形分配法采用的是定性分析。下面举例说明。

例3-13 某企业有供电、锅炉、运输三个辅助车间,某月辅助车间发生的费用和提供的劳务如表3-14:

表3-14 辅助车间费用及劳务供应量资料表

受益单位＼辅助车间	供电(度)	锅炉(吨)	运输(台班)
供电车间	—	400(10%)	50(5%)
锅炉车间	2000(4%)	—	150(15%)
运输车间	1000(2%)	200(5%)	—
小计	3000(6%)	600(15%)	200(20%)
基本生产——甲产品	20000(40%)	2000(50%)	400(40%)
基本生产——乙产品	25000(50%)	1000(25%)	200(20%)
基本生产车间	1500(3%)	200(5%)	200(20%)
企业管理部门	500(1%)	200(5%)	—
小计	47000	3400	800
劳务供应量合计	50000	4000	1000
本月发生费用	17500	8000	50000

采用阶梯分配法如下:

第一,确定分配顺序。各辅助车间对其他辅助车间提供劳务量占其劳务总额比例如表3-15:

表3-15 辅助车间对其他辅助车间提供劳务量资料表

受益单位＼辅助车间	供电(度)	锅炉(吨)	运输(台班)
供电车间	—	400	50(5%)
锅炉车间	2000	—	150(15%)
运输车间	1000	200	—
小计	3000	600	200(20%)
劳务总量	50000	4000	1000
所占比例	6%	15%	20%

计算过程为:

① 供电车间对其他辅助车间提供劳务量占其劳务总量的比例＝3000÷50000＝6%

② 锅炉车间对其他辅助车间提供劳务量占其劳务总量的比例＝600÷4000＝15％

③ 运输车间对其他辅助车间提供劳务量占其劳务总量的比例＝200÷1000＝20％

根据三个辅助车间费用分配的比例,运输车间的费用应向供电、锅炉车间、基本生产车间及管理部门进行分配,而锅炉车间的费用加上从运输车间分来的费用向除运输车间以外的部门分配。最后,供电车间的费用加上从运输、锅炉车间分来的费用向基本生产车间及管理部门分配。

第二,根据辅助车间的分摊顺序,重新计算计入各部门的分配比例,见表3-16。

表 3-16　成本分摊的比例表　　　　　　　　　单位:％

车间 ＼ 对象	计入各对象比例							
	供电	锅炉	运输	甲产品	乙产品	车间	企管部门	合计
供电	—	—	—	42.6	53.2	3.2	1.0	100
锅炉	10.5	—	—	52.6	26.4	5.25	5.25	100
运输	5	15		40	20	20	—	100

具体计算过程为:

锅炉车间:

计入供电车间的比例＝10％÷(1－5％)＝10.5％

计入甲产品的比例＝50％÷(1－5％)＝52.6％

计入乙产品的比例＝25％÷(1－5％)＝26.4％

计入一般车间的比例＝5％÷(1－5％)＝5.25％

计入企管部门的比例＝5％÷(1－5％)＝5.25％

供电车间:

计入甲产品的比例＝40％÷(1－6％)＝42.6％

计入乙产品的比例＝50％÷(1－6％)＝53.2％

计入一般车间的比例＝3％÷(1－6％)＝3.2％

计入企管部门的比例＝1％÷(1－6％)＝1％

表 3-17　成本计算分配表

	供电	锅炉	运输	甲产品	乙产品	车间	企管部门
各辅助车间成本	50000	8000	17500				
运输	50000	7500	2500	20000	10000	10000	0
锅炉		15500	1628	8152	4092	814	814
供电			21628	9214	11506	692	216
分摊总额				37366	25598	11206	1030

以上实例中,根据定量分析法,供电、锅炉、运输三个辅助生产部门的内部分配顺序是:运输——锅炉——供电。

思考与练习

一、思考题

1. 辅助生产费用的分配方法中有哪些涉及辅助生产车间之间费用的分配？具体的计算步骤是怎样的？

2. 制造费用的按年度计划费用分配率分配法分配费用中有哪些需要注意的地方？

二、单项选择题

1. 下列各项费用中,不应计入产品成本的是(　　)。

A. 废品损失　　　　　　　　　　　B. 季节性的停工损失

C. 管理费用　　　　　　　　　　　D. 修理期间的停工损失

2. 下列各项中,属于间接生产费用的是(　　)。

A. 机器设备折旧费用　　　　　　　B. 车间厂房折旧费用

C. 主要材料费用　　　　　　　　　D. 生产工人工资

3. 对辅助生产车间的制造费用(　　)。

A. 单设"制造费用"科目进行核算　　B. 不设"制造费用"科目进行核算

C. A、B 均可　　　　　　　　　　D. 通过"管理费用"科目核算

4. 不可修复废品应负担的原材料费用 800 元,加工费用 500 元,残料 120 元,应收赔款 420 元,其报废损失应为(　　)。

A. 760 元　　　　B. 880 元　　　　C. 1180 元　　　　D. 1300 元

5. 辅助生产费用的顺序分配法,是指各辅助生产车间之间的费用分配应按照辅助生产车间_____顺序分配。(　　)

A. 费用多的排列在前,费用少的排列在后　　B. 费用少的排列在前,费用多的排列在后

C. 受益多的排列在前,受益少的排列在后　　D. 受益少的排列在前,受益多的排列在后

6. 制造费用的_____分配法,特别适用于季节性生产企业。(　　)

A. 生产工人工时比例　　　　　　　B. 生产工人工资比例

C. 机器工时比例　　　　　　　　　D. 按年度计划分配率

7. 经过质量检验部门鉴定不需要返修,可以降价出售的不合格品,其降价损失应作为(　　)。

A. 废品损失　　　B. 产品销售费用　　　C. 管理费用　　　　D. 销售损益

8. 废品材料的回收,应作如下会计分录(　　)

A. 借:废品损失　贷:基本生产成本　　B. 借:废品损失　贷:原材料

C. 借:基本生产成本　贷:废品损失　　D. 借:原材料　贷:废品损失

9. 在单独核算废品损失的企业,如果月末既有在产品又有完工产品,其发生的废品损失一般(　　)。

A. 直接作为期间费用

B. 全部由月末在产品负担

C. 全部由完工产品成本负担

D. 在产品和完工产品之间采用特定方法进行分配

10. 下列各项中,属于可修复废品损失的是( )。

A. 返修以前发生的生产费用

B. 可修复废品的生产成本

C. 返修过程中发生的修复费用

D. 返修以前发生的生产费用加上返修时发生的修复费用

11. 为了简化核算工作,制造费用的费用项目在设立时主要考虑的因素是( )。

A. 费用的性质是否相同　　　　　　B. 是否直接用于产品生产

C. 是否间接用于产品生产　　　　　D. 是否用于组织和管理生产

12. 下列项目中,需要计提折旧的是( )。

A. 当月减少的设备　　　　　　　　B. 当月增加的设备

C. 经营性租入的机器　　　　　　　D. 提前报废的生产线

三、多项选择题

1. 分配结转制造费用时,可能借记的科目有( )。

A. "辅助生产成本"　　　　　　　　B. "产品销售费用"

C. "管理费用"　　　　　　　　　　D. "基本生产成本"

E. "自制半成品"

2. 不可修复废品的成本,可以按( )计算。

A. 废品所耗的实际费用　　　　　　B. 废品所耗的定额费用

C. 废品售价　　　　　　　　　　　D. 废品残值

E. 废品的净值

3. 在辅助生产的制造费用通过"制造费用"科目核算的企业中,直接计入"辅助生产成本"科目借方的费用可能有( )。

A. 辅助生产车间工人工资　　　　　B. 辅助生产车间管理人员工资

C. 辅助生产车间动力电费　　　　　D. 辅助生产车间照明电费

4. 辅助生产车间之间能够交互分配费用的方法有( )。

A. 交互分配法　　　　　　　　　　B. 直接分配法

C. 代数分配法　　　　　　　　　　D. 按计划成本分配法

5. 直接用于产品生产、专设成本项目的费用( )。

A. 计入成本明细账"制造费用"科目　　B. 属于直接生产费用

C. 单独借记"基本生产成本"科目　　D. 直接计入或分配计入产品成本

6. "辅助生产成本"贷方所对应的借方科目有( )。

A. "低值易耗品"　　　　　　　　　B. "制造费用"

C. "管理费用"　　　　　　　　　　D. "辅助生产成本"

7. 分配结转辅助生产费用时,可以借记的科目有( )。

A. "制造费用"　　　　　　　　　　B. "在建工程"

C. "低值易耗品"　　　　　　　　　D. "基本生产成本"

E. "管理费用"

8. 下列损失不应计入"废品损失"的有( )。

A. 因降价而造成的损失

B. 产品入库后,由于保管不善而损坏变质的损失

C. 实行"三包"的企业,在产品出售以后发现的废品所发生的一切损失

D. 可修复废品的修复费用

E. 不可修复废品的料废

9. 辅助生产车间一般不设置"制造费用"科目核算,是因为(　　　　)。

A. 没有必要　　　　　　　　　　　　B. 辅助生产车间不对外销售产品

C. 为了简化核算工作　　　　　　　　D. 辅助生产车间没有制造费用

E. 辅助生产车间规模较小,发生的制造费用较少

10. "废品损失"由以下哪些部分构成?(　　　　)

A. 不可修复废品的生产费用　　　　　B. 可修复废品的修理费用

C. 扣除回收的废品残料价值　　　　　D. 降价损失

E. 可修复废品返修以前的生产费用

11. 结转生产企业的停工损失时,其对应的借方科目有(　　　　)。

A. 其他应收款　　　　　　　　　　　B. 原材料

C. 制造费用　　　　　　　　　　　　D. 基本生产成本

E. 营业外支出

四、判断题

1. 采用按年度计划分配率分配法分配制造费用时,每月各种产品负担的制造费用与各月实际发生的制造费用无关。(　　　　)

2. 可修复废品返修以前的生产费用,应计算其成本,并作为"废品损失"处理。(　　　　)

3. 在只生产一种产品的工业企业或车间中,直接生产费用和间接生产费用都可以直接计入该种产品成本,都是直接计入费用,这种情况下,没有间接计入费用。(　　　　)

4. 可修复废品是指经过修理可以使用的废品。(　　　　)

5. 辅助生产费用的直接分配法,就是将辅助生产费用直接计入各种辅助生产产品或劳务成本的方法。(　　　　)

6. 在只生产一种产品的工业企业或车间中,直接生产费用和间接生产费用都可以直接计入该种产品成本,都是直接计入费用,这种情况下,没有间接计入费用。(　　　　)

7. 只有在生产过程中发现的废品,其废品损失才能计入产品成本。(　　　　)

8. 所有生产车间发生的各种制造费用,一律通过"制造费用"账户核算。(　　　　)

9. 月末,制造费用分配转入生产成本,因此期末账户一定无余额。(　　　　)

10. 直接分配法适宜在辅助生产车间内部相互提供产品或劳务较少,不进行交互分配对辅助生产成本影响不大的情况下使用。(　　　　)

五、案例题

1. 某厂有两个辅助生产车间,其费用分配情况如下:

(1) 蒸汽车间为♯101、♯102、♯201三种产品提供蒸汽100000吨,其中♯101产品44000吨,♯102产品36000吨,♯201产品20000吨,其费用按提供劳务量在三种产品间按直接分配法分配。

机修车间为各车间、部门提供修理劳务共16480小时,其中第一车间9000小时,第二车间4500小时,企业管理部门2980小时,其费用按所提供修理工时直接分配法分配。其中为

在建工程提供的劳务,按每工时 0.60 元的定额工时计算出分摊的费用,在分配前先从辅助生产费用明细账中用红字冲出。

(2)10 月份辅助生产车间发生的费用:

耗用材料:蒸汽车间 13916 元,机修车间 8232 元。

工资分配:蒸汽车间 1200 元,机修车间 2500 元;提取职工福利费:蒸汽车间 168 元,机修车间 350 元。

支付运输费:蒸汽车间 216 元,机修车间 140 元。

支付办公费:蒸汽车间 274 元,机修车间 257 元。

支付劳动保护费:蒸汽车间 619 元,机修车间 375 元。

支付水电费:蒸汽车间 460 元,机修车间 200 元。

以上运输费、办公费、劳动保护费和水电费均由银行存款支付。

10 月份机修车间为在建工程提供劳务计 6 975 工时。

(3)10 月份辅助生产车间对各产品车间、部门提供的劳务量及机修工时如下:

辅助生产车间名称	计量单位	使用车间、部门、产品各耗用数量					
		直接生产产品用			车间、部门一般用		
		♯101 产品	♯102 产品	♯201 产品	第一车间产品	第二车间产品	管理部门
蒸汽车间	吨	44000	36000	20000	—	—	—
机修车间	机修工时	—	—	—	9000	4500	2980

要求:

① 根据资料(2),编制会计分录,登记辅助生产费用明细账。

② 根据资料(1),结转为在建工程提供的劳务,编制会计分录,登记辅助生产费用明细账,借方红字冲减。

③ 根据资料(3),编制辅助生产费用分配表,编制会计分录。

2. 某厂制造费用的分配情况如下:

(1)第一产品生产车间生产♯101、♯102 两种产品,制造费用在这两种产品之间按生产工时进行分配。

第二产品生产车间只生产♯201 一种产品,制造费用全数计入这种产品

三种产品的生产工时为:♯101 产品 21400 工时,♯102 产品 15600 工时,♯201 产品 10000 工时。

(2)10 月份生产车间发生费用:

耗用原材料分配:一般消耗材料:第一车间 3430 元,第二车间 2450 元;机物料:第二车间 1568 元。

耗用低值易耗品(一次摊销):第一车间 1764 元;劳动保护费项目:第一车间 1470 元,第二车间 1960 元。

工资分配:第一车间 600 元,第二车间 500 元。计提职工福利费:第一车间 84 元,第二车间 70 元。

用银行存款支付办公费:第一车间 316 元,第一车间 256 元。

用银行存款支付水电费：第一车间 235 元,第二车间 144 元。

用银行存款支付差旅费：第二车间 1350 元。

用银行存款支付其他费用：1838 元。二个生产车间各分摊 50%。

计提折旧：第一车间 2086 元,第二车间 1378 元。

发生大修理用材料费用：第一车间 1043 元,第二车间 689 元。

辅助生产费用分配表(修理费用)：第一车间 6750 元,第二车间 3375 元。

要求：

① 根据资料(2),编制会计分录,登记制造费用明细账。

② 根据资料(1),编制制造费用分配表,编制会计分录。

3. 某企业某月份在生产过程中发现废品,资料如下：

(1) 该厂基本生产车间本月生产甲产品 2000 件,其中合格产品 1850 件,不可修复废品 100 件,可修复废品 50 件。

(2) 生产甲产品 2000 件,共发生工时 48000 小时,其中不可修复废品为 2400 小时。

(3) 本月生产甲产品共发生直接材料费用 40000 元,直接人工 96000 元,制造费用 28800 元。

(4) 本月对可修复废品进行修理而发生材料费 560 元,工资费 640 元,职工福利费 89.6 元,制造费用 1210.40 元。

(5) 生产甲产品所需的原材料,系开始投产时一次投入。

(6) 不可修复废品 100 件的残值,估计为 270 元,作为废料入库。

要求：

① 根据上述资料,编制会计分录。

② 根据上述资料,计算出废品损失以及成品的成本。

模块四

生产费用在完工产品和在产品之间分配

知 识 目 标	能 力 目 标
1. 熟悉在产品的核算方法； 2. 熟悉生产费用在完工产品和在产品之间分配的各种方法； 3. 熟悉完工产品成本结转的账务处理方法。	1. 能进行生产费用的归集，并能将有关数据填入产品成本计算单； 2. 能进行在产品收发的核算，能根据清查及审批结果进行有关账务处理； 3. 能按各种方法进行生产费用的分配，并能把分配结果填入产品成本计算单； 4. 会进行完工产品成本结转的账务处理。

案例导入

小王从月初开始在科技通讯公司的成本会计岗位上实习。一个月来，他根据各部门有关产品生产成本资料，编制相关记账凭证，并登记账簿。到了月底，小王根据账簿，结出了本月生产费用合计，现在需计算完工产品成本。但由于月末既有完工产品，又有未完工的在产品，小王应该如何将本月全部生产费用在完工产品和在产品之间进行分配？在分配中需考虑哪些情况，应选择什么样的分配方法？

相信通过本模块的学习，你将拥有这个能力。

项目一　在产品概述

任务一　理解并掌握在产品的概念。
任务二　会进行在产品收发结存的日常核算。
任务三　会进行在产品清查的核算。

按前述有关模块所学的方法，通过对要素费用、综合费用的归集与分配，企业在生产过程中发生的应计入本月各种产品成本的生产费用，都已记入各成本核算对象的产品成本计算单中。这时，如果某产品在本期全部完工，没有在产品，计入该产品的全部生产费用，就是本期完工产品的总成本;如果某产品在本期全部没有完工,计入该产品的全部生产费用,就是月末在产品的成本;在实际工作中,更多的情况是既有完工产品,又有在产品,那么为了计算该种产品的成本,本月发生的生产费用还要加上该种产品月初在产品成本,然后在本月完工产品和月末在产品之间分配,从而计算出该种产品本月完工产品的成本以及月末在产品成本。月初在产品成本、本月生产费用、本月完工产品成本和月末在产品成本之间的关系,可用下列公式表示:

月初在产品成本+本月发生费用=本月完工产品成本+月末在产品成本

公式中,前面两项月初在产品成本、本月发生费用是已知的,等式后面两项本月完工产品成本、月末在产品成本是未知的,即需要将前面两项费用之和,在完工产品成本、月末在产品成本之间进行分配。分配时,首先要有准确的在产品数量核算的资料,才能计算在产品成本;其次要选择适宜的分配方法。分配方法一般有两种:一种是先确定月末在产品成本,然后由前两项费用之和中扣除,即得出本月该种完工产品成本;另一种是把前两项费用之和按一定比例在完工产品与在产品之间分配,同时计算出完工产品和月末在产品成本。

一、在产品的概念及其收发结存的日常核算

在产品是指没有完成全部生产过程,不能作为商品销售的产品。在产品有狭义和广义之分。狭义的在产品是只就某一生产车间或生产步骤来说的,即在产品只包括本车间或本生产步骤正在加工中的那部分在产品,已完工的半成品不包括在内;广义的在产品就整个企业来说的,只要是没有完成整个生产过程,包括已经完成了若干生产步骤但仍需加工的半成品,都属于在产品。

进行完工产品与月末在产品费用分配时,首先要有准确的在产品数量核算的资料。在产品数量的核算,应同时具备账面核算资料和盘点资料,做好在产品收发结存的日常核算工作和在产品的清查工作,既可以从账面上随时掌握在产品的动态,又可以查清在产品的实存数量,以及正确计算产品成本并加强生产资金和在产品实物管理。为了进行在产品收发结存的日常核算工作,必须根据企业、车间、工艺过程的特点建立健全在产品原始记录。制造企业可以使用工票、工序进程单或班组生产记录等原始记录来记录在产品的状况,在生产车间应按产品品种和在产品名称设置"在产品收发结存账"(即在产品台账)以便反映车间各种在产品的收入、发出和结存的数量。车间核算人员应根据领料凭证、在产品内部转移凭证、产品检验凭证和产品交库凭证,及时登记在产品收发结存账。

表 4-1　在产品收发结存账

零件名称:　　　　　　　　　车间名称:

日　期	摘　要	收　入		发　出		结　存	
		凭证号	数　量	合格品	废　品	完　工	未完工
05-01 05-07 …	结存	103 …	51 …	19 …	1 …	12	9 52 …
	合计		285	276	5	8	17

二、在产品清查的核算

为核实在产品数量,保证账实相符,企业须定期或不定期地进行在产品清查,以准确地计算产品成本。清查后,企业应根据盘点结果和账面核算资料,编制"在产品盘点表",列明在产品的账面数、实有数、盘盈盘亏数以及盘亏的原因及处理意见等,对于报废和毁损的在产品还要登记残值。财会部门对盘盈盘亏数量、原因和处理意见进行审核,并按规定程序报请有关部门审批,对在产品盘盈、盘亏和毁损进行核算。

在产品盘盈、盘亏和毁损,应通过"待处理财产损溢"账户进行核算,而后按有关部门的批准,区分不同情况转入"管理费用"、"营业外支出"等账户。

在产品发生盘盈时,应按计划成本或定额成本借记"基本生产成本"账户,贷记"待处理财产损溢"账户。按规定核销时,借记"待处理财产损溢"账户,贷记"管理费用"账户。

在产品发生盘亏和毁损时,应借记"待处理财产损溢"账户,贷记"基本生产成本"账户。毁损的在产品残值借记"原材料"、"银行存款"等账户,贷记"待处理财产损溢"账户。按规定核销时,应根据不同的原因和责任,分别将损失从"待处理财产损溢"账户的贷方转入有关账户的借方。由于意外灾害造成的非常损失,借记"营业外支出"账户;属于过失人赔偿和非常损失造成的保险赔偿,借记"其他应收款"账户,按规定核销的在产品盘亏损失,借记"管理费用",将损失总额贷记"待处理财产损溢"账户。

项目二 生产费用在完工产品和在产品之间的分配方法

任务一 根据产品生产特点选择适当的方法在完工产品和在产品之间分配生产费用。
任务二 会运用适当的方法进行完工产品和在产品之间的生产费用分配。

生产费用在完工产品与期末在产品之间的分配,是成本核算的最后一个步骤,它是在成本核算工作中是一项重要而又比较复杂的问题。企业应当根据产品的生产特点——如在产品数量的多少,在产品各月变化的大小,各项费用在成本中所占的比重等,并考虑到企业管理的要求与现实条件选择既合理又简便的分配方法。

如前已述,生产费用在完工产品与期末在产品之间的分配方法一般有两种:一种是先确定月末在产品成本,然后由前两项费用之和中扣除,即得出本月该种完工产品成本;另一种是把前两项费用之和按一定比例在完工产品与在产品之间分配,同时计算出完工产品和月末在产品成本。前者主要有在产品不计算成本法、在产品按年初(固定)成本计算法、在产品按所耗原材料费用计算法、在产品按定额成本计算法等分配方法;后者则主要有在产品按完工产品成本计算法、定额比例法、约当产量比例法等分配方法。

一、在产品不计算成本法

有些企业,如发电、食品生产、自来水生产等企业,这类企业产品的生产周期短,月末在产品数量很少、价值很低,并且各月月末数量较为稳定。因此,这类企业的产品成本计算时,可以不计算在产品成本,本月完工产品成本就是该产品本月发生的生产费用数额。

例 4-1 某食品企业生产 A 产品,该产品月末在产品数量很少,采用在产品不计算成本法。本月 A 产品完工入库数量为 30000 件,该产品成本计算单登记的生产费用为:直接材料 252000 元,直接人工 540000 元,制造费用 600000 元,费用合计为 3660000 元。

表 4-2　产品成本计算单

产品名称:A产品　　　　　200×年3月　　　　　产量:30000 件　　　　　单位:元

成本项目	直接材料	直接人工	制造费用	合　计
本月生产费用	252000	540000	600000	3660000
结转完工产品成本	252000	540000	600000	3660000
完工产品单位成本	84	18	20	122

根据计算结果,编制结转完工入库 A 产品成本的会计分录为:

借:库存商品——A 产品　　　　　　　　　　3660000

　　贷:基本生产成本——A 产品　　　　　　　　　3660000

二、在产品按年初(固定)成本计算法

有些企业的产品,各月月末在产品结存数量较少、价值较大,或者在产品结存数量虽然较多,但各月月末在产品结存数量比较稳定,如利用高炉、化学反应装置和管道生产的冶炼、化工企业,其熔炉、反应装置或管道内的在产品数量都比较稳定。这时,如果因各月末在产品数量稳定而不计算月末在产品成本,虽不会使成本计算不准确,但因月末在产品结存数量较少、价值较大,或者月末在产品结存数量较多,如果不计算月末在产品成本,就会使在产品资金占用反映不实,造成较大的账外财产,使会计反映失实。因此,此时各月月末在产品可以按固定(即年初)在产品成本计算,这样,本月完工产品成本等于该种产品本发生的全部生产费用,但账面上有期末在产品成本。

需注意的是,采用在产品按年初(固定)成本计算法,对每年年终(12月)的月末在产品不能按年初(固定)成本计算,需根据实际盘存的资料,采用适当计价方法具体计算出年末在产品成本,并将计算出的年末在产品成本作为下一年度年初的在产品成本,为下一年度各月(1—11月)计算在产品成本所用。

例 4-2 某化工企业生产 B 产品,其反应装置内各月末在产品数量基本稳定,经测算,年初在产品成本为 555000 元,其中直接材料 351500 元,直接人工 111000 元,制造费用 92500 元。本月发生生产费用为 9900000 元,其中直接材料 4587000 元,直接人工 2887500 元,制造费用 2425500 元。本月该产品完工数量为 50000 千克。

表 4-3 产品成本计算单

产品名称：B产品   20××年3月   产量：50000千克   单位：元

成本项目	直接材料	直接人工	制造费用	合　计
月初在产品成本	351500	111000	92500	555000
本月生产费用	4587000	2887500	2425500	9900000
生产费用合计	4938500	2998500	2518000	10455000
结转完工产品成本	4587000	2887500	2425500	9900000
完工产品单位成本	91.74	57.75	48.51	198
月末在产品成本	351500	111000	92500	555000

根据计算结果，编制结转完工入库B产品成本的会计分录为：

借：库存商品——B产品   9900000

　　贷：基本生产成本——B产品   9900000

三、在产品按完工产品成本计算法

有时，月末在产品已经完成大部分加工过程，或已经完成全部加工过程、只是没有经过检验，这样，月末在产品可以视同完工产品，根据月末在产品数量与完工产品产量的比例来分配生产费用，计算产品成本。

例 4-3 某企业生产C产品，3月末在产品200件，均已接近完工。月初在产品成本为84000元，其中直接材料45000元，直接人工18000元，制造费用21000元。本月发生生产费用为317000元，其中直接材料170000元，直接人工72000元，制造费用75000元。本月该产品完工数量为800件。

表 4-4 产品成本计算单

产品名称：C产品   20××年3月   产量：800件   单位：元

成本项目	直接材料	直接人工	制造费用	合　计
月初在产品成本	45000	18000	21000	84000
本月生产费用	170000	72000	75000	317000
生产费用合计	215000	90000	96000	401000
完工产品产量	800	800	800	800
月末在产品数量	200	200	200	200
单位成本（分配率）	215	90	96	401
结转完工产品成本	172000	72000	76800	320800
月末在产品成本	43000	18000	19200	80200

根据计算结果，编制结转完工入库C产品成本的会计分录为：

借：库存商品——C产品   320800

　　贷：基本生产成本——C产品   320800

四、在产品按所耗原材料费用计算法

有些企业,如纺织、酿酒、造纸等,各月月末在产品结存数量较多、数量也不稳定,但产品直接材料费用在成本总额中所占比重较大,为简化产品成本计算,月末在产品成本可只计算其所耗用的直接材料费用,在产品不承担人工费用、制造费用等费用。采用在产品按所耗原材料费用计算法,应先采用一定的分配方法将直接材料费用在完工产品与在产品之间进行分配,然后将月初在产品直接材料成本加上当月发生的全部生产费用减去月末在产品直接材料成本,就是该产品的完工产品成本。

例 4 - 4　某企业生产 D 产品,原材料费用在该产品中所占比重很大,企业对该产品的月末在产品只计算所耗原材料的费用。月初在产品总成本(即产品原材料费用)为 17500 元。本月发生生产费用为 171500 元,其中直接材料 140600 元,直接人工 14050 元,制造费用 16850 元。3 月末在产品 200 件,已完工入库 800 件。该产品原材料在生产开始时一次投入。

表 4 - 5　产品成本计算单

产品名称:D 产品　　　　　20××年 3 月　　　　　产量:800 件　　　　　单位:元

成 本 项 目	直 接 材 料	直 接 人 工	制 造 费 用	合 计
月初在产品成本	17500			17500
本月生产费用	140600	14050	16850	171500
生产费用合计	158100	14050	16850	189000
完工产品产量	800			800
月末在产品数量	200			200
直接材料费用分配率	158.10			
结转完工产品成本	126480	14050	16850	157380
月末在产品成本	31620			31620

根据计算结果,编制结转完工入库 D 产品成本的会计分录为:

借:库存商品——D 产品　　　　　　　　　　　　　157380

　　贷:基本生产成本——D 产品　　　　　　　　　　　157380

五、在产品按定额成本计算法

采用该方法,是指根据月末在产品按照产品定额成本计算月末在产品的成本,而生产费用脱离定额的差异则全部由完工产品承担。所以,这一方法适用于定额管理基础较好,各项消耗定额或费用定额比较准确、稳定,各月月末在产品数量较稳定的企业。在这种方法下,先按照月末在产品数量以及投料、加工程度和单位产品定额确定月末在产品成本,然后将本月全部生产费用减去在产品定额成本,计算出完工产品成本。其计算公式为:

在产品材料定额成本＝在产品数量×在产品单位材料定额成本

＝在产品数量×单位材料消耗定额×材料计划单价

在产品工资定额成本＝在产品数量×单位工时定额×单位工时定额工资

＝在产品定额工时×单位工时定额工资

（在产品制造费用定额成本的计算与在产品工资定额成本的计算相同）

在产品定额成本＝在产品材料定额成本＋在产品工资定额成本

＋在产品制造费用定额成本

完工产品成本＝月初在产品定额成本＋本月生产费用－月末在产品定额成本

例 4-5 某企业生产 E 产品，月初在产品成本为 23030 元，其中直接材料 12960 元，直接人工 5750 元，制造费用 4320 元。本月发生生产费用为 123470 元，其中直接材料 68040 元，直接人工 35250 元，制造费用 20180 元。该月已完工入库 E 产品 700 件，月末在产品 200 件。月末在产品定额工时为 400 小时，该产品所耗原材料在生产开始时一次投入。该产品直接材料费用定额为 87 元，每定额工时的直接人工费用为 12.8 元，每定额工时的制造费用为 7.5 元。

表 4-6　产品成本计算单

产品名称：E 产品　　　　　200×年 3 月　　　　　　产量：700 件　　　　　单位：元

成本项目	直接材料	直接人工	制造费用	合　计
月初在产品成本（定额成本）	12960	5750	4320	23030
本月生产费用	68040	35250	20180	123470
生产费用合计	81000	41000	24500	146500
在产品单位成本定额	87	12.8	7.5	
月末在产品数量（定额工时）	200 件	400 小时	400 小时	
结转完工产品成本	63600	35880	21500	120980
月末在产品成本（定额成本）	17400	5120	3000	25520

根据计算结果，编制结转完工入库 E 产品成本的会计分录为：

借：库存商品——E 产品　　　　　　　　　　　　　　120980

贷：基本生产成本——E 产品　　　　　　　　　　　　　120980

六、约当产量比例法

约当产量比例法是按照完工产品产量与月末在产品约当产量的比例分配计算完工产品成本的与月末在产品成本的方法。约当产量，指将月末结存的在产品数量按其投料程度和加工程度折算为相当于完工产品的数量（也就是完工程度为 100％的约当产量），本月完工产品产量与月末在产品约当产量之和，称为约当总产量，简称约当产量。该方法适用范围较广，当月末在产品数量较大，各月月末在产品数量不稳定、变化较大，产品成本中各项费用占的比重相差不大的产品，不宜采用其他分配方法时，采用该方法尤为适合。采用约当产量比例法分配生产费用，需先计算约当产量。

（一）在产品约当产量的计算

由于月末在产品的直接材料的投入与直接人工、制造费用的发生可能并一致，所以，要分别计算用于分配直接材料、直接人工、制造费用等成本项目的在产品约当产量。

1. 分配"直接材料"成本项目的月末在产品约当产量计算

直接材料成本项目应根据月末在产品的投料程度计算约当产量,在产品约当产量的计算公式为:

$$\text{"直接材料"成本项目在产品约当产量} = \text{在产品数量} \times \text{投料程度}$$

投料程度可根据企业实际生产该产品的投料方式的不同情况进行计算确定。

(1)如果原材料在生产开始时一次投入,则月末在产品的单位原材料消耗与完工产品是相同的,即月末在产品的投料程度为100%,这时直接材料成本项目可按照完工产品产量与在产品数量的比例直接进行分配。

(2)如果原材料分工序投入,并在每道工序开始时投入,则投料程度的计算公式如下:

$$\text{某道工序在产品的投料程度} = \frac{\text{到本工序止在产品累计材料消耗定额}}{\text{完工产品材料消耗定额}} \times 100\%$$

例 4-6 某产品经过三道工序加工完成,原材料于每个工序一开始时投入。月末在产品数量及原材料消耗定额资料如表 4-7 所示:

表 4-7 各工序在产品数量及原材料消耗定额表

工　序	月末在产品数量(件)	单位产品原材料消耗定额
1	100	70
2	120	80
3	140	100
合　计	360	250

计算各工序在产品的投料率及月末在产品直接材料成本项目的约当产量如表 4-8:

表 4-8 各工序在产品投料程度与约当产量表

工序	月末在产品数量(件)	单位产品原材料消耗定额	投料程度	在产品约当产量(件)
1	100	70	$70/250 \times 100\% = 28\%$	28
2	120	80	$(70+80)/250 \times 100\% = 60\%$	72
3	140	100	$(70+80+100)/250 \times 100\% = 100\%$	140
合计	360	250		240

(3)如果原材料在生产过程中随加工进度陆续投入,月末在产品投料程度计算,与下述分配人工与制造费用时需计算的加工程度的计算方法相同。

2. "直接人工"、"制造费用"等成本项目的月末在产品约当产量计算

这类成本项目是根据月末在产品的加工程度计算约当产量,在产品约当产量的计算公式为:

$$\text{"直接人工"、"制造费用"等成本项目在产品约当产量} = \text{在产品数量} \times \text{加工程度}$$

加工程度通常可按加工工时计算确定。

（1）如果企业生产进度比较均衡，月末在产品在各工序加工数量相差不多的情况下，后面各工序在产品较高的加工程度可以抵补前面各工序在产品较低的加工程度，为简化核算，月末在产品的加工程度可平均按 50％ 计算。

（2）如果月末在产品各工序加工数量不均衡，则必须根据各工序在产品的累计工时定额占完工产品工时定额的比率，分别计算各工序在产品的加工程度。其计算公式如下：

$$某道工序在产品的加工程度 = \frac{前面各道工序累计工时定额 + 本工序工时定额 \times 50\%}{完工产品工时定额} \times 100\%$$

上述公式中，"本工序工时定额"均乘以 50％，是因为考虑到该工序中各件在产品的加工程度不同，但为了简化，按 50％ 平均计算。对于从上一道工序转入下一道工序的在产品，因其上一道工序已加工完成，因此前面各道工序的工时定额均按 100％ 计算。

例 4-7　某产品需要经三道工序加工制成，其工时定额为 100 小时。月末各工序在产品数量及工时定额资料如表 4-9 所示：

表 4-9　各工序在产品数量及工时定额表

工　序	月末在产品数量（件）	工时定额
1	160	40
2	200	30
3	240	30
合计	600	100

各工序在产品加工程度及在产品的约当产量计算如表 4-10。

表 4-10　各工序在产品加工程度与约当产量表

工序	月末在产品数量（件）	工时定额	加工程度	在产品约当产量（件）
1	160	40	40×50%/100×100%＝20%	32
2	200	30	(40+30×50%)/100×100%＝55%	110
3	240	30	(70+30×50%)/100×100%＝85%	204
合计	600	100		346

（二）生产费用的分配

确定月末在产品约当产量后，就可以根据月末在产品约当产量与本月完工产品产量之和，即约当总产量分配本月生产费用，并计算完工产品和在产品成本。其计算公式如下：

$$某成本项目费用分配率 = \frac{该成本项目本月生产费用合计数}{本月完工产品产量 + 月末在产品约当产量}$$

月末在产品某成本项目费用＝月末在产品约当产量×该项费用分配率

完工产品某成本项目费用＝完工产品产量×该项费用分配率

例 4-8 企业基本生产车间生产的丙产品,产品定额资料和月末在产品资料见表 4-11,本月生产费用料见表 4-12。各工序内均按 50% 的投料和完工程度计算,原材料在生产时分工序在每道工序随生产进度陆续投入。本月完工 200 件,在产品 100 件,采用约当产量比例分配费用。

表 4-11 各工序在产品数量及定额表

工 序	月末在产品数量(件)	材料定额(元)	工时定额(小时)
1	40	8	8
2	40	8	16
3	20	4	16
合计	100	20	40

表 4-12 生产费用资料表

成本项目	直接材料	直接人工	制造费用
月初在产品成本(元)	5000	1080	2060
本月生产费用(元)	11000	6000	6200

根据上述资料,计算约当产量见表 4-13:

表 4-13 约当产量计算表

工序	月末在产品量(件)	材料定额(元)	各工序在产品投料程度	在产品约当产量	工时定额(小时)	各工序在产品加工程度	在产品约当产量
1	40	8	$8×50\%÷20=20\%$	8	8	$8×50\%÷40=10\%$	4
2	40	8	$(8+8×50\%)÷20=60\%$	24	16	$(8+16×50\%)÷40=40\%$	16
3	20	4	$(8+8+4×50\%)÷20=90\%$	18	16	$(8+16+16×50\%)÷40=80\%$	16
合计	100	20		50	40		36

计算各成本项目费用分配率:

原材料费用分配率$=16000÷(200+50)=64$

直接人工分配率$=7080÷(200+36)=30$

制造费用分配率$=8260÷(200+36)=35$

分配各项成本费用见产品成本计算单(表 4-14):

表 4-14 产品成本计算单

产品名称：丙产品　　　　20××年6月　　　　产成品：200件　　　　在产品：100件　　　　单位：元

成本项目	直接材料	直接人工	制造费用	合　计
月初在产品成本	5000	1080	2060	8140
本月发生费用	11000	6000	6200	23200
生产费用合计	16000	7080	8260	31340
约当产量合计	250	236	236	
单位产品成本	64	30	35	129
完工产品总成本	12800	6000	7000	25800
月末在产品成本	3200	1080	1260	5540

七、定额比例法

定额比例法，是根据完工产品与月末在产品的定额耗用量（或定额成本）的比例来分配生产费用，以确定完工产品与月末在产品成本的方法。在企业定额管理基础较好，各项消耗定额或定额成本比较准确、稳定的情况下，如果各月月末结存在产品数量比较稳定，可以采用前述的在产品按定额成本计算的方法，但如果各月月末结存在产品数量变化较大的产品，虽然单位在产品脱离定额的差异不大，但是月初在产品脱离定额的差异总额与月末在产品脱离定额的差异总额之间的差额会较大，将这差额全部由完工产品成本负担，就会影响完工产品成本的准确性，这时可以采用定额比例法。由于直接材料与直接人工、制造费用的定额耗用量（或定额成本）标准不同，所以，需按成本项目分别计算分配。

对于直接材料项目，如果产品只耗用一种材料，可按直接材料的定额耗用量或定额成本比例进行分配，但如果产品耗用的直接材料不止一种时，由于各种材料的单位成本不可能完全相同，所以应该按照产品直接材料的定额成本比例进行分配。

对于直接人工、制造费用等成本项目，按定额消耗量（即定额工时）与按定额成本（即定额费用）比例进行分配的结果是一样的，而由于定额耗用量（定额工时）资料容易取得且方便，所以一般均按定额工时比例进行分配。

各成本项目费用分配率和分配额的计算公式如下：

$$\text{某成本项目定额耗用量（成本）分配率}=\frac{\text{月初在产品实际成本＋本月实际发生生产费用}}{\text{完工产品材料定额耗用量（成本）＋月末在产品材料定额耗用量（成本）}}$$

$$\text{完工产品某成本项目实际成本}=\text{完工产品该成本项目定额耗用量（成本）}\times\text{该成本项目定额耗用量（成本）分配率}$$

$$\text{月末在产品某成本项目实际成本}=\text{月末在产品该成本项目定额消耗量（成本）}\times\text{该成本项目额耗用量（成本）分配率}$$

例 4-9　某企业200××年3月生产完工乙产品600件，月末在产品100件，在产品加工程度为80%。乙产品所耗用原材料为生产开始时一次投入，单位产品直接材料定额成本为

200元,单位产品工时耗用定额为15小时。3月初在产品实际成本和本月发生的生产费用如表4-15所示。

表4-15 乙产品月初在产品实际成本和本月生产费用

成本项目	直接材料	直接人工	制造费用	合　计
月初在产品成本	36160	4100	6480	46740
本月生产费用	117840	18340	28200	164380

根据以上资料,计算各成本项目分配率:

直接材料分配率＝(36160＋117840)÷(600×200＋100×200)＝1.1

直接人工分配率＝(4100＋18340)÷(600×15＋100×80％×15)＝2.2

制造费用分配率＝(6480＋28200)÷(600×15＋100×80％×15)＝3.4

分配各项成本费用见产品成本计算单(表4-16):

表4-16 产品成本计算单

产品名称:乙产品　　　　　　20××年6月　　　　　　　产成品:600件　　在产品:100件　　　　　　单位:元

成本项目	直接材料	直接人工	制造费用	合　计
月初在产品成本	36160	4100	6480	46740
本月发生费用	117840	18340	28200	164380
生产费用合计	154000	22440	34680	211120
完工产品定额	120000	9000	9000	
月末在产品定额	20000	1200	1200	
分配率	1.1	2.2	3.4	
完工产品成本	132000	19800	30600	182400
月末在产品成本	22000	2640	4080	28720

知识拓展

约当产量比例法的先进先出计算法

上述的约当产量比例法,不考虑生产费用的发生与产品实物流转的对应关系,将生产费用(月初在产品成本＋本月发生的生产费用)按约当产量平均分配给月末完工产品与在产品,这样就是按月初在产品与本月投产数量进行加权平均法计算。在按这种加权平均法进行约当产量法计算时,所求得的单位成本(或费用分配率)是包含了期初在产品成本和本月发生的生产费用两个因素,而以这样的单位成本为基础,乘以月末在产品约当产量,其所求得的月末在产品成本,亦包含了这两个因素。当上月与本月成本水平差异较大时,上月产品成本水平就会对本月月末在产品成本产生一定的影响。所以,加权平均法尽管计算比较简便,但因其所确定的单位成本是上月与本月的"混合"成本,不能如实地反映本期的实际成本水平。

因此,可以考虑采用先进先出的约当产量计算法。该方法假定产品是按投入生产的时间先后顺序完工的,对本月发生的生产费用也按实物流转的顺序,先用于加工期初在产品,然后用于生产本月的产品。

具体计算时,在先进先出法下,约当产量只包括本月实际加工或投料的生产量,而不包括月初在产品在上月加工或投料的生产量。也就是说,约当产量只与本月发生的生产费用有关,而与月初在产品成本无关。据此所求得的单位成本仅包含了本月发生的生产费用这一因素。而以这样单位成本为基础,乘以月末在产品约当产量。其所求得的月末在产品成本,也只包含这一因素。这样月初在产品成本的高或低,就不影响月末在产品成本。即月初在产品成本不论其高或低均应由完工产品成本负担,而月末在产品成本应由本月发生的生产费用所构成。这就说明按先进先出法进行约当产量法的计算是符合客观事实的。

按先进先出法计算的公式为:

本月完工产品约当产量＝月初在产品在本月加工(或投料)的约当产量＋本月投产本月完工产品数量

其中:

月初在产品在本月加工(或投料)的约当产量＝月初在产品数量×(1－上月加工(或投料)程度)

本月投产本月完工产品数量＝本月投产数量－月末在产品数量

＝本月完工产品数量－月初在产品数量

月末在产品约当产量＝月末在产品数量×月末在产品加工(或投料)程度

$$某成本项目费用分配率＝\frac{该成本项目本月发生的生产费用}{本月完工产品产量＋月末在产品约当产量}$$

月末在产品某成本项目费用＝该成本项目费用分配率×月末在产品约当产量

本月完工产品某成本项目费用＝月初在产品成本＋该成本项目费用分配率×本月完工产品约当产量

＝月初在产品成本＋本月生产费用－月末在产品成本

例 4－10 某企业生产甲产品,20××年5月初结存在产品20件,加工程度为40%。本月投产60件,本月完工50件。月末在产品30件,加工程度为50%。甲产品生产所用直接材料是在该产品生产开始时先投入80%,当产品加工程度达60%时,再投入其余的20%。该产品5月初在产品成本为:直接材料24960元,直接人工2760元,制造费用3720元;5月份发生的生产费用为:直接材料121800元,直接人工14575元,制造费用19080元。

根据上述资料,用约当产量比例法进行完工产品与在产品之间费用的分配时,分别按加权平均法和先进先出法计算结果如下:

1. 加权平均法计算

(1) 直接材料项目

由于甲产品月末在产品加工程度为50%,所以其直接材料只投入了80%,所以,

直接材料成本项目月末在产品的约当产量＝30×80%＝24(件)

直接材料费用分配率＝(24960＋121800)÷(50＋24)＝1983.24

月末在产品的直接材料费用＝1983.24×24＝45798(元)

本月完工产品的直接材料费用＝1983.24×50＝99162(元)

(2) 直接人工项目

直接人工成本项目月末在产品的约当产量＝30×50％＝15(件)

直接人工费用分配率＝(2760＋14575)÷(50＋15)＝266.69

月末在产品的直接人工费用＝266.69×15＝4000(元)

本月完工产品的直接人工费用＝266.69×50＝13335(元)

(3) 制造费用项目

制造费用分配率＝(3720＋19080)÷(50＋15)＝350.77

月末在产品的制造费用＝350.77×15＝5262(元)

本月完工产品的制造费用＝350.77×50＝17538(元)

因此,

甲产品本月50件完工产品的总成本＝99162＋13335＋17538＝130035(元)

甲产品本月完工产品的单位成本＝130035÷50＝2600.70(元/件)

甲产品月末在产品成本＝45798＋4000＋5262＝55060(元)

2. 先进先出法计算

(1) 直接材料项目

由于甲产品月初在产品加工程度为40％,所以其本月还应投入直接材料20％,所以,

直接材料成本项目月初在产品在本月投料的约当产量＝20×20％＝4(件)

直接材料成本项目本月投产本月完工产品数量＝60－30＝30(件)

直接材料成本项目月末在产品的约当产量＝30×80％＝24(件)

直接材料费用分配率＝121800÷(4＋30＋24)＝2100

月末在产品的直接材料费用＝2100×24＝50400(元)

本月完工产品的直接材料费用＝24960＋2100×(4＋30)＝96360(元)

(2) 直接人工项目

直接人工成本项目月初在产品在本月加工的约当产量＝20×(1－60％)＝8(件)

直接人工成本项目本月投产本月完工产品数量＝60－30＝30(件)

直接人工成本项目月末在产品的约当产量＝30×50％＝15(件)

直接人工费用分配率＝14575÷(8＋30＋15)＝275

月末在产品的直接人工费用＝275×15＝4125(元)

本月完工产品的直接人工费用＝2760＋275×(8＋30)＝13210(元)

(3) 制造费用项目

制造费用分配率＝19080÷(8＋30＋15)＝360

月末在产品的制造费用＝360×15＝5400(元)

本月完工产品的制造费用＝360×(8＋30)＝17400(元)

因此,

甲产品本月50件完工产品的总成本＝96360＋13210＋17400＝126970(元)

甲产品本月完工产品的单位成本＝126970÷50＝2539.4(元/件)

甲产品月末在产品成本＝50400＋4125＋5400＝59925(元)

上述计算结果表明,本月完工产品成本和月末在产品成本,用先进先出法计算的结果都

要比加权平均法高,导致这一结果是由于本月各成本项目的成本水平均要高于上月。假如二个月的成本水平相当,则二种方法的计算结果应基本相同。

思考与练习

一、思考题

1. 企业应如何做在产品数量的核算?

2. 确定完工产品与月末在产品费用的分配方法时,应考虑哪些具体条件?

3. 完工产品与在产品之间费用的分配方法有几种? 它们各自的特点、适用范围是什么?

二、单项选择题

1. 下列各项中,不应列入在产品的是( )。

A. 已验收入库的对外销售的自制半成品　　B. 正在车间加工中的合格产品

C. 已验收入库但仍需加工的自制半成品　　D. 正在车间返修的废品

2. 下列方法中不属于完工产品与月末在产品之间分配费用的方法是( )。

A. 约当产量比例法　　　　　　　　B. 不计算在产品成本法

C. 年度计划分配率分配法　　　　　　D. 定额比例法

3. 计算完工产品成本时,如果不计算在产品成本,应具备的条件是( )。

A. 各月末在产品数量比较稳定　　　　B. 各月末在产品的数量很小

C. 各月末在产品的数量较大　　　　　D. 定额管理基础较好

4. 采用在产品按完工产品计算法分配计算完工产品和月末在产品成本,应具备的条件是( )。

A. 各月末在产品的数量比较稳定　　　B. 各月末在产品数量很少

C. 各项消耗定额比较准确　　　　　　D. 在产品已接近完工

5. 某种产品的定额准确、稳定,且各月末在产品数量变化较大,为了简化成本计算工作,其生产费用在完工产品和月末在产品之间进行分配应采用( )。

A. 在产品按定额成本计价法　　　　　B. 在产品按完工产品计价法

C. 约当产量法　　　　　　　　　　D. 定额比例法

6. 如果产品成本中的原料费用所占比重很大,原料随着生产进度逐渐投入,为了简化成本计算工作,在分配完工产品与月末在产品费用时,应该采用的方法是( )。

A. 在产品按所耗原料费用计价,原料费用按约当产量比例分配

B. 在产品按所耗原料费用计价

C. 约当产量法

D. 原料费用按约当产量比例分配

7. 以完工产品和月末在产品的数量比例分配计算完工产品和月末在产品的原材料费用,必须具备的条件是( )。

A. 在产品接近完工　　　　　　　　B. 在产品原材料费用比重较大

C. 原材料在生产开始时一次投入　　　D. 各项消耗定额比较准确

8. 当原材料随着加工进度陆续投入,原材料投入的程度与加工进度完全一致或基本一

致时,采用约当产量法计算在产品成本时( )。

    A. 完工产品按数量比例分配,在产品按约当产量比例分配

    B. 完工产品按约当产量分配材料费用,在产品按数量比例分配

    C. 完工产品和在产品均按数量比例分配

    D. 材料费用应按约当产量比例分配

    9. 若各项消耗定额或费用定额比较准确、稳定,而且各月末在产品数量变化不大的产品,其月末在产品成本的计算方法可采用( )。

    A. 在产品按完工产品计算法   B. 在产品按约当产量比例法

    C. 在产品按定额成本计价法   D. 在产品按所耗原材料费用计价法

    10. 如果产品的月末在产品数量较多,各月在产品数量变化较大,各项费用的比重相差不多,生产费用在完工产品与月末在产品之间分配,应采用的方法是( )。

    A. 约当产量法   B. 在产品不计算成本法

    C. 在产品按所耗原材料费用计价法   D. 在产品按固定成本计价法

    11. 分配加工费用时所采用的在产品的完工率是指产品( )与完工产品工时定额的比率。

    A. 所在工序的工时定额

    B. 前面各工序工时定额与所在工序工时定额之半的合计数

    C. 所在工序的累计工时定额

    D. 所在工序的工时定额之半

三、多项选择题

    1. 下列各项哪些属于在产品内容( )。

    A. 正在车间加工中的在产品   B. 需要继续加工的半成品

    C. 等待验收入库的产品   D. 正在返修的废品

    2. 在产品清查盘点后,对于盘亏、毁损的在产品的结果处理时,可能借记的科目有( )。

    A. 管理费用   B. 其他应收款

    C. 营业外支出   D. 基本生产成本

    3. 生产费用在完工产品和月末在产品之间分配的方法有( )。

    A. 定额比例法   B. 按定额成本计价法

    C. 约当产量法   D. 计划成本分配法

    4. 企业生产费用在完工产品与在产品之间进行分配方法的选择应根据( )。

    A. 在产品数量的多少   B. 各月末在产品数量变化的大小

    C. 各项费用比重的大小   D. 定额管理基础的好坏

    5. 各月份在产品数量较多而且变化也较大,在完工产品与月末在产品之间分配生产费用时,不宜采用的方法有( )。

    A. 在产品不计算成本法   B. 在产品按固定成本计价法

    C. 约当产量法   D. 在产品按定额成本计价法

    6. 在产品成本按完工产品成本计算法,适用于( )。

    A. 月末在产品已接近完工   B. 产品已经加工完毕尚未验收入库

C. 产品已经加工完毕尚未包装入库　　　D. 月末在产品数量很少

7. 分配计算完工产品和月末在产品的费用时,采用在产品按定额成本计价法所具备的条件是(　　)。

A. 消耗定额比较准确　　　　　　B. 消耗定额比较稳定

C. 各月末在产品数量变化不大　　D. 各月末在产品数量变化较大

8. 采用约当产量比例法计算完工产品和在产品成本时,应具备的条件有(　　)。

A. 产品成本中原材料和加工费用的比重相差较大

B. 月末在产品数量较大

C. 各月末在产品数量变化较大

D. 月末在产品数量较小

9. 采用约当产量比例法,必须正确计算在产品的约当产量,而在产品约当产量计算正确与否取决于产品完工程度的测定,测定在产品完工程度的方法有(　　)。

A. 按50%平均计算各工序完工率　　B. 分工序分别计算完工率

C. 按定额比例法计算　　　　　　　　D. 按定额工时计算

10. 基本生产车间完工产品转出时,可能借记的科目有(　　)。

A. 基本生产成本　　　　　　B. 辅助生产成本

C. 库存商品　　　　　　　　D. 自制半成品

四、判断题

1. 狭义在产品是指正在某车间或某生产步骤中加工的在产品。(　　)

2. 企业毁损的在产品结果处理时,应计入"管理费用"科目。(　　)

3. 在采用在产品不计算成本法时,某产品某月发生的生产费用之和,就是该产品的完工产品成本。(　　)

4. 按年初数固定计算在产品成本法,适用于各月末在产品数量较大,各月末在产品数量变化也较大,原材料费用在产品成本中占有较大比重的产品。(　　)

5. 各月末在产品数量变化不大的产品,可以不计算月末在产品成本。(　　)

6. 当原材料在生产开始时一次投入时,原材料费用在完工产品和月末在产品之间进行分配,可以按完工产品数量和月末在产品数量比例分配。(　　)

7. 在产品按定额成本计价法,适用于定额管理基础比较好,各项消耗定额或费用定额比较准确、稳定,而且各月末在产品数量变动不大的产品。(　　)

8. 在分配和计算完工产品和月末在产品成本时,如月末在产品已接近完工,或产品已经加工完工但尚未验收或包装入库,在产品可按完工产品计算。(　　)

9. 原材料不是在生产开始时一次投料,而是随着生产进度陆续投料,原材料费用的分配,应按照完工产品的产量和月末在产品的数量比例进行分配。(　　)

10. 约当产量是指月末在产品数量按照完工程度折算的相当于完工产品的数量。(　　)

11. 采用约当产量比例法分配原材料费用的完工率与分配加工费用的完工率有时是可通用的。(　　)

12. 定额比例法适用于定额管理基础比较好,各项消耗定额或费用定额比较准确、稳定,而且各月末在产品数量变动不大的产品。(　　)

五、案例题

1. 某企业生产甲产品所耗的直接材料费用在产品成本中所占比重较大,在产品只计算直接材料成本。月初在产品的直接材料成本 8000 元,本月投入直接材料成本 40000 元,本月投入直接人工 12000 元,制造费用 8000 元。本月完工产品为 1200 件,月末在产品为 400 件。该产品的直接材料于生产开始时一次投入,在产品与完工产品按数量比例分配材料费用。

要求:计算完工产品成本和月末在产品成本。

2. 某产品月初在产品费用和本月发生费用为:原材料费用 40000 元,工资及福利费 8000 元,制造费用 5600 元。本月完工产品 600 件,月末在产品 200 件。月末在产品已经接近完工,在产品按完工产品计价。

要求:计算完工产品成本和月末在产品成本。

3. 某工厂生产的甲产品,由两道工序组成,原材料在生产开始时一次投入。七月份生产成品 1100 件,月末在产品 400 件。其单位产品的原材料费用定额为 200 元,每小时费用定额为:燃料和动力 0.50 元,工资及福利费 0.60 元,制造费用 0.90 元。

七月份该企业生产甲产品应负担的各项费用如下表所示:

成本项目	原材料	燃料及动力	工资及福利费	制造费用	合　计
月初在产品成本(元)	40000	2000	2400	3600	48000
本月生产费用(元)	247000	25000	30000	45000	347000

甲产品各工序工时定额和七月份期末在产品数量如下:

产品名称	工　序	工时定额(小时/件)	在产品数量(件)
甲	1	30	300
	2	10	100
	合　计	40	400

要求:根据上列资料,运用月末在产品定额成本计价法,计算该企业七月份甲产品的完工产品成本和月末在产品成本。

4. 某工厂 8 月份生产的乙产品经过三道工序加工完成,原材料于每道工序开始生产时一次投入,有关资料如下:

(1)产量及定额资料

工　序	完工产量(件)	月末在产品数量(件)	单位产品材料费用定额(元/件)	单位产品工时定额(小时/件)
1		50	40	8
2		80	10	6
3		60	6	12
合　计	400		56	26

（2）乙产品的月初和本月生产费用资料如下：

成本项目	原材料	燃料及动力	工资及福利费	制造费用	成本合计
月初在产品成本（元）	40000	2000	2400	3600	48000
本月生产费用（元）	200000	25000	30000	45000	300000

要求：

① 计算乙产品月末在产品投料程度和完工率；

② 计算乙产品月末在产品约当产量；

③ 编制乙产品成本计算单，计算其完工产品和月末在产品成本。

5. 某工厂生产的乙产品，需要经过三道工序加工完成，原材料费用随生产进度分别在每道工序开始生产时一次投入。三月份有关成本计算资料如下：

（1）产量、在产品及有关定额资料

工 序	完工产品数量（件）	月末在产品数量（件）	本工序材料费用定额（元/件）	本工序工时定额（小时/件）
1		100	24	4
2		250	8	10
3		150	18	16
合 计	900	500	50	30

（2）月初在产品成本和本月生产费用成本计算单

产品成本计算单

产品名称：乙　　　　　　　　200×年3月　　　　　完工产量：900 件　　　　　　单位：元

成本项目	直接材料	燃料与动力	直接人工	制造费用	合 计
月初在产品成本	25000	9000	5400	2600	42000
本月发生费用	45000	18000	18400	10600	92000
生产费用合计					
完工产品定额					
月末在产品定额					
分配率					
完工产品成本					
月末在产品成本					

要求：

① 分别计算 a. 完工产品、月末在产品定额材料费用、定额工时；b. 各项费用分配率；c. 完工产品、月末在产品应分配的各项费用。

② 填制产品成本计算单。

5 模块五

产品成本计算的
基本方法

知 识 目 标	能 力 目 标
1. 了解生产特点和管理要求对产品成本计算的影响； 2. 熟悉产品成本计算的品种法； 3. 熟悉产品成本计算的分批法； 4. 熟悉产品成本计算的分步法。	1. 能根据企业的生产特点和管理要求选择合适的产品成本计算方法； 2. 能根据有关资料进行品种法的核算； 3. 能根据有关资料进行分批法的核算； 4. 能根据有关资料进行分步法的核算； 5. 能根据有关资料进行半成品成本还原； 6. 能进行平行结转分步法中份额的计算。

案例导入

　　发电企业、纺织企业和汽车制造业都要计算产品成本，但各自又都有不同的生产特点。发电企业只生产一种产品——电，而且生产过程在技术上的不可间断；纺织企业可以生产毛坯布和多种花布，主要生产过程依次经过纺纱、织布和染整三个步骤；汽车制造业可以生产不同型号的汽车，它的生产过程是将各种原材料分别在各个加工车间平行加工为各种汽车零件或部件(有些零件、部件可以外购)，然后再将各种零件和部件装配成最终产品——汽车。这三类经过不同工艺过程，不同生产组织形式生产的产品，能采用同样的方法计算产品成本吗？计算这些产品成本时应考虑哪些因素？如果资料给定，你能计算出这些企业的产品成本吗？

　　通过本模块的学习，相信你一定会有这个能力。

项目一　产品成本计算方法的选择

任务一　了解生产特点和管理要求对产品成本计算的影响。

任务二　能根据企业生产特点和管理要求选择合适的产品成本计算方法。

一、生产特点和管理要求对产品成本计算的影响

产品成本是在生产过程中形成的,因此生产的特点在很大程度上影响着成本计算方法的特点;另外,成本计算是为成本管理提供资料的,因此采用什么方法,提供哪些资料,要考虑成本管理的要求。当然,成本管理的要求也脱离不开生产的特点。以上两个方面的关系说明,企业在确定产品成本计算方法时,必须从企业的具体情况出发,同时考虑企业的生产特点和进行成本管理的要求。

不同工业部门、行业企业的生产特点千差万别,但按照工业生产的一般特点,可做如下分类。

(一)生产按工艺过程特点分类

工业企业的生产,按其生产工艺过程的特点,可以分为单步骤生产和多步骤生产两种类型。

1. 单步骤生产

单步骤生产,又称简单生产,是指生产工艺过程不能间断,或者不能分散在不同工作地点进行的生产,如发电、采掘等工业生产。这类企业,其产品生产周期较短,没有自制半成品或其他中间产品。由于技术上的不可间断(如发电),或由于工作地点上的限制(如采煤),通常只能由一个企业整体进行,而不能由几个企业协作进行。

2. 多步骤生产

多步骤生产,又称复杂生产,是指生产工艺过程由若干个可以间断的、或可以分散在不同地点、不同时间进行的若干生产步骤所组成的生产,它可以在一个企业或车间内独立进行,也可以由几个企业或车间在不同的工作地点协作进行生产。如纺织、钢铁、机械、造纸、服装等工业生产。这类企业,其产品生产周期一般较长,有自制半成品或中间产品。多步骤生产按产品生产过程加工方式的不同,又可分为连续式生产和装配式生产两类。

(1)连续式生产是指原材料投入生产后,要依次经过各生产步骤的连续加工,才能成为产品的生产,如纺织、冶金、造纸等工业生产。

(2)装配式生产是指先将各种原材料分别在各个加工车间平行加工为零件或部件,然后再将各种零件和部件装配为产成品的生产,如机械、车辆、仪表制造等工业生产。

(二)生产按生产组织特点分类

工业企业的生产,按其生产组织的特点,可以分为大量生产、成批生产和单件生产三种类型。

1. 大量生产

大量生产是指不断地重复生产一种或几种相同产品的生产。在这种生产的企业或车间中,产品的品种较少,每种产品的产量较大而且比较稳定,如采掘、冶金、纺织、面粉、化肥等的生产。

2. 成批生产

成批生产是指按照事先规定的产品批别和数量进行的生产。在这种生产的企业或车间中,产品品种较多,而且具有一定的重复性,如服装、机械的生产。成批生产按照产品批量的大小,又可以分为大批生产和小批生产。大批生产,由于产品批量大,往往在几个月内不断地重复生产一种或几种产品,因而性质近于大量生产;小批生产,由于生产产品的批量小,一

批产品一般可以同时完工,因而其性质近于单件生产。

3. 单件生产

单件生产类似小批生产,是指根据各订货单位的要求,生产个别的、特殊的产品的生产,如重型机器制造和船舶制造等。在这种生产的企业或车间中,产品的品种多,而且很少重复。

单步骤生产和连续加工式的多步骤生产的生产组织多为大量生产。装配式的多步骤生产的生产组织,则有大量生产、成批生产和单件生产的区别。

(三) 生产特点和成本管理要求对产品成本计算的影响

生产类型不同,对成本进行管理的要求也不一样。而生产特点和管理要求又必然对产品成本计算产生影响。这一影响主要表现在成本计算对象的确定上。

1. 对成本计算对象的影响

所谓成本计算对象,就是生产费用归集的对象,通俗地讲就是计算什么的成本。根据管理的需要,工业企业成本计算对象可能是产品的品种,也可能是产品的批别或者是产品的生产步骤。

从产品生产工艺过程看,单步骤生产其工艺过程不能间断,因而不可能也不需要按照生产步骤计算产品成本,只能按照生产产品的品种计算成本。而在多步骤生产中,为了加强各个生产步骤的成本管理,往往不仅要求按照产品的品种或批别计算成本,而且要求按照产品生产的步骤计算成本。但是,如果企业的规模较小,管理上不要求按照生产步骤考核生产费用、计算产品成本,也可以不按照生产步骤计算成本,而只按照产品品种或批别计算成本。

从产品生产组织特点看,在大量生产情况下,一种或若干种产品连续不断地重复生产,一方面,同样的原材料不断投入;另一方面,相同的产品不断产出,因而管理上只要求,而且也只能按照产品的品种计算成本。大批生产往往集中投料,生产一批零部件供几批产品耗用;耗用量较多的零部件,也可以另行分批生产。在这种情况下,零部件生产的批别与产品生产的批别往往是不一致的,因而也就不能按照产品的批别计算成本,而只能按照产品的品种计算成本。小批、单件生产,由于其生产的产品批量小,一批产品一般可以同时完工,因而有可能按照产品的批别或件别,归集生产费用,计算产品成本。从管理要求看,为了分析和考核各批产品成本水平,也要求按照产品的批别或件别计算成本。

综上所述,在产品成本计算工作中有着三种不同的成本计算对象:① 以产品的品种为成本计算对象;② 以产品的批别为成本计算对象;③ 以产品生产步骤为成本计算对象。

成本计算对象的确定,是设置产品成本明细账、归集生产费用、计算产品成本的前提,是构成成本计算方法的主要标志,因而也是区别各种成本计算基本方法的主要标志。

此外,生产类型特点以及与其相联系的成本管理的要求,还对成本计算期、完工产品与在产品之间的费用分配等产生影响。

2. 对产品成本计算期的影响

产品成本计算既包括完工产品成本的计算也包括在产品成本的计算,一般情况下都是定期于每月月末进行的。但在不同生产类型中也不完全一样,这主要决定于生产组织的特点。在大量、大批生产中,由于生产活动连续不断地进行着,月末一般都有完工产品和未完工的在产品,因而产品成本计算都是定期于每月月末进行,而与产品的生产周期不相一致。但在小批、单件生产中,每月不一定都有产品完工,完工产品成本有可能在某批或某件产品完工以后计算,因而完工产品成本的计算是不定期的,而与生产周期相一致。在这类企业中,有的采用更简化的方法,即只在有产品完工的月份才对完工产品进行成本计算,而对未完工的在产品,只以总数反映在基本生产成本二级账中,而不分产品计算在产品成本。

3. 对完工产品与在产品之间费用分配的影响

生产类型的特点,还影响到月末在进行成本计算时有没有在产品,是否需要在完工产品与在产品之间分配费用的问题。在单步骤生产中,生产过程不能间断,生产周期也短,一般没有在产品,或者在产品数量很少,因而计算产品成本时,生产费用不必在完工产品与在产品之间进行分配。在多步骤生产中,是否需要在完工产品与在产品之间分配费用,在很大程度上取决于生产组织的特点。在大量、大批生产中,由于生产连续不断地进行,而且经常存在在产品,因而在计算成本时,就需要采用适当的方法,将生产费用在完工产品与在产品之间进行分配。在小批、单件生产中,在每批、件产品完工前,产品成本明细账中所记录的生产费用就是在产品的成本;完工后,其所记费用就是完工产品的成本,因而不存在在完工产品与在产品之间分配费用的问题。

例 5-1 秦山火力发电厂除生产电力外还生产一部分热力。生产技术过程不能间断,没有在产品和半成品。火力发电是利用燃料燃烧所发生的高热,使锅炉里的水变成蒸汽,推动汽轮机迅速旋转,借以带动发电机转动,产生电力。因而火力发电厂一般设有下列基本生产分场(车间):(1)燃料分场;(2)锅炉分场;(3)汽机分场;(4)电气分场。由于产电兼供热,汽机分场还划分为两个部分,即电力化部分和热力化部分。此外,还设有机械修配等辅助生产分场和企业管理部门。

请你根据该厂的实际情况,分析该厂生产工艺特点和生产组织特点,及其它们对成本计算的影响。

分析 该火力发电厂主要产品是电力,还生产一部分热力,且生产技术过程不能间断。因此生产工艺特点是单步骤生产,生产组织特点是大量大批生产;它们对成本计算的影响是以电力和热力为成本计算对象,产品成本计算定期于每月月末进行,本月生产费用全部由完工产品——电力和热力负担。

二、产品成本计算方法的选择

生产类型特点和成本管理要求对产品成本计算的影响主要表现在成本计算对象的确定上。产品成本计算,就是按照成本计算对象分配和归集生产费用,计算产品成本的过程,这就进一步说明了成本计算对象是产品成本计算的核心,因而也是构成产品成本计算方法的主要标志。我们下面就是在这一基础上具体阐明成本计算对象与产品成本计算方法的关系。

(一)产品成本计算的基本方法

与不同类型生产特点和成本管理要求相适应,产品成本计算中有三种不同的成本计算对象:产品品种、产品批别和产品的生产步骤。因而以成本计算对象为主要标志的产品成本计算基本方法有三种:

(1)品种法。以产品品种为成本计算对象,一般适用于单步骤的大量生产,如发电、采掘等;也可用于不需要分步骤计算成本的多步骤的大量、大批生产,如小型造纸厂、水泥厂等。

(2)分批法。以产品批别为成本计算对象,适用于单件、小批的单步骤生产或管理上不要求分步骤计算成本的多步骤生产,如修理作业、专用工具模具制造、重型机器制造、船舶制造等。

(3) 分步法。以产品生产步骤为成本计算对象,适用于大量、大批的多步骤生产,如纺织、冶金、机械制造等。

这三种方法为产品成本计算的基本方法,也是计算产品实际成本必不可少的方法。鉴于任何企业,不论采用何种成本计算方法,最终都必须按照产品品种算出产品成本。因此,品种法是上述方法中最最基本的成本计算方法。

(二) 产品成本计算的辅助方法

除上述成本基本计算方法外,在产品品种、规格繁多的企业中,如制鞋厂、灯泡厂等,为了简化成本计算工作,还可以采用一种简便的成本计算方法——分类法;在定额管理基础好的企业中,为了配合和加强定额管理,加强成本控制,还可以采用一种将符合定额的费用和脱离定额的差异分别核算的产品成本计算方法——定额法。这两种方法与生产类型的特点没有直接联系,不涉及成本计算对象;它们的应用或者是为了简化成本计算工作,或者是为了加强成本管理,只要具备条件,在哪种企业都能用。它们对计算产品实际成本不是必不可少的,因此通称为产品成本计算的辅助方法。需要注意的是,这些辅助方法一般不能单独使用,而应与各种基本方法结合使用。

综上所述,可将产品成本计算方法归类如图 5-1 所示。

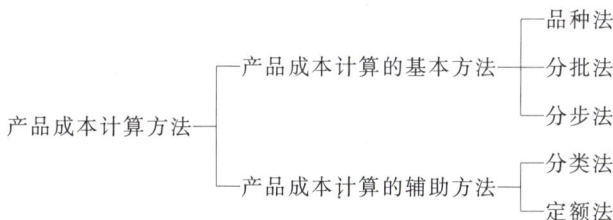

图 5-1 产品成本计算方法归类

例 5-2 某钢铁厂设有炼铁、炼钢和轧钢三个基本生产车间。炼铁车间生产三种生铁:炼钢生铁、铸造生铁和锰铁。其中炼钢生铁全部供应本厂炼钢耗用;铸造生铁和锰铁全部外售。炼钢车间生产高石灰镇静和低石灰镇静两种钢锭,全部供应本厂轧钢车间轧制钢材:高石灰钢轧制盘条,低石灰钢轧制圆钢。此外,该厂还设有供水、供电等辅助生产车间和企业管理部门。

请你根据该厂的实际情况,分析该厂生产工艺特点和生产组织特点,及其它们对成本计算的影响,并说明该厂在成本核算中所应采取的成本计算方法。

分析

(1) 该厂生产工艺是炼铁——炼钢——轧钢,因此生产工艺特点是多步骤生产,生产组织特点是大量大批生产。

(2) 它们对成本计算的影响有三个方面。① 对成本计算对象的影响。从总体上来看,是以炼铁、炼钢和轧钢三个步骤为成本计算对象,但具体来看,第一步是以炼钢生铁、铸造生铁和锰铁为成本计算对象,第三步是以高石灰钢轧制盘条,低石灰钢轧制圆钢为成本计算对象。② 对成本计算期的影响。产品成本计算人为分开,定期在每月月末进行。③ 对生产费用分配的影响。由于生产连续不断地进行,而且经常存在在产品,因而在计算成本时,就需要采用适当的方法,将生产费用在完工产品与在产品之间进行分配。

(3)根据以上分析可以得出下面结论。从总体上来看,该厂的生产特点是大量大批多步骤生产,应该采用分步法计算产品成本。具体来看,炼铁车间宜采用品种法计算产品成本;炼钢和轧钢车间宜采用分步法计算产品成本。

例 5-3 襄樊三五四二纺织总厂创建于1987年,2006年11月改制为际华三五四二纺织有限公司,该公司主要从事各种纯棉及混纺棉纱、毛坯布、花布的生产和销售,主要生产过程分为纺纱、织布和染整三个步骤,分别由纺纱、织布和染整三个基本车间完成。

纺纱车间的主要任务是将棉花经过多工序加工制成棉纱,具体工艺流程为:清花—梳棉—精梳—并条—粗纱—细纱—络筒。纺纱车间生产的棉纱全部供织布车间进一步加工。

织布车间的主要任务是将棉纱经过多工序加工制成棉布,具体工艺流程为:整经—浆纱—穿筘—织布。织布车间加工生产的原色布主要供染整车间继续加工,但也可以适量对外销售。

染整车间的主要任务是将棉布加工制成各种单色棉和花布,具体工艺流程为:印染—验布—修布。同时染整车间也承揽做特定图案的棉布。

请你根据际华三五四二纺织有限公司的实际情况,分析和说明该公司的生产特点,并为其选择合适的成本计算方法,设计合理的成本计算方案。

分析 从总体上来看,该公司的生产特点是大量大批多步骤生产,应该采用分步法计算产品成本。具体来看,纺纱车间宜采用品种法计算产品成本;织布车间宜采用分步法计算产品成本;染整车间宜采用分步法与分批法结合计算产品成本。

项目二 产品成本计算的品种法

任务一 完成单步骤生产下产品成本计算的品种法的核算。

任务二 完成多步骤生产下产品成本计算的品种法的核算。

一、品种法的特点

产品成本计算的品种法,是以产品品种作为成本计算对象,归集生产费用,计算产品成本的一种方法。这种方法主要适用于大量大批的单步骤生产,如发电、采掘等生产。同时,在大量大批的多步骤生产中,如果企业规模较小,管理上又不要求提供分步骤成本资料时,也可以采用品种法计算产品成本,如小型水泥厂、织布厂等。

(1)品种法以产品品种作为成本计算对象。在采用品种法计算产品成本的企业或车间里,成本计算对象就是产品品种。如果只生产一种产品,计算产品成本时,只需要为这种产品开设一本产品成本明细账,账内按成本项目设立专栏或专行。在这种情况下,所发生的全部生产费用都是直接计入费用,可以直接计入该产品成本明细账的有关成本项目,不存在在各成本计算对象之间分配费用的问题。如果是生产多种产品,产品成本明细账就要按照产品品种分别设置,发生的生产费用中,能分得清是哪种产品耗用的,可以直接记入各该产品成本明细账的有关成本项目,分不清的则要采用适当的分配方法,在各成本计算对象之间进行分配,然后分别计入各产品成本明细账的有关成本项目。

(2)品种法一般在每月月末定期进行成本计算。在大量、大批的单步骤生产中,由于生产特点是连续不断地重复生产一种或几种产品,企业不能随时计算完工产品成本,也不能在产品全部制造完工后再计算产品成本,因而成本计算只能定期于每月月末进行。在多步骤生产中,如采用品种法计算成本,成本计算一般也都是定期于每月月末进行,与会计结算期一致。

(3)月末要根据在产品数量与费用占用情况决定生产费用是否在完工产品与月末在产品之间进行分配。在单步骤生产中,月末一般不存在尚未完工的在产品,或者在产品数量很小,因而可以不计算在产品成本。在这种情况下,产品成本明细账中按成本项目归集的生产费用,就是该产品的总成本。在一些规模较小,而且管理上又不要求按照生产步骤计算成本的大量、大批的多步骤生产中,月末一般都有在产品,而且数量较多,这就需要将产品成本明细账中归集的生产费用,选择适当的分配方法,在完工产品与月末在产品之间进行分配,以便计算完工产品成本和月末在产品成本。

二、品种法成本计算的基本程序

企业不论采用何种成本计算方法,最终都必须按产品品种计算出产品成本,因此,品种法的成本计算程序就是成本核算的一般程序。品种法的成本计算程序是根据企业会计制度的规定,对企业生产过程中发生的各项生产费用进行审核、归纳和分配,最终计算出完工产品成本的过程。品种法下成本计算的基本程序如下:

(1)按照产品品种开设基本生产成本明细账,账内按成本项目设立专栏,并登记期初余额。如企业只生产一种产品,则只需开设一张基本生产成本明细账;如企业只生产两种或两种以上种产品,则应为不同的产品分别开设基本生产成本明细账。同时还应按车间开设辅助生产明细账和制造费用明细账。

(2)根据生产过程中发生的各项费用的原始凭证和其他有关资料,编制各种费用分配表,分配各种要素费用。

(3)根据各种要素费用分配表,登记基本生产成本明细账、辅助生产成本明细账和制造费用明细账。

(4)分配辅助生产费用。根据辅助生产成本明细账归集的全部费用,编制辅助生产费用分配表,分配辅助生产费用,并据以登记有关成本明细账。

(5)分配制造费用。根据制造费用明细账归集的全部费用,编制制造费用分配表,分配制造费用,并据以登记各产品基本生产成本明细账。

(6)计算结转完工产品成本。月末如果没有在产品,则本月发生的生产费用就全部是完工产品的成本;如果月末有在产品,而且数量很大时,则应采用一定的方法,将生产费用在完工产品和月末在产品之间分配,计算出完工产品成本及月末在产品成本,并把完工产品成本从基本生产成本明细账中转出。

三、单步骤生产下产品成本计算的品种法应用举例

例 5-4

(1)企业概况

某发电厂属于单步骤大量生产的企业,只生产电力一种产品。工厂设有燃料车间、锅炉

109

车间、汽机车间和电机车间四个基本生产车间,另外还设有一个修理辅助生产车间和若干个管理科室。

该厂以煤为燃料进行火力发电,工艺特点主要表现为:通过燃料煤燃烧对锅炉中的水进行加热,形成高温高压的蒸汽,推动汽轮机快速旋转,借以带动发电机转动,从而产生电力。由于整个工艺流程不能间断,又只生产电力一种产品,因此生产中发生的一切生产费用都是直接费用,直接计入电力产品成本,成本计算选择简单品种法。根据企业具体情况,设置"燃料费"、"生产用水费"、"材料费"、"工资费用"、"折旧费"、"其他费用"等成本项目。

该厂在成本核算中设置了"生产成本"总账科目,并以成本项目为专栏设置了"生产成本明细账"和"电力产品成本计算单"。

由于电力产品不能储存,不存在未完工的在产品,因而无需将生产费用在完工产品和在产品之间进行分配。该厂所产电力,除少量自用外,全部对外供应,因此,当月发生的全部生产费用,即为当月电力产品的总成本,除以对外供应的电力产量,即为电力产品的单位成本。

(2)该发电厂20××年5月份发生的经济业务

① 根据燃料车间提供的燃料耗用统计表编制"燃料费用分配表",见表5-1。

表5-1 燃料费用分配表
20××年5月

燃料名称	数量(千克)	单价(元/千克)	金额(元)
阜新原煤	900	300	270000
大同原煤	500	280	140000
合　计	1400	—	410000

根据"燃料费用分配表",编制会计分录如下:

借:生产成本——燃料费　　　　　　　410000
　贷:原材料——阜新原煤　　　　　　　270000
　　　　　　——大同原煤　　　　　　　140000

② 根据不同生产车间各种用途的领料凭证(或领料凭证汇总表),编制"材料费用分配表",见表5-2。

表5-2 材料费用分配表
20××年5月

车　间	材料名称	数量(千克)	单价(元/千克)	金额(元)
燃料车间	A材料	300	60	18000
锅炉车间	B材料	100	30	3000
汽机车间	C材料	220	50	11000
电机车间	D材料	80	35	2800
修理车间	E材料	270	20	5400
合　计	—	—	—	40200

根据"材料费用分配表",编制会计分录如下：

借：生产成本——材料费   40200

  贷：原材料——A 材料   18000

        ——B 材料   3000

        ——C 材料   11000

        ——D 材料   2800

        ——E 材料   5400

③ 根据各生产车间工资结算凭证汇总表,编制"工资费用分配表",见表 5-3。

表 5-3　工资费用分配表

20××年 5 月   单位：元

车　间	工　资	福利费	合　计
燃料车间	20000	2800	22800
锅炉车间	15000	2100	17100
汽机车间	18000	2520	20520
电机车间	10000	1400	11400
修理车间	8000	1120	9120
合计	71000	9940	80940

根据"工资费用分配表",编制会计分录如下：

借：生产成本——工资费用   80940

  贷：应付职工薪酬——应付工资   71000

            ——应付福利费   9940

④ 本月应付水费 28600 元,其中生产用水费 27000 元,各车间公共用水费 1600 元。根据有关凭证编制会计分录如下：

借：生产成本——生产用水费   27000

        ——其他费用(水费)   1600

  贷：应付账款   28600

⑤ 根据"固定资产折旧计算表"(略),各车间本月计提折旧费 53000 元,编制会计分录如下：

借：生产成本——折旧费   53000

  贷：累计折旧   53000

⑥ 以银行存款支付本月各生产车间发生的办公费 5000 元,编制会计分录如下：

借：生产成本——办公费   5000

  贷：银行存款   5000

⑦ 结转应由本月生产负担的长期待摊费用的摊销额 2200 元,编制会计分录如下：

借：生产成本——其他费用   2200

  贷：长期待摊费用   2200

⑧ 结转应由本月生产负担的车间财产保险费用3100元,编制会计分录如下:

借:生产成本——其他费用(保险费)　　　　　　　　3100

　　贷:银行存款　　　　　　　　　　　　　　　　　　　　3100

(3) 根据上述会计处理登记按成本项目设置专栏的"生产成本明细账",见表5-4。

表5-4　生产成本明细账

20××年5月　　　　　　　　　　　　　　　　　　　单位:元

摘　要	燃料费	生产用水费	材料费	工资费用	折旧费	办公费	其他费用	合　计
分配燃料费	410000							410000
分配材料费			40200					40200
分配工资费用				80940				80940
分配水费		27000					1600	28600
分配折旧费					53000			53000
分配办公费						5000		5000
分配长期待摊费用							2200	2200
分配保险费							3100	3100
本月合计	410000	27000	40200	80940	53000	5000	6900	623040
本月转出	410000	27000	40200	80940	53000	5000	6900	623040

(4) 根据"生产成本明细账"和电力产量统计资料,编制"电力产品成本计算单",见表5-5。

表5-5　电力产品成本计算单

20××年5月

成本项目	生产量(千度)	总成本(元)	单位成本(元/千度)
燃料费		410000	149.09
生产用水费		27000	
材料费		40200	
职工薪酬		80940	
折旧费		53000	
办公费		5000	
其他费用		6900	
合计		623040	—
生产量	2900		
其中:厂用电量	150		
厂供电量	2750		
产品单位成本	—	—	226.56

成本计算单中,生产量扣除厂用电量即为厂供电量;电力成本除以厂供电量,即为电力产品的单位成本。由于燃料成本占电力成本的比重较大,从重要性原则考虑还要突出反映燃料的单位成本,以便加强对燃料成本的分析和考核。

（5）根据"生产成本明细账"结转本月电力成本,编制会计分录

借:主营业务成本　　　　　　　　　　　　　　623040
　　贷:生产成本　　　　　　　　　　　　　　　　623040

四、多步骤生产下产品成本计算的品种法应用举例

例 5-5

（1）企业概况

某小型工业企业经过两个生产步骤大量生产甲、乙两种产品,设有一个基本生产车间和供电、锅炉两个辅助生产车间。由于企业生产规模比较小,管理上又不要求分步骤计算成本,因此成本计算方法采用品种法。又因供电和锅炉两个车间都只是提供单一劳务,所以辅助生产车间的制造费用直接记入"辅助生产成本明细账",不通过"制造费用"科目核算。该企业实行厂部一级成本核算体制。

（2）成本计算程序

① 设置产品成本计算单。该企业应按照产品品种设置甲产品成本计算单（见表5-19）和乙产品成本计算单（见表5-20）,在单中按成本项目设置专栏,并根据甲、乙两种产品的上月月末在产品成本情况,登记月初在产品成本。

② 归集和分配各项要素费用。根据该企业20××年5月发生的各项要素费用,编制各要素费用分配表,并按照要素费用分配原则,分别记入所设置的甲产品成本计算单、乙产品成本计算单、辅助生产成本明细账——供电车间（见表5-12）、辅助生产成本明细账——锅炉车间（见表5-13）和制造费用明细账（见表5-16）中,并汇总记入有关的总账科目。

1）根据领料单和领料登记表等领料凭证,按其用途编制"材料费用分配表",见表5-6。

表 5-6　材料费用分配表

20××年5月　　　　　　　　　　　　　　　　　　　　　金额单位:元

分配对象		原料及主要材料		辅助材料		合　计	
		计划成本	差异2%	计划成本	差异-1%	计划成本	差　异
基本生产车间	甲产品	20000	400	1000	-10	21000	390
	乙产品	30000	600	6000	-60	36000	540
	小　计	50000	1000	7000	-70	57000	930
	一般消耗	8000	160	500	-5	8500	155
辅助生产车间	供电车间	5000	100	200	-2	5200	98
	锅炉车间	3000	60	400	-4	3400	56
	小　计	8000	160	600	-6	8600	154
合　计		66000	1320	8100	-81	74100	1239

根据"材料费用分配表",编制会计分录如下：

借：基本生产成本——甲产品　　　　　　　　21390
　　基本生产成本——乙产品　　　　　　　　36540
　　辅助生产成本——供电车间　　　　　　　5298
　　辅助生产成本——锅炉车间　　　　　　　3456
　　制造费用　　　　　　　　　　　　　　　8655
　　贷：原材料——原料及主要材料　　　　　　　66000
　　　　原材料——辅助材料　　　　　　　　　8100
　　　　材料成本差异　　　　　　　　　　　　1239

2）根据各车间、部门工资计算的原始凭证,编制"工资费用分配表",见表5-7。其中生产工人工资按甲产品、乙产品的实际工时比例分配。

表 5-7　工资费用分配表
20××年 5 月　　　　　　　　　　　　　　　金额单位：元

分配对象		工　资			合　计
		生产工时（小时）	分配率	分配金额	
基本 生产车间	甲产品	5600		15960	15960
	乙产品	3000		8550	8550
	小　计	8600	2.85	24510	24510
	管理人员		3876		3876
辅助 生产车间	供电车间		3648		3648
	锅炉车间		2850		2850
	小　计		6498		6498
合　计			34884		34884

根据"工资费用分配表"编制会计分录如下：

借：基本生产成本——甲产品　　　　　　　　15960
　　基本生产成本——乙产品　　　　　　　　8550
　　辅助生产成本——供电车间　　　　　　　3648
　　辅助生产成本——锅炉车间　　　　　　　2850
　　制造费用　　　　　　　　　　　　　　　3876
　　贷：应付职工薪酬——应付工资　　　　　　　34884

3）根据各车间、部门4月份固定资产折旧计算额和4月份增加、减少固定资产的折旧额,编制"固定资产折旧计算表",见表5-8。

表 5-8　固定资产折旧计算表

20××年 5 月　　　　　　　　　　　　　　　　　单位：元

分配对象		4 月份折旧额	4 月份增加固定资产的折旧额	4 月份减少固定资产的折旧额	本月折旧额
基本生产车间		6500	500	220	6780
辅助生产车间	供电车间	1500	300	80	1720
	锅炉车间	1800	100	160	1740
	小　计	3300	400	240	3460
合　计		9800	900	460	10240

根据"固定资产折旧计算表"，编制会计分录如下：

借：辅助生产成本——供电车间　　　　　　　　1720

　　辅助生产成本——锅炉车间　　　　　　　　1740

　　制造费用　　　　　　　　　　　　　　　　6780

　　贷：累计折旧　　　　　　　　　　　　　　10240

4）根据各车间、部门本月发生的其他费用，汇总编制"其他费用分配明细表"，见表 5-9。

表 5-9　其他费用分配明细表

20××年 5 月　　　　　　　　　　　　　　　　　单位：元

分配对象		办公费	水费	差旅费	劳动保护费	其他支出	合　计
基本生产车间		2000	2600	1800	3600	1000	11000
辅助生产车间	供电车间	1200	2200	800	1900	600	6700
	锅炉车间	1500	4100	900	1300	1300	9100
	小　计	2700	6300	1700	3200	1900	15800
合　计		4700	8900	3500	6800	2900	26800

根据"其他费用分配明细表"，编制会计分录如下（假定其他费用均以银行存款支付）：

借：辅助生产成本——供电车间　　　　　　　　6700

　　辅助生产成本——锅炉车间　　　　　　　　9100

　　制造费用　　　　　　　　　　　　　　　　11000

　　贷：银行存款　　　　　　　　　　　　　　26800

5）根据长期待摊费用明细账记录，编制"长期待摊费用分配表"，见表 5-10。

表 5-10　长期待摊费用分配表

20××年 5 月　　　　　　　　　　　　　　　　　单位：元

分配对象		租入固定资产改良支出	租赁费	合　计
基本生产车间		2500	3000	5500
辅助生产车间	供电车间	800		800
	锅炉车间	2900		2900
	小　计	3700		3700
合　计		6200	3000	9200

根据"长期待摊费用分配表",编制会计分录如下:

借:辅助生产成本——供电车间   800

    辅助生产成本——锅炉车间   2900

    制造费用   5500

  贷:长期待摊费用   9200

6) 根据长期待摊费用明细账记录,编制"长期待摊费用分配表",见表 5-11。

表 5-11 长期待摊费用分配表

20××年5月 单位:元

分配对象		经营租入房屋装修支出	合 计
基本生产车间		2475	2475
辅助生产车间	供电车间	600	600
	锅炉车间	900	900
	小 计	1500	1500
合 计		3675	3975

根据"长期待摊费用分配表",编制会计分录如下:

借:辅助生产成本——供电车间   600

    辅助生产成本——锅炉车间   900

    制造费用   2475

  贷:长期待摊费用   3975

③ 分配辅助生产费用。月末,应将辅助生产成本明细账(见表 5-12、表 5-13)中归集的费用采用适当的方法进行分配,本例采用直接分配法分配辅助生产费用,供电车间和锅炉车间提供的劳务量资料直接列示在辅助生产费用分配表中。编制的辅助生产费用分配表如表 5-14 所示。

表 5-12 辅助生产成本明细账(供电车间)

20××年5月 单位:元

摘 要	材料费用	职工薪酬	折旧费	其他费用	合 计
分配材料费	5298				5298
分配职工薪酬		3648			3648
分配折旧费			1720		1720
分配其他费用				6700	6700
分配长期待摊费用				800	800
分配长期待摊费用				600	600
月 计	5298	3648	1720	8100	18766
本月转出	5298	3648	1720	8100	18766

表 5-13　辅助生产成本明细账(锅炉车间)

20××年 5 月　　　　　　　　　　　　　　　　　　　　单位:元

摘要	材料费用	职工薪酬	折旧费	其他费用	合　计
分配材料费	3456				3456
分配职工薪酬		2850			2850
分配折旧费			1740		1740
分配其他费用				9100	9100
分配长期待摊费用				2900	2900
分配长期待摊费用				900	900
月　计	3456	2850	1740	12900	20946
本月转出	3456	2850	1740	12900	20946

表 5-14　辅助生产费用分配表

20××年 5 月　　　　　　　　　　　　　　　　　　　金额单位:元

辅助生产车间	分配数量	分配率	分配费用	分配对象					
				基本生产成本		制造费用		管理费用	
				数量	金额	数量	金额	数量	金额
供电车间	93830	0.2	18766	69500	13900	5810	1162	18520	3704
锅炉车间	3491	6	20946	2700	16200	420	2520	371	2226
合计	—	—	39712		30100		3682		5930

分配给基本生产成本的辅助生产费用,还应在甲产品和乙产品之间采用适当的方法(本例是采用工时比例法)进行分配,编制"动力费用分配表",见表 5-15。

表 5-15　动力费用分配表

20××年 5 月　　　　　　　　　　　　　　　　　　　金额单位:元

分配对象	分配标准(实际工时)(小时)	分配率	分配金额
甲产品	5600		19600
乙产品	3000		10500
合计	8600	3.5	30100

根据"辅助生产费用分配表"和"动力费用分配表",做会计分录如下:

借:基本生产成本——甲产品　　　　　　　　19600
　　基本生产成本——乙产品　　　　　　　　10500
　　制造费用　　　　　　　　　　　　　　　3682
　　管理费用　　　　　　　　　　　　　　　5930

　　贷：辅助生产成本——供电车间　　　　　　　　　　18766
　　　　辅助生产成本——锅炉车间　　　　　　　　　　20946

　　④ 分配基本生产车间的制造费用。月末,将归集在制造费用明细账(见表5-16)中的制造费用进行汇总,按照实际工时比例在甲产品和乙产品之间进行分配,编制"制造费用分配表",见表5-17。

表 5-16　制造费用明细账(基本生产车间)

20××年5月　　　　　　　　　　　　　　　　　　　　单位:元

摘　要	材料费用	职工薪酬	折旧费	办公费	水费	动力费用	其他	合　计
分配材料费用	8655							8655
分配职工薪酬		3876						3876
分配折旧费			6780					6780
分配其他费用				2000	2600		6400	11000
分配长期待摊费用							5500	5500
分配长期待摊费用							2475	2475
分配辅助生产费用						3682		3682
月　计	8655	3876	6780	2000	2600	3682	14375	41968
本月转出	8655	3876	6780	2000	2600	3682	14375	41968

表 5-17　制造费用分配表

20××年5月　　　　　　　　　　　　　　　　　金额单位:元

分配对象	分配标准(实际工时)(小时)	分配率	分配金额
甲产品	5600		27328
乙产品	3000		14640
合计	8600	4.88	41968

　　根据"制造费用分配表",编制会计分录如下:
　　借：基本生产成本——甲产品　　　　　　　　27328
　　　　基本生产成本——乙产品　　　　　　　　14640
　　　贷：制造费用　　　　　　　　　　　　　　　　　41968

　　⑤ 归集"基本生产成本明细账"和"产品成本计算单",计算完工产品成本和月末在产品成本。

　　1)计算甲产品成本

　　本例甲产品的材料是在第一道工序开始时一次投入,各工序在产品完工程度均为50%,采用定额比例法在完工产品和在产品之间分配生产费用。根据甲产品材料和工时定额资料,以及月末在产品和完工产品的数量资料,编制"甲产品定额消耗量计算表",见表5-18。

表 5 – 18　甲产品定额消耗量计算表

20××年5月

项　目	工　序	数量（件）	材料定额消耗量（千克）		工时定额消耗量（小时）	
			单　件	总　量	单件累计	总　量
月末在产品	1	20	35		12	120
	2	70			25	1295
	3	50			31	1400①
	合　计	140	35	4900		2815
完工产品		100	35	3500	31	3100

说明：① 1400＝50×25＋50×（31－25）×50%

根据"甲产品定额消耗量计算表"提供的定额消耗量资料，可以计算甲产品的完工产品成本和月末在产品成本，计算结果见表 5 – 19。

表 5 – 19　甲产品成本计算单

20××年5月完工：100件　　　　　　　　　　金额单位：元

摘　要		直接材料	燃料及动力	直接工资	制造费用	合　计
月初在产品		18594	14707	8883	10528	52712
分配材料费用		21390				21390
分配职工薪酬				15960		15960
分配动力费用			19600			19600
分配制造费用					27328	27328
月　计		21390	19600	15960	27328	84278
累　计		39984	34307	24843	37856	136990
费用分配率		4.76	5.8	4.2	6.4	—
完工产品	定额	3500	3100	3100	3100	—
	实际成本	16660	17980	13020	19840	67500
月末在产品	定额	4900	2815	2815	2815	—
	实际成本	23324	16327	11823	18016	69490

2）计算乙产品成本

由于乙产品各月在产品数量变化不大，为简化核算，乙产品的在产品成本按年初数固定计算，乙产品本月发生的生产费用，即为本月完工乙产品 280 件的总成本，除以数量，即为乙产品的单位成本。计算结果见表 5 – 20。

表 5 - 20　乙产品成本计算单　　　　　　　　金额单位：元

20××年5月　　　　　　　　　完工：280件

摘要	直接材料	燃料及动力	直接工资	制造费用	合　计
月初在产品	5000	1200	2600	1600	10400
分配材料费用	36540				36540
分配职工薪酬			8550		8550
分配动力费用		10500			10500
分配制造费用				14640	14640
月　计	36540	10500	8550	14640	70230
累　计	41540	11700	11150	16240	80630
完工产品成本	36540	10500	8550	14640	70230
月末在产品成本	5000	1200	2600	1600	10400

⑥　根据甲、乙产品成本计算单中的完工产品成本，汇总编制"完工产品成本汇总表"，见表 5 - 21。

表 5 - 21　完工产品成本汇总表

20××年5月　　　　　　　　　金额单位：元

产品名称		单位	产量	直接材料	燃料及动力	直接工资	制造费用	合　计
甲产品	总成本	件	100	16660	17980	13020	19840	67500
	单位成本			166.6	179.8	130.2	198.4	675
乙产品	总成本	件	280	36540	10500	8550	14640	70230
	单位成本			130.5	37.5	30.5	52.3	250.8
总成本合计				53200	28480	21570	34480	137730

⑦　根据"完工产品成本汇总表"，将完工产品成本从"基本生产成本明细账"中转出，编制会计分录

借：库存商品——甲产品　　　　　　　　　　67500
　　库存商品——乙产品　　　　　　　　　　70230
　　贷：基本生产成本——甲产品　　　　　　　　　67500
　　　　基本生产成本——乙产品　　　　　　　　　70230

项目三　产品成本计算的分批法

任务一　完成一般分批法的核算。

任务二　完成简化分批法的核算。

一、分批法的特点

产品成本计算的分批法，是以产品的批别为成本计算对象归集生产费用，计算产品成本的一种方法。由于产品的批量是根据购货单位的订单组织的，因此，分批法也称订单法。这种方法主要适用于小批、单件，管理上不要求分步骤计算成本的多步骤生产企业，如船舶、重型机器、精密工具仪器等的制造，以及服装、印刷工业等。在某些单步骤生产下，无论是企业还是车间，如果生产也按单件小批组织，如某些特殊的铸件，也可以采用分批法单独计算这些铸件的成本。此外，还适用于一般企业内部的新产品试制、自制专用设备、建筑工程及工业性修理作业等。

（1）分批法以产品批别（单件生产为件别）作为成本计算对象。由于在小批和单件生产中，产品的种类和每批产品的批量，大多是根据购买单位的订单确定，因而按批、按件计算产品成本，往往也就是按照订单计算产品成本。但是，如果在一张订单中规定有几种产品，或虽然只有一种产品但其数量较大，而客户又要求分批交货时，可以将上述订单按照产品品种划分批别组织生产，或将同类产品划分数批组织生产，计算成本。如果在一张订单中只规定一件产品，但这件产品是由许多部件装配而成的大型其属于大型产品，如大型船舶制造，价值较大，生产周期较长，则可以按照产品大的部件或生产进度分成不同批次，分别组织生产，计算成本。如果在同一时期内，企业接到不同购货单位要求生产同一产品的几张订单，为了经济合理地组织生产，企业也可以将其合并为一批组织生产，计算成本。在这种情况下，分批法的成本计算对象，就不是购货单位的订货单，而是企业生产计划部门签发下达的生产任务通知单，单内应对该批生产任务进行编号，称为产品批号或生产令号。会计部门应根据产品批号设立产品成本明细账。生产费用发生后，直接材料和直接人工按产品批别进行归集，制造费用应选择合适的分配标准分配记入各批号产品成本明细账。

（2）分批法一般以产品的生产周期为成本计算期。为了保证各批产品成本计算的正确性，各批产品成本明细账的设立和结算，应与生产任务通知单的签发和结束时间完全一致，各批或各订单产品的成本总额，在其完工以后（完工月份的月末）计算确定。因而完工产品成本计算是不定期的，即分批法下成本计算期与产品的生产周期一致，而与会计报告期不一致。

（3）分批法下一般不存在在完工产品与在产品之间分配费用的问题。在分批法下，由于成本计算期与产品的生产周期一致，产品完工前，产品成本明细账所记录的生产费用，都是在产品成本；产品完工时，产品成本明细账所记录的生产费用，就是完工产品的成本，因而在月末计算成本时，不存在完工产品与在产品之间费用分配的问题。

在小批生产中，由于产品批量较小，批内产品一般都能同时完工，或者在相距不久的时间内全部完工。月末计算成本时，或是全部已经完工，或是全都没有完工，因而一般也不存在完工产品与在产品之间费用分配的问题。但如批内产品有跨月陆续完工并交付购货单位的情况，在月末计算成本时，一部分产品已完工，另一部分产品尚未完工，这时就有必要在完工产品与在产品之间分配生产费用，以便计算完工产品成本和月末在产品成本。在实际工作中，由于小批生产的批量都不大，月末批内产品完工产品数量不多，但根据要求需要将先完工产品交给购货单位时，可以采用简便的方法即按计划单位成本、定额单位成本或近期相同产品的实际单位成本计算完工产品成本,从产品成本明细账中转出,剩余额即为在产品成本。在批内产品跨月陆续完工情况较多,月末完工产品数量占批量比重较大时,则应采用适当的方法,在完工产品与月末在产品之间分配费用,计算完工产品成本和月末在产品成本。为了避免跨月陆续完工的情况,减少完工产品与月末在产品之间分配费用的工作,应在合理组织生产的前提下,尽量将生产周期接近的产品归为一批,适当划小产品的批量。但要注意批量不能过小,否则成本计算单过多,会加大核算工作量。

二、分批法成本计算的一般程序

在分批法下,产品成本计算的一般程序如下:

(1)按产品批别或订单开设成本计算单。财会部门根据生产计划部门下达的工作号(生产通知单),分别开设各批别或订单产品的成本计算单。

(2)归集和分配各项生产费用要素。根据各要素费用发生的原始凭证,编制各种要素费用分配表,分配各项要素费用,登记各有关成本费用明细账。对于计入成本计算单的生产费用。还要同时分别计入按各批别或订单产品开设的成本计算单中。

(3)归集和分配辅助生产费用。编制辅助生产费用分配表,分配辅助生产费用。

(4)归集和分配制造费用费用。编制制造费用费用分配表,分配制造费用,并分别计入按各批别或订单产品开设的成本计算单中。

(5)计算完工产品成本。如果该批产品全部完工,产品成本计算单中的生产费用都是完工产品成本。如果该批产品全部未完工,产品成本计算单中的生产费用都是在产品成本。如果该批产品部分完工,该部分完工产品可暂按计划成本或定额成本等转出。

三、一般分批法应用举例

例5-6 光华重型机械厂属小批、单件生产企业,设有一个基本生产车间,该厂按购买单位要求,小批生产甲、乙、丙三种产品,采用分批法计算产品成本。2008年6月份的生产情况和生产费用支出情况的资料如下:

(1)本月份的生产情况。

0501批号甲产品12台,5月份投产,本月全部未完工。

0502批号乙产品6台,5月份投产,本月完工6台。

0601批号丙产品18台,本月投产,本月完工10台,8台未完工。

(2)生产费用支出情况。

① 各批产品的月初在产品成本见表5-22。

表5-22

单位:元

批 号	直接材料	直接人工	制造费用	合 计
0501	71200	12620	47310	112830
0502	15000	2500	7500	25000

② 根据各种费用分配表,汇总各批产品本月发生的生产费用,见表5-23。

表 5 - 23　　　　　　　　　　　　　　　　　　　　　　　　　　　单位：元

批　号	直接材料	直接人工	制造费用	合　计
0501	178800	17380	52690	267170
0502	51000	4700	9300	65000
0601	252000	36500	51100	339600

（3）在完工产品与在产品之间分配费用的方法。

光华重型机械厂 0501 批号甲产品 12 台本月没有完工产品，0502 批号乙产品 6 台本月全部完工，不需要在本月完工产品与在产品之间分配生产费用。

0601 批号丙产品 18 台，本月投产，本月完工 10 台，批内产品跨月陆续完工，需要在本月完工产品与在产品之间分配生产费用。直接材料费用按本月完工产品与在产品实际数量分配，其他费用采用约当产量比例法在完工产品与月末在产品之间进行分配。丙产品由四道工序加工而成，根据各工序月末在产品数量、完工率计算出在产品约当产量，如表 5 - 24 所示。

表 5 - 24

工　序	完工率（%）	盘存数（台）	约当产量计算
1	15	2	15%×2=0.3
2	40	1	40%×1=0.4
3	60	2	60%×2=1.2
4	90	3	90%×3=2.7
合计		8	4.6

0601 批号丙产品生产费用在完工产品与在产品之间的分配如下：

直接材料费用分配率＝252000÷（10＋8）＝14000

完工产品直接材料费用＝14000×10＝140000（元）

月末在产品直接材料费用＝14000×8＝112000（元）

直接人工费用分配率＝36500÷（10＋4.6）＝2500

完工产品直接人工费用＝2500×10＝25000（元）

月末在产品直接人工费用＝2500×4.6＝11500（元）

制造费用分配率＝51100÷（10＋4.6）＝3500

完工产品制造费用＝3500×10＝35000（元）

月末在产品制造费用＝3500×4.6＝16100（元）

（4）根据上述各项资料，登记各批产品成本明细账，详见表 5 - 25 至表 5 - 27。

表 5-25 产品成本明细账

产品批号：0501　　　　　　购货单位：大华工厂　　　　　　投产日期：5 月
产品名称：甲　　　　　　　批量：12 台　　　　　　　　完工日期：

单位：元

摘　　要	直接材料	直接人工	制造费用	合　　计
月初在产品费用	71200	12620	47310	112830
本月生产费用	178800	17380	52690	267170
生产费用合计	250000	30000	10000	380000

表 5-26 产品成本明细账

产品批号：0502　　　　　　购货单位：南海公司　　　　　　投产日期：5 月
产品名称：乙　　　　　　　批量：6 台　　　　　　　　完工日期：6 月

单位：元

摘　　要	直接材料	直接人工	制造费用	合　　计
月初在产品费用	15000	2500	7500	25000
本月生产费用	51000	4700	9300	65000
生产费用合计	66000	7200	16800	90000
完工产品总成本	66000	7200	16800	90000
完工产品单位成本	11000	1200	2800	15000

表 5-27 产品成本明细账

产品批号：0601　　　　　　购货单位：大通集团　　　　　　投产日期：6 月
产品名称：丙　　　　　　　批量：18 台(6 月完工 10 台)　　　完工日期：

单位：元

摘　　要	直接材料	直接人工	制造费用	合　　计
本月生产费用	252000	36500	51100	339600
完工 10 台产品成本	140000	25000	35000	200000
完工产品单位成本	14000	2500	3500	20000
月末在产品费用	112000	11500	16100	139600

　　(5) 根据各批产品成本明细账,编制光华重型机械厂产品成本汇总表,详见表 5-28,完成本月完工产品成本结转。

表 5-28 光华重型机械厂产品成本汇总表

2008 年 6 月　　　　　　　　　　　　　　　　单位：元

成本项目	乙产品(产量 6 件)		丙产品(产量 10 件)	
	总成本	单位成本	总成本	单位成本
直接材料	66000	11000	140000	14000
直接人工	7200	1200	25000	2500
制造费用	16800	2800	35000	3500
合计	90000	15000	200000	20000

编制会计分录如下：

借：库存商品——0502 批号（乙产品）   90000

     ——0601 批号（丙产品）   200000

 贷：基本生产成本——0502 批号（乙产品）   90000

       ——0601 批号（丙产品）   200000

四、简化的分批法

（一）简化的分批法含义

在小批、单件生产的企业或车间中，如果同一月份投产的产品批数很多，有的多至几十批甚至上百批，且月末未完工的批数也较多，如机械制造厂或修配厂就属于这种情况。在这种情况下，如果采用前述分批法计算各批产品成本，将当月发生的间接计入费用全部分配给各批产品，而不管各批产品是否已经完工，各种间接费用在各批产品的分配和登记工作将非常繁重。因此，为简化成本核算工作，在这类企业或车间中还采用着一种简化的分批法。

简化的分批法，只对完工的各批别产品分配结转间接计入费用，对于未完工的各批别产品，不分配间接计入费用，也不计算其在产品成本，而是先将其累计起来，在基本生产成本二级账中以总额反映，因此，这种方法也称为不分批计算在产品成本的分批法。

（二）简化的分批法成本计算程序

（1）采用简化的分批法，首先仍应按照产品批别设立产品成本明细账，但在各批产品完工之前，账内只需按月登记直接计入费用（如直接材料费用）和生产工时。

（2）设置基本生产成本二级账，各月发生的间接计入费用，不是按月在各批产品之间进行分配，而是登记在基本生产成本二级账中，按成本项目累计起来，只有在有产品完工的那个月份，才按照其累计工时的比例，对完工产品分配间接计入费用，计算完工产品成本。本月完工产品成本包括从基本生产成本二级账中分配转入的间接计入费用及产品成本明细账原登记直接计入费用。

（3）对于未完工的各批产品的间接计入费用，则仍以总数保留在基本生产成本二级账中，反映的是全部月末在产品的成本，而不进行分配，也不计算各批产品的月末在产品成本。为完工的各批产品生产成本明细账只反映各批产品的累积直接计入费用和累积生产工时。

对各批完工产品分配间接计入费用，是通过计算累计间接计入费用分配率进行分配的。其计算公式如下：

$$\text{全部产品累计间接计入费用分配率} = \frac{\text{全部产品累计间接计入费用}}{\text{全部产品累计工时}}$$

$$\text{某批完工产品应负担的间接计入费用} = \text{该批完工产品累计工时} \times \text{全部产品累计间接计入费用分配率}$$

（三）简化分批法应用举例

例 5-7 某工业企业小批生产多种产品，由于产品批数多，为了简化成本计算工作，采用简化的分批法——不分批计算在产品成本的分批法计算成本。

2010 号：甲产品 6 件，7 月投产，本月完工。

2011 号：甲产品 8 件，8 月投产，尚未完工。

2041号：乙产品12件，8月投产，本月完工2件。

2061号：丙产品4件，9月投产，尚未完工。

该企业设立的基本生产成本二级账如表5-29所示。

表5-29 基本生产成本二级账 单位：元

月	日	摘 要	直接材料	生产工时	直接人工	制造费用	合 计
8	31	在产品	30120	62000	23850	36060	90030
9	30	本月发生	24100	101500	41550	45690	111340
9	30	累计	54220	163500	65400	81750	201370
9	30	全部产品累计间接	—	—	0.4	0.5	—
		计入费用分配率					
9	30	本月完工产品转出	10365	41460	16584	20730	47679
9	30	在产品	43855	122040	48816	61020	153691

在表5-29基本生产成本二级账中，8月31日在产品的生产工时和各项费用系上月末根据上月的生产工时和生产费用资料计算登记；本月发生的原材料费用和生产工时，应根据本月原材料费用分配表、生产工时记录，与各批产品成本明细账平行登记；本月发生的各项间接计入费用，应根据各该费用分配表汇总登记。全部产品累计间接计入费用分配率，以直接人工为例，其计算如下：

$$直接人工费用累计分配率 = \frac{65400}{163500} = 0.4(元/小时)$$

本月完工转出产品的原材料费用和生产工时，应根据各批产品的产品成本明细账中完工产品的原材料费用和生产工时汇总登记；各项间接计入费用，可以根据账中完工产品工时分别乘以各项费用的累计分配率计算登记，也可以根据各批产品成本明细账中完工产品的各该费用分别汇总登记。以账中累计行的各栏数字分别减去本月完工产品转出数，即为9月末在产品的原材料费用、生产工时和各项间接计入费用。月末在产品的原材料费用和生产工时，也可以根据后列各批产品成本明细账中月末在产品的原材料费用和生产工时分别汇总登记；各项间接计入费用也可以根据其生产工时分别乘以各该费用累计分配率计算登记。两者计算结果应该相符。

该企业设立的各批产品成本明细账详见表5-30至表5-32：

表5-30 产品成本明细账

产品批号：2010 购货单位：万里工厂 投产日期：7月
产品名称：甲 批量：6件 完工日期：9月

单位：元

月	日	摘 要	直接材料	生产工时	直接人工	制造费用	合 计
7	31	本月发生	5800	5430			
8	31	本月发生	1130	8870			

续　表

月	日	摘　要	直接材料	生产工时	直接人工	制造费用	合　计
9	30	本月发生	1210	16700			
9	30		8140	31000	0.4	0.5	
9	30	本月完工产品转出	8140	31000	12400	15500	36040
9	30	完工产品单位成本	1356.67		2066.67	2583.33	6006.67

表 5 – 31　产品成本明细账

产品批号：2011　　　　　　　　购货单位：万里工厂　　　　　　　　投产日期：8 月
产品名称：甲　　　　　　　　　　批量：8 件　　　　　　　　　　　完工日期：

单位：元

月	日	摘　要	直接材料	生产工时	直接人工	制造费用	合　计
8	31	本月发生	9840	19070			
9	30	本月发生	2980	42080			

表 5 – 32　产品成本明细账

产品批号：2041　　　　　　　　购货单位：大恒公司　　　　　　　　投产日期：8 月
产品名称：乙　　　　　　　　　　批量：12 件　　　　　　　　　　　完工日期：9 月完成 2 件

单位：元

月	日	摘　要	直接材料	生产工时	直接人工	制造费用	合　计
8	31	本月发生	13350	28630			
9	30	本月发生		14140			
9	30	累计数及累计间接计入费用分配率	13350	42770	0.4	0.5	
9	30	本月完工产品(2件)转出	2225	10460	4184	5230	11639
9	30	完工产品单位成本	1112.5		2092	2615	5819.5
9	30	在产品	11125	32310			

表 5 – 33　产品成本明细账

产品批号：2061　　　　　　　　购货单位：东方集团　　　　　　　　投产日期：9 月
产品名称：丙　　　　　　　　　　批量：4 件　　　　　　　　　　　完工日期：

单位：元

月	日	摘　要	直接材料	生产工时	直接人工	制造费用	合　计
9	30	本月发生	19910	28580			

　　在上列的各批产品成本明细账中，对于没有完工产品的月份，只登记直接材料费用（直接计入费用）和生产工时，如第 2011、2061 两批产品；对于有完工产品的月份，包括批内产品全部完工或部分完工，除了登记本月发生的直接材料费用和生产工时及其累计数外，还应根

据基本生产成本二级账登记各项累计间接计入费用的分配率。第 2010 批产品,月末全部完工,因而其产品成本明细账中累计的原材料费用和生产工时,就是完工产品的直接材料费用和生产工时,以其生产工时分别乘以各项累计间接计入费用分配率,即为完工产品应分配的各项间接计入费用。第 2041 批产品,月末部分完工、部分在产,因而还应在完工产品与在产品之间分配费用。该种产品所耗原材料在生产开始时一次投入,因而原材料费用按完工产品与在产品的数量比例分配,完工产品直接材料费用 2225 元(即 13350/12×2);完工产品工时 10460 小时系按工时定额计算。

(四)简化分批法的特点

综上所述,简化的分批法与一般的分批法相比较,具有以下特点:

(1)采用简化的分批法必须设立基本生产成本二级账。基本生产成本二级账的作用在于:① 按月提供企业或车间全部产品的累计生产费用(包括直接计入费用和间接计入费用)和生产工时资料;② 在有产品完工的月份,按照上列公式计算和登记全部产品累计间接计入费用分配率;③ 根据完工产品累计生产工时和累计间接计入费用分配率,计算和登记完工产品应负担的累计间接计入费用,并计算完工产品总成本;④ 以全部产品累计生产费用减去本月完工产品总成本,计算和登记月末各批在产品总成本。

(2)不分批计算在产品成本。每月发生的间接计入费用,不是按月在各批产品之间进行分配,而是先在基本生产成本二级账中累计起来,在有产品完工的月份,才按上列公式,在各批完工产品之间进行分配,计算完工产品成本;对未完工的在产品则不分配间接计入费用,只以总数反映在二级账中,即不分批计算在产品成本。显然,采用这种分批法,可以简化费用的分配和登记工作;月末未完工产品的批数越多,核算工作就越简化。

(3)利用累计间接计入费用分配率分配间接计入费用。各批产品之间分配间接计入费用的工作以及完工产品与月末在产品之间分配间接计入费用的工作,都是利用累计间接计入费用分配率,到产品完工时合并在一起进行的。换言之,各项累计间接计入费用分配率,既是在各批完工产品之间,也是在完工产品批别与月末在产品批别之间,以及某批产品的完工产品与月末在产品之间分配各该费用的依据。基于这一特点,这种简化的分批法也称为累计间接计入费用分配法。

简化的分批法适用于同一月份投产的产品批数很多,且月末未完工批数也较多的企业。如果月末未完工的批数不多,则不宜采用。因为在这种情况下,绝大多数产品的批号仍然要分配登记各项间接计入费用,核算工作减少不多。另外,由于在这种方法下间接计入费用累计计算分配率,因而这种方法在各月间接计入费用水平相差悬殊的情况下也不宜采用。例如,前几个月的间接计入费用水平低,而本月高,某批产品本月投产,当月完工,这时,按累计间接计入费用分配率分配计算该批完工产品成本,就会发生不应有的偏低。

项目四 产品成本计算的分步法

任务一 完成综合逐步结转分步法的计算。

任务二 完成分项逐步结转分步法的计算。

任务三 完成平行结转分步法的计算。

一、分步法的特点

在大量、大批的多步骤生产的企业，为了加强对各加工步骤地成本管理，不仅要求按产品品种归集生产费用，计算成本，而且还要求按照产品加工步骤归集生产费用，计算各步骤产品成本，提供反映各种产品及其各生产步骤成本计划执行情况的资料。

产品成本计算的分步法，是按照产品的品种和每个产品所经过的生产步骤归集生产费用，计算产品成本的一种方法。它主要适用于大量大批管理上要求分步骤计算产品成本的多步骤生产，如纺织、冶金等连续加工式多步骤生产和机器制造等装配式多步骤生产。这种方法的主要特点如下。

（一）分步法的成本计算对象是产品品种及其所经过的生产步骤

采用分步法计算产品成本时，应按照产品的生产步骤设立产品成本明细账。如果只生产一种产品，成本计算对象就是该种产成品及其所经过的各生产步骤，产品成本明细账应该按照产品的生产步骤开立。如果生产多种产品，成本计算对象则应是各种产成品及其所经过的各生产步骤，产品成本明细账应该按照每种产品的各个步骤开立。但应该注意的是，在实际工作中，产品成本计算划分的步骤与实际生产步骤的划分不一定完全一致。例如，在按生产步骤设立车间的企业中，一般讲，分步计算成本也就是分车间计算成本。如果企业生产规模很大，车间内又分成几个生产步骤，而管理上又要求分步计算成本时，也可以在车间内再分步计算成本。相反，如果企业规模很小，管理上也不要求分车间计算成本，也可将几个车间合并为一个步骤计算成本。总之，应根据管理的要求，本着简化计算工作的原则，确定成本计算对象。

（二）分步法的成本计算期与会计报告期一致

在大量、大批的多步骤生产中，由于原材料连续投入，产品生产连续不断进行，生产过程中始终有一定数量的在产品，成本计算只能在月底进行，所以成本计算一般都是定期的。成本计算与会计报告期一致，而与产品的生产周期不相一致。

（三）月末一般需要将生产费用在完工产品与在产品之间进行分配

在大量、大批多步骤生产情况下，产品生产周期比单步骤生产长，而且往往是跨月陆续完工，月末各步骤一般都存在一定数量的在产品。因此，在计算成本时，还需要采用适当的分配方法，将汇集在各种产品、各生产步骤产品成本明细账中的生产费用，在完工产品与在产品之间进行分配。计算各该产品、各该生产步骤的完工产品成本和在产品成本。

（四）各步骤之间成本的结转

在分步法下，由于产品生产是分步骤进行的，上一步骤生产的半成品是下一步骤的加工对象。因此，为了计算各种产品的产成品成本，还需要按照产品品种，结转各步骤成本。也就是说，与其他成本计算方法不同，在采用分步法计算产品成本时，在各步骤之间还有个成本结转问题。这是分步法的一个重要特点。

由于各个企业生产工艺过程的特点和成本管理对各步骤成本资料的要求（要不要计算半成品成本）不同，以及对简化成本计算工作的考虑，各生产步骤成本的计算和结转采用两种不同的方法：逐步结转和平行结转。因而，产品成本计算的分步法也就相应地分为逐步结转分步法和平行结转分步法两种。

二、逐步结转分步法

逐步结转分步法是根据产品的加工顺序计算各步骤半成品成本,并按加工顺序将半成品成本结转到下一个步骤,直到最终计算完工产品成本的一种成本计算方法。

(一)逐步结转分步法的特点

逐步结转分步法又称为计算半成品成本法或顺序结转分步法。在采用分步法计算成本的大量、大批多步骤生产中,有的产品制造过程是由一系列循序渐进的、性质不同的加工步骤所组成,如棉纺织企业,生产工艺过程包括纺纱和织布两大步骤。在纺纱步骤中,原料(原棉)投入生产后,经过清花、梳棉、并条、粗纺、细纱等工序,纺成各种棉纱;然后送往半成品仓库或织布步骤,经过络经、整经、浆纱、穿筘、织造等工序,织成各种棉布,再经过整理、打包,即可入库待售。在这类生产中,从原料投入到产品制成,中间要经过几个生产步骤的逐步加工,前面各步骤生产的都是半成品,只有最后步骤生产的才是产成品。与这类生产工艺过程特点相联系,逐步结转分步法表现出如下几个特点。

(1)成本计算对象是各步骤半成品和最后步骤的产成品。以上述纺织企业为例,为了计算棉布的成本,先要计算棉纱的成本。

(2)各步骤所耗用的上一步骤半成品的成本,要随着半成品实物的转移而在各生产步骤之间顺序结转。半成品实物的转移有两种方式,一是上步骤完工的半成品,直接转入下一步骤继续加工。这时,半成品成本就在各步骤的产品成本明细账之间直接结转。二是半成品完工后,通过半成品仓库收发。

(3)在产品按在产品实物所在地反映。各步骤产品成本明细账中的余额是狭义在产品,反映结存在该步骤在产品的成本。

(二)逐步结转分步法的成本计算程序

逐步结转分步法的成本计算程序取决于半成品实物流转程序。

1. 半成品通过仓库收发

在这种分步法下,应设置自制半成品明细账进行核算。计算程序如图5-2所示。

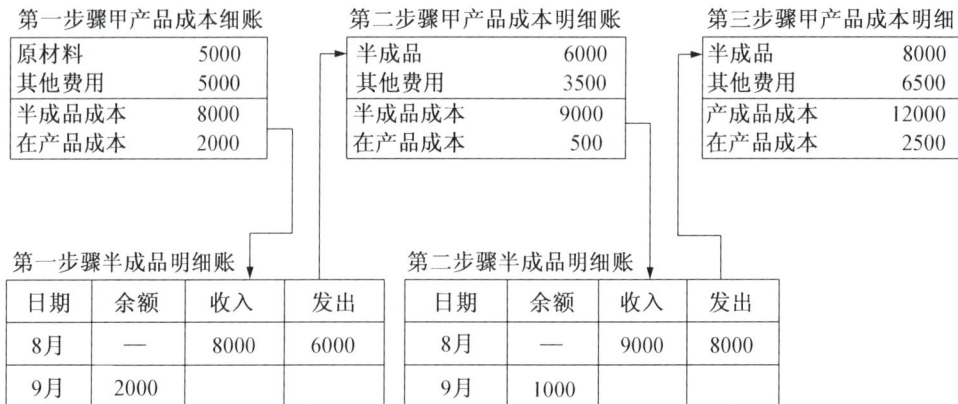

第一步骤甲产品成本细账	
原材料	5000
其他费用	5000
半成品成本	8000
在产品成本	2000

第二步骤甲产品成本明细账	
半成品	6000
其他费用	3500
半成品成本	9000
在产品成本	500

第三步骤甲产品成本明细	
半成品	8000
其他费用	6500
产成品成本	12000
在产品成本	2500

第一步骤半成品明细账

日期	余额	收入	发出
8月	—	8000	6000
9月	2000		

第二步骤半成品明细账

日期	余额	收入	发出
8月	—	9000	8000
9月	1000		

图5-2 逐步结转分步法的成本计算程序(半成品通过仓库收发)

从图5-2的计算程序中可以看出,采用这种分步法,每月月末,各项生产费用(包括所耗用的上一步骤半成品成本)在各步骤产品成本明细账中归集以后,如果该步骤既有完工的半成品(最后步骤为产成品),又有正在加工中的在产品,为了计算完工的半成品(最后步骤为产成品)和正在加工中在产品的成本,还应将各步骤产品成本明细账中归集的生产费用,采用适当的分配方法,在完工半成品(最后步骤为产成品)与正在加工中的在产品之间进行分配,然后半成品成本通过"自制半成品"明细账结转到下一个步骤,直到最后一个步骤计算出完工产成品成本。在图5-2中,第一步骤完工半成品在验收入库时,应根据完工转出的半成品成本编制借记"自制半成品"科目,贷记"基本生产成本"科目的会计分录;第二步骤领用时,再编制相反的会计分录。

2. 半成品不通过仓库收发

如果半成品完工后不通过半成品库收发,而直接转入下一步骤,各步骤所耗用的上一步骤半成品的成本,要随着半成品实物的转移,从上一步骤的产品成本明细账转入下一步骤相同产品的产品成本明细账中,以便逐步计算各步骤的半成品成本和最后步骤的产成品成本。计算程序如图5-3所示。

第一步骤甲产品成本细账		第二步骤甲产品成本明细账		第三步骤甲产品成本明细	
原材料	5000	半成品	8000	半成品	11000
其他费用	5000	其他费用	3500	其他费用	3500
半成品成本	8000	半成品成本	11000	产成品成本	12000
在产品成本	2000	在产品成本	500	在产品成本	2500

图5-3 逐步结转分步法的成本计算程序(半成品不通过仓库收发)

由上述逐步结转分步法的成本计算程序计算可以看出,逐步结转分步法实际上是品种法的多次连接应用。

逐步结转分步法按照结转的半成品成本在下一步骤产品成本明细账中的反映方法,分为综合结转和分项结转两种方法。

(三)综合结转法

综合结转法是将各步骤所耗用的上一步骤半成品成本不分成本项目,而是以综合金额记入各该步骤产品成本明细账的"直接材料"或专设的"半成品"项目中。

综合结转,可以按照半成品的实际成本结转,也可以按照半成品的计划成本(或定额成本)结转。

1. 半成品按实际成本综合结转

采用这种结转方法,各步骤所耗上一步骤的半成品费用,应根据所耗半成品的实际数量乘以半成品的实际单位成本计算。由于各月所产半成品的实际单位成本不同,因而所耗半成品实际单位成本的计算,可根据企业的实际情况,选择使用以下方法确定:

(1)先进先出法。以先入库的先发出这一假定为前提,并根据这种假定的成本流转顺序对发出和结存的半成品进行计价。

(2)全月一次加权平均法。用期初结存半成品数量和本期入库半成品数量作为权数计算半成品平均单位成本的计价方法。其计算公式如下:

$$\text{加权平均单位成本}=\frac{\text{期初结存半成品的实际成本}+\text{本期入库半成品的实际成本}}{\text{期初结存半成品的数量}+\text{本期入库半成品的数量}}$$

$$\text{发出半成品的成本}=\text{本期发出半成品的数量}\times\text{加权平均单位成本}$$

$$\text{期末结存半成品成本}=\text{期末结存半成品数量}\times\text{加权平均单位成本}$$

（3）后进先出法。以后入库的先发出这一段定为前提，并根据这种假定的成本流转顺序对发出和结存的半成品进行计价。

此外，还有个别计价法和移动加权平均法等。

为了提高各步骤成本计算的及时性，在半成品月初余额较大，本月所耗半成品全部或者大部分是以前月份所产的情况，下月所耗半成品费用也可按上月末半成品的加权平均单位成本计算。

例 5-8 假定某企业生产甲产品分两个步骤，分别由两个车间进行。第一车间生产半成品，交半成品库验收；第二车间按所需数量从半成品库领用，所耗半成品费用按全月一次加权平均单位成本计算。两个车间的月末在产品均按定额成本计价。该企业 2008 年 6 月成本计算程序如下：

第一，根据各种生产费用分配表、半成品交库单和第一车间在产品定额成本资料，登记第一车间甲产品成本明细账，详见表 5-34。

表 5-34　产品成本明细账

第一车间　甲半成品　　　　　　　　　2008 年 6 月　　　　　　　　　单位：元

摘　要	产量（件）	直接材料	直接人工	制造费用	成本合计
月初在产品（定额成本）		5400	660	1140	7200
本月费用		33600	6960	11772	52332
合　　计		39000	7620	12912	59532
完工转出产成品	288	27120	6168	10404	43692
月末在产品（定额成本）		11880	1452	2508	15840

根据第一车间的半成品交库单所列交库数量和甲产品成本明细账中定工转出的半成品成本，编制下列会计分录：

借：自制半成品——甲半成品　　　　　　　　　　　43692

　　贷：基本生产成本——甲半成品　　　　　　　　　　43692

第二，根据计价后的半成品交库单和第二车间领用半成品的领用单，登记有制半成品明细账，详见表 5-35。

表 5-35　自制半成品明细账

甲半成品　　　　　　　　　　　　　2008 年 6 月　　　　　　　　　单位：元

月份	月初余额		本月增加		合　　计			本月减少	
	数量（件）	实际成本	数量（件）	实际成本	数量（件）	实际成本	单位成本	数量（件）	实际成本
6	72	10440	288	43692	360	54132	150.37	300	45110
7	60	9022							

$$加权权平单位成本 = \frac{10440 + 43692}{72 + 288} = 150.37（元）$$

本月减少 300×150.37＝45110(元)

根据第二车间半成品领用单(单中按所列领用数量和自制半成品明细账中单位成本计价),编制下列会计分录:

借:基本生产成本——甲产品　　　　　　　　　　　　45110

　贷:自制半成品——甲半成品　　　　　　　　　　　　　　45110

第三,根据各种生产费用分配表、半成品领用单、产成品交库单以及第二车间在产品定额成本资料,登记第二车间甲产品成本明细账,详见表5-36。

表5-36　产品成本明细账

第二车间　甲产品　　　　　　　　　　　　2008年6月　　　　　　　　　　　　单位:元

摘　　要	产量(件)	半成品	直接人工	制造费用	成本合计
月初在产品(定额成本)		5328	846	900	7074
本月费用		45110	13020	12744	70874
合　　计		50438	13866	13644	77948
完工转出产成品	240	36230	11610	11244	59084
单位成本		150.96	48.37	46.85	246.18
月末在产品(定额成本)		14208	2256	2400	18864

明细账中增设了"半成品"成本项目,其中本月半成品费用就是第二车间本月耗用第一车间半成品费用,是根据计价后的半成品领用单登记的,明显地反映出半成品费用综合结转的特点。

根据第二车间的产成品交库单和第二车间产品成本明细账中完工转出成品成本,编制下列会计分录:

借:库存商品——甲产品　　　　　　　　　　　　59084

　贷:基本生产成本——甲产品　　　　　　　　　　　　59084

2. 半成品按计划成本综合结转

采用这种结转方法,半成品日常收发的明细核算均按计划成本计价;在半成品实际成本计算出来后,再计算半成品成本差异额和差异率,调整领用半成品的计划成本。而半成品收发的总分类核算则按实际成本计价。

例5-9　仍以上例企业资料为例,计算程序如下:

(1)根据各种费用分配表及有关资料,登记第一车间产品成本明细账。如表5-37。

表5-37　产品成本明细账

第一车间　甲半成品　　　　　　　　　　　2008年6月　　　　　　　　　　　单位:元

成本合计	产量	半成品			直接材料	直接人工	制造费用
		计划成本	成本差异	实际成本			
月初在产品(定额成本)					5400	660	1140	7200
完工转出半成品	288	42624	1068	43692	27120	6168	10404	43692

根据第一车间产品成本明细账和半成品入库单(半成品计划单位成本:148元)编制下列会计分录:

借:自制半成品——甲半成品   42624

     自制半成品成本差异   1068

       贷:基本生产成本——甲半成品   43692

(2)根据上面会计分录,登记自制半成品明细账。自制半成品明细账不仅反映半成品收发和结存的数量和实际成本,而且要反映其计划成本,以及成本差异额和成本差异率。见表 5-38。

表 5-38 自制半成品明细账

甲半成品   2008 年 6 月   单位:元

计划单位成本:148 元

月 份			6	7
月初余额	数 量(件)	①	72	60
	计划成本	②	10656	8880
	实际成本	③	10440	9022
本月增加	数 量(件)	④	288	
	计划成本	⑤	42624	
	实际成本	⑥	43692	
合 计	数 量(件)	⑦=①+④	360	
	计划成本	⑧=②+⑤	53280	
	实际成本	⑨=③+⑥	54132	
	成本差异	⑩=⑨-⑧	852	
	成本差异率	⑪=⑩/⑧×100%	1.6%	
本月减少	数 量(件)	⑫	300	
	计划成本	⑬	44400	
	实际成本	⑭=⑬+⑬×⑪	45110	

(3)登记第二车间产品成本明细账。对于所耗用半成品的成本,可以直接按照调整成本差异后的实际成本登记;也可以按照计划成本和成本差异分别登记,以便于分析上一步骤半成品成本差异对本步骤成本影响。如采用后一种做法,产品成本明细账中的"半成品"项目,应分设"计划成本"、"成本差异"、"实际成本"三栏。其格式详见表 5-39。

表 5-39 产品成本明细账

第二车间 甲产成品   2008 年 6 月   单位:元

摘 要	产量	半成品			直接人工	制造费用	成本合计
		计划成本	成本差异	实际成本			
月初在产品(定额成本)		5328	—	5328	846	900	7074
本月费用		44400	710	45110	13020	12744	70874
合 计		49728	710	50438	13866	13644	77948

摘　要	产量	半成品			直接人工	制造费用	成本合计
		计划成本	成本差异	实际成本			
完工转出产成品	240	35520	710	36230	11610	11244	59084
单位成本		148	2.36	150.36	48.37	46.85	246.18
月末在产品(定额成本)		14208	—	14208	2256	2400	18864

3. 综合结转法的成本还原

成本还原,就是根据企业管理的要求,从成本计算的最后一个步骤起,把本月产成品成本中所耗上一步骤半成品的综合成本还原成直接材料、直接人工、制造费用等原始成本项目,从而求得按原始成本项目反映的产成品成本资料。

从前面举例的第二车间产品成本明细账中可以看出,采用综合结转法的结果,表现在产成品成本中的绝大部分费用是第二车间所耗半成品的费用,而直接人工、制造费用只是第二车间发生的费用,在产品成本中所占比重很小。显然,这不符合产品成本构成的实际情况,因而不能据以从整个企业角度分析和考核产品成本的构成和水平。因此,在管理上要求从整个企业角度考核和分析产品成本的构成和水平时,还应将综合结转算出的产成品成本进行成本还原。

例 5-10　仍以前举资料为例,假定第二车间甲产品成本明细账中算出的本月产成品所耗上一车间半成品费用为 36230 元,按照第一车间产品成本明细账中算出的本月所产该种半成品成本 43692 元的成本构成进行还原,求出按原始成本项目反映的甲产成品成本。步骤如下:

(1) 计算还原分配率。还原分配率即每一元本月所产半成品成本相当于产成品所耗半成品费用若干元,计算公式为:

$$还原分配率 = \frac{本月产成品所耗上一步骤半成品成本合计}{本月所产该种半成品成本合计}$$

$$还原分配率 = 36230/43692 = 0.82921$$

(2) 用还原分配率分别乘以本月所产该种半成品各个成本项目的费用,即可将本月产成品所耗半成品的综合成本,按照本月所产该种半成品的成本构成进行分解、还原,求得按原始成本项目反映的还原对象成本。

所耗半成品还原为直接材料 $= 27120 \times 0.82921 = 22488.18$(元)

所耗半成品还原为直接人工 $= 6168 \times 0.82921 = 5114.57$(元)

所耗半成品还原为制造费用 $= 10404 \times 0.82921 = 8627.10$(元)

(3) 将两个步骤相同的成本项目分别相加,即为按原始成本项目反映的还原后的产成品总成本。

在实际工作中,成本还原一般是通过编制"产成品成本还原计算表"进行的,"产成品成本还原计算表"如表 5-40。

表 5-40　产成品成本还原计算表　　　　　　　　　　单位：元

项　　目	还原分配率	半成品	直接材料	直接人工	制造费用	成本合计
还原前产成品总成本	—	36230	—	11610	11244	59084
本月所产半成品总成本	—		27120	6168	10404	43692
按半成品成本结构还原	0.82921	—36230	22488.18	5114.57	8627.1	
还原后产成品总成本	—	—	22488.18	16724.57	19871.1	59084

如果产品的生产步骤不是两步，而是三步，按照上述方法应先从第三步起，将其所耗第二步骤生产的半成品综合成本，按本月第二步骤生产的该种半成品的成本构成进行分解、还原。但还原后"半成品"项目还会有未还原尽的综合费用，即第二步骤生产的半成品成本中消耗的第一步骤半成品的综合成本，因此还应将其按照本月第一步骤生产的该种半成品成本构成再进行一次还原，直至"半成品"项目的综合成本全部分解、还原为原始成本项目时为止。

综上所述，可以看出，采用综合结转法逐步结转半成品成本，从各步骤的产品成本明细账中可以看出各步骤产品所耗上一步骤半成品费用的水平和本步骤加工费用的水平，从而有利于各生产步骤的管理。但如果管理上要求提供按原始成本项目反映的产成品成本资料，就需要进行成本还原。如果生产多种产品，成本还原工作繁重。因此，这种结转方法只在管理上要求计算各步骤完工产品所耗半成品费用，而不要求进行成本还原的情况下采用。

（四）分项结转法

分项结转法是指各步骤所耗用的上一步骤半成品成本，按照成本项目分项转入各该步骤产品成本明细账的各个成本项目中，进行分项反映的一种方法。分项结转，如果半成品通过半成品库收发，在自制半成品明细账中登记半成品成本时，也要按照成本项目分别登记。

分项结转，可以按照半成品的实际成本结转，也可以按照半成品的计划成本结转，然后按成本项目分项调整成本差异。由于后一种做法计算工作量较大，因而一般多采用按实际成本分项结转的方法。

例 5-11　　　某企业生产甲产品，由两个车间进行，采用分项结转分步法计算产品成本，在产品按定额成本计算，原材料系在开始生产时一次投入。产量资料和定额及生产费用资料如下（见表 5-41、表 5-42）

表 5-41　产量资料　　　　　　　　　　单位：件

项　　目	一车间	二车间
月初在产品	100	80
本月投产	200	250
本月完工	250	300
月末在产品	50	30

表 5-42　定额及生产费用资料　　　　　　　　　　单位:元

项目	单件定额成本		月初在产品成本 (定额成本)		本月发生生产费用	
	一车间	二车间	一车间	二车间	一车间	二车间
直接材料	200	200	20000	16000	41000	—
燃料和动力	50	60	2500	2400	12000	16000
直接工资	30	20	1500	800	6100	4800
制造费用	40	10	2000	400	6500	2200
合计	320	290	26000	19600	65600	23000

根据上述资料,可编制如下"一车间产品成本计算单"(见表 5-43)

表 5-43　一车间产品成本计算单　　　　　　　　　单位:元

项目	直接材料	燃料及动力	直接人工	制造费用	合计
月初在产品成本(定额成本)	20000	2500	1500	2000	26000
本月发生费用	41000	12000	6100	6500	65600
合计	61000	14500	7600	8500	91600
完工半成品成本	51000	13250	6850	7500	78600
月末在产品成本(定额成本)	10000	1250	750	1000	13000

根据一车间转出完工半成品成本,分成本项目转入二车间成本计算单的相同成本项目中,即可编制"二车间产品成本计算单"(见表 5-44)。

表 5-44　二车间产品成本计算单　　　　　　　　　单位:元

项目	直接材料	燃料及动力	直接人工	制造费用	合计
月初在产品成本(定额成本)	16000	2400	800	400	19600
本月发生费用	—	16000	4800	2200	23000
一车间转入	51000	13250	6850	7500	78600
合计	67000	31650	12450	10100	121200
完工产品成本	61000	30750	12150	9950	113850
月末在产品成本(定额成本)	6000	900	300	150	7350

根据第二车间的产成品交库单和第二车间产品成本明细账中完工转出成品成本,编制下列会计分录:

借:库存商品——甲产品　　　　　　　　　　113850

　　贷:基本生产成本——甲产品　　　　　　　　　113850

(五)逐步结转分步法的优缺点

逐步结转分步法的优点可以概括为:

(1)逐步结转分步法的成本计算对象是企业产成品及其各步骤的半成品,这就为分析和考核企业产品成本计划和各生产步骤半成品成本计划的执行情况,为正确计算半成品销售成本提供了资料。

（2）不论是综合结转还是分项结转，半成品成本都是随着半成品实物的转移而结转，各生产步骤产品成本明细账中的生产费用余额，反映了留存在各个生产步骤的在产品成本，因而还能为在产品的实物管理和生产资金管理提供资料。

（3）采用综合结转法结转半成品成本时，由于各生产步骤产品成本中包括所耗上一步骤半成品成本，从而能全面反映各步骤完工产品中所耗上一步骤半成品费用水平和本步骤加工费用水平，有利于各步骤的成本管理。采用分项结转法结转半成品成本时，可以直接提供按原始成本项目反映的产品成本，满足企业分析和考核产品构成和水平的需要，而不必进行成本还原。

逐步结转分步法的缺点可以概括为：

（1）后步骤的半成品（或产成品）成本包括以前步骤成本，各步骤成本受以前步骤成本水平波动的影响，不利于考核各加工步骤的成本管理工作，也不利于进行成本分析。

（2）成本核算工作比较复杂，核算工作的及时性也较差。如果采用综合结转法，需要进行成本还原；如果采用分项结转法，结转的核算工作量大；如果半成品按计划成本结转，还要计算和调整半成品成本差异；如果半成品按实际成本结转，各步骤则不能同时计算成本，成本计算的及时性差。

因此，应用这一方法时，必须从实际出发，根据管理要求，权衡利弊，做到既满足管理要求，提供所需的各种资料，又能简化核算工作。

三、平行结转分步法

平行结转分步法是指各加工步骤只计算本步骤所发生的各项生产费用以及这些费用中应计入产成品成本的份额，然后，将各步骤应计入完工产品成本的份额进行平行结转、汇总，计算出完工产品的成本的分步法。

（一）平行结转分步法的特点

平行结转分步法也称不计算半成品成本的分步法。在采用分步法计算成本的大量、大批多步骤生产中，有的产品生产过程，首先是对各种原材料平行地进行连续加工，成为各种半成品——零件和部件，然后再装配成各种产成品。例如，机械制造企业的车间一般按生产工艺过程设置，设有铸工、锻工、加工、装配等车间。铸工车间利用生铁、钢、铜等各种原料熔铸各种铸件；锻工车间利用各种外购钢材锻造各种锻件。铸件和锻件都是用来进一步加工的毛坯。加工车间对各种铸件、锻件、外购半成品和外购材料进行加工，制造各种产品的零件和部件；然后转入装配车间进行装配，生产各种机械产品。由于在这类生产企业中，各生产步骤所产半成品的种类很多，但半成品外售的情况却较少，在管理上不要求计算半成品成本，因而为了简化和加速成本计算工作，在计算产品成本时，可以不计算各步骤所产半成品成本，也不计算各步骤所耗上一步骤的半成品成本（即各步骤之间不结转所耗半成品成本），而只计算本步骤所发生的各项生产费用以及这些费用中应计入产成品的份额。然后，将各步骤应计入同一产成品成本的份额平行结转、汇总，即可计算出该种产品的产成品成本。这种平行结转各步骤成本的方法，与逐步结转分步法相比，表现出如下几个特点。

（1）成本计算对象是各生产步骤和最终完工产品。在平行结转分步法下，各生产步骤的半成品均不作为成本计算对象，各步骤的成本计算都是为了算出最终产品的成本。因此，各步骤产品成本明细账中转出的只是该步骤应计入最终产品的份额，各步骤产品成本明细账不能提供其产出半成品的成本资料。

（2）半成品成本不随实物转移而结转。在平行结转分步法下，由于各步骤不计算半成品的成本，只归集本步骤所发生的生产费用，计算结转应计入产成品成本的份额，因此，各步骤半成品的成本资料只保留在该步骤的成本明细账中，并不随实物转移而结转。这时，不论半成品是通过仓库收发，还是各步骤间转移，都不通过"自制半成品"账户核算。

（3）月末，各步骤生产费用要在计入产成品的份额和广义在产品之间分配。在平行结转分步法下，各步骤的生产费用要选择适当的方法在完工产品和广义在产品之间分配，常用的方法有约当产量比例法、广义在产品按定额成本计算法和定额比例法。这里各步骤应计入产成品成本的份额是该步骤应计入产品成本的费用额，这里的广义在产品包括：① 尚在本步骤加工中的在产品；② 本步骤已完工转入半成品库的半成品；③ 已从半成品库转到以后各步骤进一步加工、尚未最后制成的半成品。

（二）平行结转分步法的计算程序

（1）按加工步骤和产品品种开设生产成本明细账，各步骤成本明细账按成本项目归集本步骤发生的生产费用（但不包括耗用上一步骤半成品的成本）。

（2）月末将各步骤归集的生产费用在产成品与广义在产品之间进行分配，计算各步骤费用中应计入产成品成本的份额。

（3）将各步骤费用中应计入产成品成本的份额按成本项目平行结转，汇总计算产成品的总成本及单位成本。

平行结转分步法的成本计算程序如图 5-4 所示。

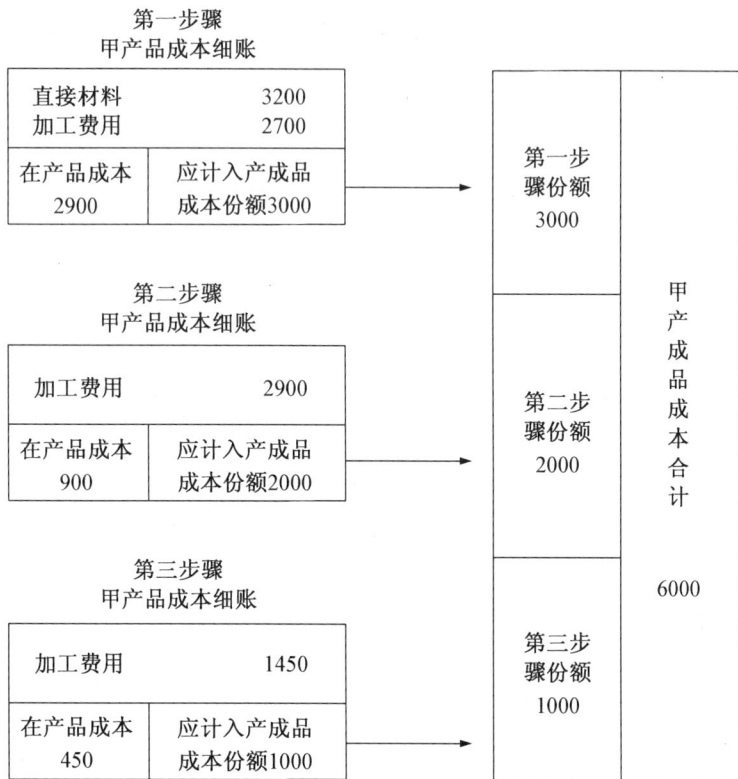

图 5-4 平行结转分步法计算程序图

（三）各步骤应计入产成品成本的份额的计算

采用平行结转分步法计算产品成本时,月末各步骤需要将本月累计的生产费用要在最终产成品和广义在产品之间分配。从而确定本步骤费用中应计入产成品成本的份额。常用的分配方法有约当产量比例法、广义在产品按定额成本计算法和定额比例法。

1. 约当产量比例法

采用约当产量比例法,各步骤计入产成品成本份额的计算公式如下:

$$\frac{\text{某步骤应计入产成品}}{\text{成本的份额}} = \text{产成品数量} \times \frac{\text{单位产成品耗用}}{\text{该步骤半成品数量}} \times \frac{\text{该步骤单位}}{\text{半成品费用}}$$

$$\text{该步骤单位半成品费用} = \frac{\text{该步骤月初在产品费用} + \text{该步骤本月生产费用}}{\text{该步骤约当产量}}$$

$$\text{某步骤约当产量} = \text{完工产品数量} + \text{狭义在产品约当量}$$

$$= \text{产成品所耗用半成品数量} + \text{存放于半成品仓库的半成品数量}$$

$$+ \text{其他步骤领用半成品的数量} + \text{本步骤月末狭义在产品约当量}$$

例 5-12 某厂生产 AB 产品,第一车间生产 A 零件,第二车间生产 B 零件,第三车间将 A 零件、B 零件装配成 AB 产品。每件 AB 产品有 A 零件、B 零件各一组成。A 零件耗用的原材料是在生产开始时一次投入;B 零件所耗用的原材料随着加工进度逐步投入。各车间在产品完工率为 50%。该厂 2008 年 9 月有关资料如下:

（1）2008 年 9 月份各车间生产情况见表 5-45。

表 5-45　　　　　　　　　　　　　　　　　　　　　　　　　　　计量单位：件

项　目	A 零件	B 零件	AB 产品
期初在产品	80	120	200
本期投产	800	720	760
完工转出	760	760	800
期末在产品	120	80	160
产量和约当产量	直接材料费用：1080	1000	880
	其他费用：1020	1000	880

（2）各车间月初在产品成本见表 5-46。

表 5-46　　　　　　　　　　　　　　　　　　　　　　　　　　　单位：元

车　间	直接材料	直接人工	制造费用	合　计
第一车间	4700	760	690	6150
第二车间	2100	550	390	3040
第三车间		100	160	260

（3）各车间本月生产费用见表 5-47。

表 5－47　　　　　　　　　　　　　　　　　　　　　　　　　　单位：元

车　间	原材料	直接人工	制造费用	合　计
第一车间	14740	3320	2472	20532
第二车间	6400	1550	1110	9060
第三车间		912	1248	2160

各车间产品成本明细账见表 5－48、表 5－49、表 5－50 所示：

表 5－48　一车间产品成本明细账　　　　　　　　　　　　　　单位：元

摘　要	直接材料	直接人工	制造费用	合　计
月初在产品成本	4700	760	690	6150
本月生产费用	14740	3320	2472	20532
费用合计	19440	4080	3162	26682
单位成本	18	4	3.1	25.1
计入产成品的份额	14400	3200	2480	20080
月末在产品成本	5040	880	682	19466

表 5－49　二车间产品成本明细账　　　　　　　　　　　　　　单位：元

摘　要	直接材料	直接人工	制造费用	合　计
月初在产品成本	2100	550	390	3040
本月生产费用	6400	1550	1110	9060
费用合计	8500	2100	1500	12100
单位成本	8.5	2.1	1.5	12.1
计入产成品的份额	6800	1680	1200	9680
月末在产品成本	1700	420	300	2420

表 5－50　三车间产品成本明细账　　　　　　　　　　　　　　单位：元

摘　要	直接人工	制造费用	合　计
月初在产品成本	100	160	260
本月生产费用	912	1248	2160
费用合计	1012	1408	2420
单位成本	1.15	1.6	2.75
计入产成品的份额	920	1280	2200
月末在产品成本	92	128	220

在表 5－48、表 5－49、表 5－50 中，单位成本和计入产成品成本的份额计算如下：

（1）第一步计入完工产品成本的份额：

单位半成品直接材料费用＝19440÷（800＋160＋120）＝18 元

完工产品份额＝800×18＝14400(元)

在产品成本＝(160＋120)×18＝5040 元

单位半成品人工费用＝4080÷(800＋160＋120×50％)＝4 元

完工产品份额＝800×4＝3200 元

在产品成本＝(160＋120×50％)×4＝880 元

单位半成品制造费用＝3162÷(800＋160＋120×50％)＝3.1 元

完工产品份额＝800×3.1＝2480 元

在产品成本＝(160＋120×50％)×3.1＝682 元

(2) 第二步计入完工产品成本的份额：

单位半成品直接材料费用＝8500÷(800＋160＋80×50％)＝8.5 元

完工产品份额＝800×8.5＝6800 元

在产品成本＝(160＋80×50％)×8.5＝1700 元

单位半成品人工费用＝2100÷(800＋160＋80×50％)＝2.1 元

完工产品份额＝800×2.1＝1680 元

在产品成本＝(160＋80×50％)×2.1＝420 元

单位半成品制造费用＝1500÷(800＋160＋80×50％)＝1.5 元

完工产品份额＝800×1.5＝1200 元

在产品成本＝(160＋80×50％)×1.5＝300 元

(3) 第三步计入完工产品成本的份额：

单位半成品人工费用＝1012÷(800＋160×50％)＝1.15 元

完工产品份额＝800×1.15＝920 元

在产品成本＝(160×50％)×1.15＝92 元

单位半成品制造费用＝1408÷(800＋160×50％)＝1.6 元

完工产品份额＝800×1.6＝1280 元

在产品成本＝(160×50％)×1.6＝128 元

根据上述分配结果,将各步骤应计入产品成本的份额平行汇总,计算出产品成本,编制产品成本汇总计算表,如表 5-51 所示。

表 5-51 产品成本汇总计算表

产品名称：甲产品　　　　　　　　　　　　19××年1月份　　　　　　　　　　　　单位：元

项　　目	第一车间	第二车间	第三车间	总成本	单位成本
直接材料	14400	6800		21200	26.5
直接人工	3200	1680	920	5800	7.25
制造费用	2480	1200	1280	4960	6.2
合计	20080	9680	2200	31960	39.95

2. 广义在产品按定额成本计算法

广义在产品是指尚未最后加工成成品的在产品、存在仓库中的半成品和存在以后各各步骤中的在产品。广义在产品按定额成本计算法是指根据各步骤月末广义在产品数量和产品定额成本计算出该步骤月末广义在产品的成本,然后用该步骤生产费用合计减去该步骤月末广义在产品的成本,得出该步骤应计入完工产品的份额,各步骤计入完工产品的份额相加即为完工产品成本。各步骤广义在产品定额成本计算公式如下:

$$\begin{array}{l}\text{广义在产品} \\ \text{定额成本}\end{array} = \begin{array}{l}\text{广义在产品} \\ \text{直接材料定额成本}\end{array} + \begin{array}{l}\text{广义在产品} \\ \text{直接人工定额成本}\end{array} + \begin{array}{l}\text{广义在产品} \\ \text{制造费用定额成本}\end{array}$$

$$\begin{array}{l}\text{广义在产品} \\ \text{直接材料定额成本}\end{array} = \text{材料消耗定额} \times \text{材料计划单价} \times \text{广义在产品数量} \times \text{投料程度}$$

$$\begin{array}{l}\text{广义在产品} \\ \text{直接人工定额成本}\end{array} = \text{工时定额} \times \text{计划小时工资率} \times \text{广义在产品约当产量}$$

$$\begin{array}{l}\text{广义在产品} \\ \text{制造费用定额成本}\end{array} = \text{工时定额} \times \text{计划小时费用率} \times \text{广义在产品约当产量}$$

例 5-13 某工厂生产丙产品,分三个步骤连续加工,第一步骤生产半成品甲,第二步骤生产半成品乙,原材料在第一步骤开始时一次投料,各步骤在产品的施工程度均为 50%,该厂 2008 年 9 月份有关产量资料如表 5-52 所示。

表 5-52 产量记录　　　　　　　　　　　　　　　　单位:件

项　　目	半成品甲	半成品乙	产成品丙
期初在产品	2000	2500	1500
本期投产	36000	34000	33500
完工转出	34000	33500	25000
期末在产品	4000	3000	10000

假如第一步骤本月费用合计直接材料 231000 元,直接人工 48000 元,制造费用 24000元。单位产品直接材料费用定额 5.5 元,直接人工费用定额 1.2 元,制造费用定额 0.6 元。

第一步骤月末在产品定额成本计算如下:

广义在产品直接材料定额成本:$(10000+3000+4000) \times 5.5 = 93500$(元)

广义在产品直接人工定额成本:$(10000+3000+4000 \times 50\%) \times 1.2 = 18000$(元)

广义在产品制造费用定额成本:$(10000+3000+4000 \times 50\%) \times 0.6 = 9000$(元)

第一步骤应计入完工产品丙中的份额为 182500 元。

其中,直接材料:$231000-93500 = 137500$(元)

直接人工:$48000-18000 = 30000$(元)

制造费用:$24000-9000 = 15000$(元)

第二步骤广义在产品数量(逐步投料)为:$10000+3000 \times 50\% = 11500$(件)

第三步骤广义在产品数量为:$10000 \times 50\% = 5000$(件)

3. 定额比例法

采用定额比例法,是指各生产步骤的费用,按定额比例在份额与广义在产品之间分配。其中,原材料费用按定额消耗量或定额费用比例分配,人工和其他费用按定额工时或定额费用比例分配。计算公式如下:

$$某步骤某项 = \frac{该步骤该项目期初费用 + 该步骤该项目本月发生费用}{产成品定额消耗量 + 月末广义在产品定额消耗量}$$
$$费用的分配率 \quad\quad (工时)或定额费用 \quad\quad (工时)或定额费用$$

$$某步骤某项费用应计入 = 产成品定额消耗量 \times 该步骤该项$$
$$产成品成本的份额 \quad\quad (工时)或定额费用 \quad\quad 费用分配率$$

例5-14 某企业生产乙产品,经两个步骤加工完成生产费用在完工产品与在产品之间的分配采用定额比例法,其中原材料费用按定额原材料费用比例分配;其他各项费用均按定额工时比例分配。有关乙产品的定额资料详见表5-53所示。

表5-53 乙产品定额资料

车间份额	月初在产品		本月投入		本月产成品					
	定额原材料费用(元)	定额工时	定额原材料费用(元)	定额工时	单件定额		产量(件)	定额原材料费用(元)	定额工时
					原材料费用(元)	工时			
第一车间份额	10560	4880	6400	2800	50	30	200	10000	6000
第二车间份额		2600		6910		40	200		8000
合　计	10560	7480	6400	9710	50	70	200	10000	14000

根据乙产品的定额资料、各种生产费用分配表和产成品交库单,登记第一、二车间的产品成本明细账,详见表5-54和表5-55。

表5-54 产品成本明细账

第一车间　乙产品　　　　　　　　　　　　　　　　　　　　　　　　　单位:元

摘　要	产量(件)	直接材料		定额工时	直接人工	制造费用	成本合计
		定额	实际				
月初在产品成本		10560	11210	4880	5020	9810	26040
本月生产费用		6400	7446	2800	4196	6318	17960
生产费用合计		16960	18656	7680	9216	16128	44000
费用分配率			1.1		1.2	2.1	
完工产品中本步骤的份额	200	10000	11000	6000	7200	12600	30800
月末在产品		6960	7656	1680	2016	3528	13200

表5-55 产品成本明细账

第二车间　乙产品　　　　　　　　　　　　　　　　　　　　　　　　　单位:元

摘　要	产量(件)	直接材料		定额工时	直接人工	制造费用	成本合计
		定额	实际				
月初在产品				2600	2910	4870	7780
本月生产费用				6910	7551	7493	15044

摘　要	产量 （件）	直接材料		定额工时	直接人工	制造费用	成本合计
		定额	实际				
合　计				9510	10461	12363	22824
费用分配率					1.1	1.3	
完工产品中本步骤的份额	200			8000	8800	10400	19200
月末在产品				1510	1661	1963	3624

账中数字计算、登记方法：

（1）定额原材料费用和定额工时，根据前列乙产品定额资料计算登记。月末没有盘点在产品，月末在产品定额资料，是根据月初在产品定额资料、本月投入产品定额资料和产成品定额资料，采用倒挤的方法计算求得的。计算公式如下：

月末在产品　　　月初在产品　　本月投入产品的　本月完工产品
定额材料费用＝定额材料费用＋　定额材料费用　＋定额材料费用
和定额工时　　　和定额工时　　　和定额工时　　　和定额工时

以第一车间定额原材料费用和定额工时计算为例：

月末在产品定额原材料费用＝10560＋6400－10000＝6960（元）

月末在产品定额工时＝4880＋2800－6000＝1680（小时）

（2）本月生产费用即本月各步骤生产乙产品所发生的各项生产费用，应根据各种生产费用分配表登记。由于原材料是在生产开始时一资投入，采用平行结转分步法在各生产步骤间不结转半成品成本，因而只有第一车间有原材料费用（定额和实际），第二车间则没有本月耗用的半成品费用。

（3）费用分配率的计算。采用定额比例法在完工产品与在产品之间分配费用，应首先计算费用分配率，其中原材料费用按定额原材料费用比例分配；其他各项费用均按定额工时比例分配。本例各项费用分配率及产成品成本中各步骤份额的计算如下。

以第一车间为例：

直接材料费用分配率＝（11210＋7446）/（10000＋6960）＝1.1

完工产品中第一车间材料费用的份额＝10000×1.1＝11000（元）

月末在产品原材料费用＝6963×1.1＝7656（元）

或　　　　　　　　　＝11210＋7446－11000＝7656（元）

直接人工费用分配率＝（5020＋4196）/（6000＋1680）＝1.2

完工产品中第一车间直接人工费用的份额＝6000×1.2＝7200（元）

月末在产品直接人工费用＝1680×1.2＝2016（元）

或　　　　　　　　　＝5020＋4196－7200＝2016（元）

制造费用分配率＝（9810＋6318）/（6000＋1680）＝2.1

完工产品中第一车间制造费用的份额＝6000×2.1＝12600（元）

月末在产品制造费用＝1680×2.1＝3528（元）

或　　　　　　　　　＝9810＋6318－12600＝3528（元）

第二车间各成本项目费用的分配计算可类推,从略。

将第一、二车间产品成本明细账中应计入产成品成本的份额,平行结转、汇总记入乙产品成本汇总表,详见表5-56。

表5-56 乙产品成本汇总表

200×年1月   单位:元

车间份额	产量(件)	原材料	工资及福利费	制造费用	成本合计
第一车间份额	200	11000	7200	12600	30800
第二车间份额	200		8800	10400	19200
合　计	200	11000	16000	23000	50000
单位成本	200	55	80	115	250

总结以上所述,平行结转分步法与逐步结转分步法相比较,具有以下优点:

(1)采用这一方法,各步骤可以同时计算产品成本,然后将应计入完工产品成本的份额平行结转、汇总计入产成品成本,不必逐步结转半成品成本,从而可以简化和加速成本计算工作。

(2)采用这一方法,一般是按成本项目平行结转、汇总各步骤成本中应计入产成品成本的份额,因而能够直接提供按原始成本项目反映的产成品成本资料,不必进行成本还原,省去了大量烦琐的计算工作。

但是,由于采用这一方法各步骤不计算也不结转半成品成本,因而存在以下缺点:

(1)不能提供各步骤半成品成本资料及各步骤所耗上一步骤半成品费用资料,因而不能全面地反映各步骤生产耗费的水平,不利于各步骤的成本管理。

(2)由于各步骤间不结转半成品成本,使半成品实物转移与费用结转脱节,因而不能为各步骤在产品的实物管理和资金管理提供资料。

从以上对比分析中可以看出,平行结转分步法的优缺点正好与逐步结转分步法的优缺点相反。因此,平行结转分步法只宜在半成品种类较多、逐步结转半成品成本工作量较大、管理上又不要求提供各步骤半成品成本资料的情况下采用;并在采用时加强各步骤在产品收发结存的数量核算,以便为在产品的实物管理和资金管理提供资料,弥补这一方法的不足。

知识拓展

分批法的延伸——分批零件法

随着企业的生产从单位小批量转向成批、大批量生产时,企业的生产不再按客户的订单组织,而是按照自己所规定的产品品种、规格、数量分批生产,各种品种、规格的生产成批交叉重复进行,同时,产品中的标准件、通用件越来越多,既可用于各种不同规格、不同批别的产品,还可单独对外销售。在此情况下,成本计算要按各批零件的制造,各批部件的装配,各批产成品的装配来进行,为适应零件、部件、产成品批量不一致,必须分别计算成本的需要,即应采用分批零件法。

一、分批零件法及其适用范围

分批零件法是指以零件、部件、产品的批量为成本计算对象,归集生产费用和计算产品成本的一种方法,它是分批法的延伸,属于分批法类型的成本计算方法。

分批零件适用于零件数量不多的成批、大批生产的装配式复杂生产企业,如仪器、仪表等生产企业。

二、分批零件法的成本计算程序

(1) 设置成本计算单。在分批零件法下,以零件生产的批别、部件和产成品装配的批别作为成本计算对象,按批设置成本计算单,在单内分别成本项目设置专栏登记生产费用。

(2) 归集和分配费用。对于直接费用,在原始凭证上填明批别号,经过汇总,编制费用分配表如材料费用分配表、工资费用分配表等,以此登记各成本明细账;对于间接费用按发生地点归集,如制造费用明细账、辅助生产费用明细账等,通过编制制造费用、辅助生活禅费用分配表后记入成本明细账。

(3) 设置自制半成品明细账和完工产品成本与在产品成本的划分。月末有完工零件的批别,其产品成本计算单所汇的生产费用,即为该批零件的总成本,除以该批零件的数量,即可计算出该批零件的实际单位成本。零件随同交库单,交自制半成品库。部件装配时,在从自制半成品仓库领用材料,并将零件成本记入该部件的成本明细账上的自制半成品成本项目内。该批部件装配完工,成本计算单所归集的生产费用总和,即为完工部件的总成本,除以产量,可以计算出该批部件的单位成本,完工的部件随同交库单交自制半成品库。当产品装配需要从自制半成品库领用零件、部件时,再将其成本转入该批产品城北计算单的"自制半成品"成本项目内。同样,将某完工产品成本计算单上归集的生产费用总和,除以装配的产成品数量,即可求得该批成本的单位成本。

月末,未完工的各批零件、部件、产品、其成本计算单上所归集的生产费用总额,就是月末在产品的成本。

需要指出的是,为了加强对零件的管理,需设置各种零件、部件开设的明细账、登记各种零件、部件的收发和结存。一种零部件各批入库的单位成本可能不完全一样,未了解决发出零部件的计价问题,可以和材料一样采取先进先出法或加权平均法等方法确定。若为了简化核算,也可以采用计划成本计价的方法,月末计算自制半成品的差异分摊率,计算该月应负担的自制半成品差异数,转入各批产成品或部件的成本明细账内,也有直接转入制造费用,随同制造费用一起分摊的。

三、分批零件法举例

企业假设有金工车间和装配车间,生产各种产品。产品生产过程是由金工车间生产各种零件,零件完工交自制半成品库;然后将零件装成各种部件,部件完工也交自制半成品库;最后装配车间将零件、部件总装成产品。该企业采用分批零件法计算各批零件、部件、产品的成本,所以要按零件、部件、产品的批次分设成本计算单,现列示200×年5月份部分零件、部件、产品的编号、名称,见表5-57。

表 5-57 零件、部件、产品资料表

产品批号	零件、部件产品名称	投产数量	开工日期	完工日期
FB-2-1	零件-FB-2	200 只	200×年 3 月	200×年 5 月
FB-3-4	零件-FB-3	100 只	200×年 4 月	200×年 5 月
FB-6-2	零件-FB-6	150 只	200×年 5 月	
E-20-3	部件-E-20	200 台	200×年 5 月	200×年 5 月
E-30-5	部件-E-30	100 台	200×年 5 月	
02-301	产品-甲	50 台	200×年 5 月	200×年 5 月
02-401	产品-乙	60 台	200×年 5 月	

该厂按投产的零件、部件、产品批号开设成本计算单。完工零件、部件以及实际成本先转入自制半成品明细账，领用的自制半成品按加权平均法计价。本例中只列举零件 FB-2、零件 FB-3 和部件 E-20 等自制半成品明细账，其余从略。

该月部分零件、部件、产成品耗用原材料、自制半成品、人工费用等所编制的材料、工资费用分配表和领用自制半成品分配表见表 5-58 至表 5-60。

表 5-58 直接材料分配表

200×年 5 月 单位：元

应借账户	金工车间	装配车间	合 计
基本生产成本			
零件：FB-3-4	4500		4500
FB-6-2	3200		3200
…	…		
部件：E-20-3		1800	1800
E-30-5		1200	1200
…	…		
产成品：			
02-301		1900	1900
02-401		2700	2700
合 计	43000	64800	87600

表 5-59 工资分配表

200×年 5 月 金额单位：元

应借账户	金工车间		装配车间		合 计
	生产工时（小时）	分配金额（2.4 元/小时）	生产工时（小时）	分配金额（2.6. 元/小时）	
基本生产成本					
零件：FB-2-1	50	120			120

应借账户	金工车间		装配车间		合　计
	生产工时（小时）	分配金额（2.4 元/小时）	生产工时（小时）	分配金额（2.6. 元/小时）	
FB－3－4	60	144			144
FB－6－2	140	336			336
…	…	…			
…	…	…			
部件：E－20－3			150	390	390
E－30－5			450	1170	1170
…			…	…	
产成品：					
02－301			700	1820	1820
02－401			1200	3120	3120
合　计	7000	15000	13000	42000	106500

表 5－60　领用自制半成品分配表　　　　　　　　　　　单位：元

应借账户	金　额
基本生产成本——装配车间	
部件：E－20－3	5000
E－30－5	7000
…	…
…	…
小计	12300
产品：02－301	13500
02－401	75000
小计	554000
合　计	677000

该月发生的制造费用为：金工车间 35000 元，装配车间 71500 元，按生产工时比例进行分配。编制的制造费用分配表见表 5－61。

表 5－61　制造费用分配表

200×年 5 月

应借账户	装配车间				合　计
	生产工时（小时）	分配金额（分配率 5 元/小时）	生产工时（小时）	分配金额（分配率 5.5 元/小时）	
基本生产成本					
零件：FB－2－1	50	250			250

续 表

应借账户	装配车间				合 计
	生产工时（小时）	分配金额（分配率 5 元/小时）	生产工时（小时）	分配金额（分配率 5.5 元/小时）	
FB-3-4	60	300			300
FB-6-2	140	700			700
…	…	…			
…	…	…			
部件：E-20-3			150	825	825
E-30-5			450	2475	2475
…			…	…	
产成品：					
02-301			700	3850	3850
02-401			1200	6600	6600
合 计	7000	35000	13000	71500	106500

根据上述各分配表登记各批零件、部件、产成品计算单。各批产成品计算单及自制半成品明细账见表 5-62 至表 5-71。

表 5-62 产品成本计算单

产品批号：FB-2-1   开工日期：200×年 3 月
零件、部件、产成品名称：FB-2   产量：200 只   金额单位：元   完工日期：200×年 5 月

日 期	直接材料	生产工时（小时）	直接人工	制造费用	合 计
3 月	3000	70	161	371	3532
4 月	200	60	126	312	638
5 月	50		120	250	370
完工总成本	3200		407	933	
单位成本	16		2.035	4.665	22.7

表 5-63 产品成本计算单

产品批号：FB-3-4   开工日期：200×年 4 月
零件、部件、产成品名称：FB-3   产量：100 只   金额单位：元   完工日期：200×年 5 月

日 期	直接材料	生产工时（小时）	直接人工	制造费用	合 计
4 月	2400	50	115	260	2775
5 月	4500	60	144	300	4944
完工总成本	6900		259	560	7719
单位成本	69		2.59	5.6	77.19

表 5 - 64　产品成本计算单

产品批号：FB-6-2　　　　　　　　　　　　　　　　　　　开工日期：200×年5月

零件、部件、产成品名称：FB-6　　产量：150 只　　金额单位：元　　完工日期：

日　期	直接材料	生产工时（小时）	直接人工	制造费用	合　计
5　月	3200	140	336	700	4236

表 5 - 65　产品成本计算单

产品批号：FB-20-3　　　　　　　　　　　　　　　　　　开工日期：200×年5月

零件、部件、产成品名称：E-20　　产量：200 台　　金额单位：元　　完工日期：200×年5月

日　期	直接材料	自制半成品	生产工时（小时）	直接人工	制造费用	合　计
5　月	1800	5000	150	390	825	8015
完工总成本	1800	5000		390	825	8015
单位成本	9	25		1.95	4.125	40.075

表 5 - 66　产品成本计算单

产品批号：FB-30-5　　　　　　　　　　　　　　　　　　开工日期：200×年5月

零件、部件、产成品名称：E-30　　产量：100 台　　金额单位：元　　完工日期：

日　期	直接材料	自制半成品	生产工时（小时）	直接人工	制造费用	合　计
5　月	1200	7000	450	1170	2475	11845
完工总成本	1200	7000		1170	2475	11845
单位成本	12	70		11.70	24.75	118.45

表 5 - 67　产品成本计算单

产品批号：02-301　　　　　　　　　　　　　　　　　　　开工日期：200×年5月

零件、部件、产成品　　名称：甲产品　　产量：50 台　　金额单位：元　　完工日期：200×年5月

日　期	直接材料	自制半成品	生产工时（小时）	直接人工	制造费用	合　计
5　月	1900	135000	700	1820	3850	142570
完工总成本	1900	135000	700	1820	3850	142570
单位成本	38	2700	14	36.40	77	2851.40

表 5 - 68　产品成本计算单

产品批号：02-401　　　　　　　　　　　　　　　　　　　开工日期：200×年5月

零件、部件、产成品　　名称：乙产品　　产量：60 台　　金额单位：元　　完工日期：

日　期	直接材料	自制半成品	生产工时（小时）	直接人工	制造费用	合　计
5　月	2700	75000	1200	3120	6600	87420

表 5－69　自制半成品明细账

零件名称：FB－2 单位：元

日期	摘要	收入			发出			结存		
		数量	单价	金额	数量	单价	金额	数量	单价	金额
5/1	期初结存							100	22.49	2249
5/10	完工入库	200	22.70	4.540						
5/20	领用				200	22.63	4526	100	22.63	2263

表 5－70　自制半成品明细账

零件名称：FB－3 单位：元

日期	摘要	收入			发出			结存		
		数量	单价	金额	数量	单价	金额	数量	单价	金额
5/1	期初结存							200	60.505	12101
5/15	完工入库	100	77.19	7719						
5/28	领用				150	66.07	9910	150	66.07	9910

表 5－71　自制半成品明细账

零件名称：E－20 单位：元

日期	摘要	收入			发出			结存		
		数量	单价	金额	数量	单价	金额	数量	单价	金额
5/1	期初结存							200	14.225	2845
5/16	完工入库	200	14.075	8015						
5/28	领用				300	27.15	8145	100	27.15	2715

思考与练习

一、思考题

1. 产品生产特点和管理要求对产品成本计算的影响表现在哪些方面？

2. 产品成本计算的基本方法各有哪些？各自适用条件是什么？

3. 产品成本计算品种法有什么特点？简述品种法的成本计算程序和适用范围。

4. 产品成本计算分批法有什么特点？简述分批法的成本计算程序和适用范围。

5. 简化分批法下，直接生产费用和间接生产费用的归集有何不同？

6. 分步法有哪些特点？各种不同的分步结转方法，又各有什么特点？

7. 什么叫成本还原？为什么要进行成本还原？怎样进行成本还原？

8. 简述逐步结转分步法和平行结转分步法的适用范围和优缺点。

二、单项选择题

1. 产品成本计算的基本方法和辅助方法的划分依据是（　　）。

A. 成本计算对象　　　　　　　　　　B. 生产组织特点

C. 成本计算是否简便　　　　　　　　D. 对于计算实际成本是否必不可少

2. 划分产品成本计算的基本方法的主要标志是(　　)。

A. 产品成本计算对象　　　　　　　　B. 成本计算日期

C. 生产组织特点　　　　　　　　　　D. 成本管理要求

3. 选择产品成本计算基本方法时应考虑的因素是(　　)。

A. 产品消耗定额是否准确、稳定　　　B. 产品种类是否繁多

C. 能够简化加速成本计算工作　　　　D. 生产工艺和生产组织特点及成本管理要求

4. 下列方法中,属于产品成本计算辅助方法的是(　　)。

A. 品种法　　　　B. 分批法　　　　C. 分步法　　　　D. 分类法

5. 在大量大批多步骤生产的情况下,如果管理上不要求分步计算产品成本,其所采用的成本计算方法应是(　　)。

A. 品种法　　　　B. 分批法　　　　C. 分步法　　　　D. 分类法

6. 对于成本计算的分批法,下列说法正确的有(　　)。

A. 不存在完工产品与在产品之间费用分配问题

B. 成本计算期与会计报告期一致

C. 适用于小批、单件、管理上不要求分步骤计算成本的多步骤生产

D. 以上说法全正确

7. 产品成本计算的分批法,适用的生产组织是(　　)。

A. 大量大批生产　　B. 大量小批生产　　C. 单件成批生产　　D. 小批单件生产

8. 下列情况中,不适宜采用简化分批法的是(　　)。

A. 产品的批数较多　　　　　　　　　B. 月末未完工产品批数较多

C. 各月间接计入费用水平相差不多　　D. 各月间接计入费用水平相差较多

9. 简化分批法下,其生产费用的分配,是利用累计间接费用分配率,到(　　)时合并一次完成。

A. 月末　　　　　B. 季末　　　　　C. 年末　　　　　D. 产品完工

10. 在各种产品成本计算方法中,必须设置基本生产成本二级账的方法是(　　)。

A. 分类法　　　　B. 定额法　　　　C. 简化分批法　　D. 平行结转分步法

11. 逐步结转分步法下,在产品的含义是指(　　)。

A. 自制半成品　　B. 返修品　　　　C. 狭义在产品　　D. 广义在产品

12. 成本还原对象是(　　)。

A. 各步骤半成品成本　　　　　　　　B. 产成品成本

C. 最后步骤产成品成本　　　　　　　D. 产成品成本中所耗上步骤半成品费用

13. 成本还原分配率的计算公式是(　　)。

A. 本月所产半成品成本合计/本月产品成本所耗该种半成品费用

B. 本月产品成本所耗上一步骤半成品费用/本月所产该种半成品成本合计

C. 本月产品成本合计/本月产成品所耗半成品费用

D. 本月产品所耗半成品费用/本月产成品成本合计

14. 平行结转分步法的特点是(　　)。

A. 各生产步骤所产半成品的种类很少

B. 各步骤只计算本步骤的各种费用及这些费用中应计入产成品成本的"份额"

C. 各步骤只计算本步骤发生的各种费用

D. 各步骤所产半成品的种类很少,因而不需计算半成品成本

15. 在平行结转分步法下,月初和本月生产费用总额是在(   )之间进行分配。

A. 各步骤完工半成品与月末加工中的在产品

B. 各步骤完工半成品与广义在产品

C. 产成品与月末广义在产品

D. 产成品与月末狭义在产品

三、多项选择题

1. 下列方法中,属于产品成本计算的基本方法有(   )。

A. 品种法   B. 分步法   C. 分批法   D. 定额法   E. 分类法

2. 产品成本计算的分批法适用于(   )。

A. 单件小批类型的生产

B. 小批单步骤

C. 小批量、管理上不需要分生产步骤计算产品成本的多步骤

D. 大量大批的单步骤

E. 大量大批的多步骤

3. 成本计算方法应根据(   )来确定。

A. 产品产量   B. 生产组织的特点   C. 生产规模大小

D. 成本管理要求   E. 生产工艺的特点

4. 产品成本计算的分批法适用于(   )。

A. 单件小批类型的生产

B. 小批单步骤

C. 小批量、管理上不需要分生产步骤计算产品成本的多步骤

D. 大量大批的单步骤

E. 大量大批的多步骤

5. 分批法成本计算的特点是(   )。

A. 以生产批次作为成本计算对象   B. 产品成本计算期不固定

C. 按月计算产品成本   D. 一般不需要进行完工产品和在产品成本分配

E. 以生产批次或订单设置生产成本明细账

6. 采用逐步结转分步法(   )。

A. 半成品成本结转同其实物的转移完全一致

B. 成本核算手续简便

C. 能够提供半成品成本资料

D. 有利于加强生产资金管理

E. 为外售半成品和展开成本指标评比提供成本资料

四、判断题

1. 成本计算对象是区分产品成本计算各种方法的主要标志。(   )

2. 每个企业或车间在计算产品成本时,都应根据生产特点和管理要求来确定适宜的成

本计算方法。（　　）

3. 在多步骤生产中，为了加强各生产步骤的成本管理，都应当按照生产步骤计算产品成本。（　　）

4. 产品成本计算方法，按其对成本管理作用的大小，分为基本方法和辅助方法。（　　）

5. 由于每个工业企业最终都必须按照产品品种计算产品成本，因而品种法适用所有工业企业。（　　）

6. 品种法下，除了按生产车间或品种开设"基本生产成本明细账"外，应开设"辅助生产成本明细账"和"制造费用明细账"，账内按成本项目或费用项目设置专栏。（　　）

7. 由于小批生产的批量不大，批内产品跨月陆续完工的情况不多，因而可以按照计划单位成本、定额单位成本或最近一期相同产品的实际单位成本计算完工产品成本。（　　）

8. 在小批、单件生产的企业或车间中，如果同一月份投产的产品批数很多，就可以采用简化的分批法计算产品成本。（　　）

9. 采用简化的分批法，必须设立基本生产成本二级账。（　　）

10. 采用简化的分批法，各批产品之间分配间接计入费用的工作以及完工产品与月末在产品之间分配费用的工作，是利用累计间接计入费用分配率，到产品完工时合并在一起进行的。（　　）

11. 产品成本计算的分步法，是按照产品的生产步骤归集生产费用，计算产品成本，它主要适用于大量、大批的单步骤生产的企业。（　　）

12. 分步法的成本计算对象是各种产品的生产步骤和产品品种。（　　）

13. 在分步法下，如果生产多种产品，产品成本明细账应该按照每种产品的各个步骤开立。（　　）

14. 由于各个企业生产工艺过程的特点和成本管理对各步骤成本资料的要求不同，分步法可分为综合结转分步法和平行结转分步法两种。（　　）

15. 逐步结转分步法就是为了计算半成品成本而采用的一种分步法，因此也称其为计列半成品成本分步法。（　　）

16. 在分步法下，如果半成品完工后，通过半成品库收发，则应编制结转半成品成本的会计分录。（　　）

17. 逐步结转分步法实际上就是品种法的多次连续应用。（　　）

18. 成本还原的对象是产成品成本。（　　）

19. 不论是综合结转还是分项结转，半成品成本都是随着半成品实物的转移而结转。（　　）

20. 采用平行结转分步法，各生产步骤不计算半成品成本。（　　）

21. 采用平行结转分步法，半成品成本不随半成品实物转移而结转。（　　）

22. 在平行结转分步法下，在产品是指尚在本步骤加工中的在产品以及本步骤已完工转入半成品库的半成品。（　　）

五、案例题

1. 某企业采用品种法计算产品成本。该企业生产 A、B 两种产品，月末在产品成本只包括原材料价值，不分摊工人工资和其他费用。A、B 两种产品的共同费用按工人工资的比例分配。该企业 20××年 9 月月初 A 产品的在产品实际成本为 2200 元，B 产品无在产品。9 月末，A 产品应负担的原材料为 3400 元，B 产品全部完工。9 月份发生下列经济业务：

(1) 基本生产车间领用原材料,实际成本为 13200 元,其中,A 产品耗用 10000 元,B 产品耗用 3200 元。

(2) 基本生产车间领用低值易耗品,实际成本 500 元,该企业低值易耗品采用一次摊销法摊销。

(3) 计算提取固定资产折旧费 1150 元,其中车间折旧费 980 元,厂部管理部门折旧费 170 元。

(4) 应付职薪酬 5700 元,其中,生产工人 3420 元(其中,生产 A 产品工人为 2052 元,生产 B 产品工人为 1368 元),车间管理人员 570 元,厂部管理人员 1710 元。

要求:根据上述经济业务,按品种法计算 A、B 两种产品成本,并编制验收入库的会计分录。

2. 某工厂生产 B 产品,分三个步骤连续加工,管理上不要分步骤计算成本,采用品种法计算成本。原材料系一次投入,逐步施工。1 月份产成品入库 39485 件,期末在产品盘存量如下表(在产品本工序施工程度均假定为 50%),工资及其他费用采用"约当产量法"分配,各步骤在产品的完工率按"累计工时定额比例"计算。

步 骤	单件工时定额	盘存数量
1	2	100
2	8	200
3	10	600
合 计	20	900

成本项目	期初在产品成本	本期发生成本
直接材料	36025	165900
燃料和动力	1500	18500
直接人工	6300	33700
制造费用	3000	45000
合 计	46825	263100

要求:按品种法计算 B 产品总成本和单位成本,并编制验收入库的会计分录。

3. 光明工厂按分批法计算产品成本,8 月份的产品批号有:

♯101　甲产品　100 件　6 月 25 日投产

♯202　乙产品　80 件　7 月 20 日投产

♯303　丙产品　300 件　8 月 22 日投产

各批产品的期初在产品成本,均已计入在各批产品成本计算单上。本月发生的生产费用如下:

产品批号及名称	直接材料	燃料和动力	直接人工	制造费用	合 计
♯101　甲产品	2460	315	690	435	3900
♯202　乙产品		180	720	600	1500
♯303　丙产品	3600	270	480	150	4500

该厂生产记录情况如下：

（1）批号＃101甲产品在本月内已全部完工

（2）批号＃202乙产品本月全部尚未完工

（3）批号＃303丙产品本月内完工150件，因部分需要对外销售，本月完工的先行入库，故生产费用要在完工产品和在产品之间进行分配，月末在产品约当产量50件，原材料在生产开始时一次投入，按实际产量比例分配，其他费用按完工产品数量和在产品约当产量比例分配。

产品成本计算单

批号：＃101   开工日期：6/25

产品：甲产品   批量：100件   完工日期：8/31

单位：元

年		摘要	直接材料	燃料动力	直接人工	制造费用	合　计
月	日						
6	30	6月份发生成本	12000	480	540	480	13500
7	31	7月份发生成本	540	600	540	420	2100
8	31	本月生产费用					
		合计					
	31	完工产品成本					
	31	完工产品单位成本					

产品成本计算单

批号：＃202   开工日期：7/20

产品：乙产品   批量：80件   完工日期：

单位：元

年		摘要	直接材料	燃料动力	直接人工	制造费用	合　计
月	日						
7	30	7月份发生成本	6000	450	660	390	7500
8	31	本月生产费用					
	31	合计					

产品成本计算单

批号：＃303   开工日期：8/22

产品：丙产品   批量：300件   完工日期：

单位：元

年		摘要	直接材料	燃料动力	直接人工	制造费用	合　计
月	日						
8	31	本月生产费用					
		分配率					
		完工产品成本					
		在产品成本					
		完工产品单位成本					

4. 某企业采用简化分批法计算甲产品各批产品成本。3 月份各批产品成本明细账中有关资料如下：

1023 批号：1 月份投产 22 件。本月全部完工，累计原材料费用 79750 元，累计耗用工时 8750 小时。

2011 批号：2 月份投产 30 件。本月完工 20 件，累计原材料费用 108750 元，累计耗用工时 12152 小时；原材料在生产开始时一次投入；月末在产品完工程度为 80%，采用约当产量比例法分配所耗工时

3015 批号：本月投产 15 件。全部未完工，累计原材料费用 18125 元，累计耗用工时 2028 小时。基本生产成本二级账归集的累计间接计入费用为：工资及福利费 36688 元，制造费用 55032 元；

要求：① 根据以上资料计算累计间接计入费用分配率和甲产品各批完工产品成本。（列出计算过程）

② 编制完工产品入库的会计分录。

5. 某厂生产甲产品，分两个步骤分别在两个车间进行生产。采用综合连续结转分步法计算产品成本。第一车间为第二车间提供半产成品甲，第二车间将半成品加工为产成品甲。半成品甲通过仓库收发（半成品成本用加权平均法计算）。

19××年 6 月份第一车间和第二车间发生的生产费用（不包括所耗半成品的费用）如下：

车间名称	直接材料（元）	直接人工（元）	制造费用（元）	合计（元）
第一车间	12500	7000	12300	31800
第二车间		5500	12200	17700

各车间的月初及月末在产品，均按定额成本计算：

（1）月初在产品定额成本

车间名称	直接材料（元）	半成品（元）	直接人工（元）	制造费用（元）	合计（元）
第一车间	3800		2000	4600	10400
第二车间		6200	1300	2500	10000

（2）月末在产品定额成本

车间名称	直接材料（元）	半成品（元）	直接人工（元）	制造费用（元）	合计（元）
第一车间	3420	3100	1800	4140	9360
第二车间		3100	650	1250	5000

半成品仓库半成品甲月初余额 120 件，实际成本 8080 元。本月份第一车间加工完半成品甲 500 件送交半成品仓库。第二车间从半成品仓库领用半成品甲 550 件。本月完工入库产成品甲 400 件。

要求：① 采用综合连续结转分步法计算自制半成品甲和产成品甲的成本。

② 编制半成品入库，领用和产成品入库的会计分录。

③ 对半成品成本进行成本还原。

6. 某企业某月的产品成本表如下表所示,该企业采用逐步结转分步法中的综合结转法结转半成品成本。

项　　目	半成品	直接材料	直接人工	制造费用	合　计
还原前产成品成本(元)	15200		6420	5880	27500
本月所产半成品成本(元)		18240	6980	5180	30400

要求:根据资料进行半成品成本还原,计算还原后产品各成本项目的成本及总成本。

7. 某厂生产乙产品,分两个步骤连续加工。第一步骤生产半成品乙直接转入第二步骤继续生产。成本计算采用分项连续结转分步法。

20××年3月份有关资料如下:

(1) 第一步骤月初在产品成本:直接材料 6240 元,直接人工 2040 元,制造费用 2220 元;本月发生的生产费用:直接材料 15010 元,直接人工 5160 元。本月份完工半成品乙 375 千克,月末在产品 50 千克,在产品原材料在生产开始时一次投入,完工程度 50%。完工产品和月末在产品之间的费用,按产量和约当产量比例分配。

(2) 第二步骤月初在产品定额成本:直接材料 3200 元,直接人工 2000 元,制造费用 2100 元;本月发生的生产费用(不包括上步骤转入半成品成本):直接人工 4200 元,制造费用 6400 元。月末在产品按定额成本计算,直接材料 2000 元,直接人工 1500 元,制造费用 1000 元。本月完工入库乙产品数量 400 千克。

要求:① 采用分项结转分步法计算乙产品的总成本和单位成本。

② 编制乙产品入库的会计分录。

8. 某企业生产 A 产品分为三个步骤,顺序经过三个车间进行加工。原材料系加工开始时一次投入,经一车间加工后直接送入二车间继续加工,二车间加工后直接送入三车间加工成产成品。假定各在产品的加工程度均为 50%。各车间月初在产品成本和本月生产费用资料已知,见下面生产成本明细账。又各车间产量资料如下:

	一车间	二车间	三车间
月初在产品(件)	100	200	150
本月投入(件)	600	400	450
本月完工(件)	400	450	400
月末在产品(件)	300	150	200

要求:采用平行结转分步法计算产品成本,完成生产成本明细账。

一车间生产成本明细账

项　　目	直接材料(元)	直接人工(元)	制造费用(元)	合计(元)
月初在产品成本	90000	17600	8000	
本月发生费用	120000	22000	10000	

续　表

项　目	直接材料(元)	直接人工(元)	制造费用(元)	合计(元)
合　计				
约当产量				
单位成本				
计入产成品成本的"份额"				
月末在产品成本				

二车间生产成本明细账

项　目	直接材料(元)	直接人工(元)	制造费用(元)	合计(元)
月初在产品成本		7500	4000	
本月发生费用		12750	6800	
合　计				
约当产量				
单位成本				
计入产成品成本的"份额"				
月末在产品成本				

三车间生产成本明细账

项　目	直接材料(元)	直接人工(元)	制造费用(元)	合计(元)
月初在产品成本		1350	750	
本月发生费用		7650	4250	
合　计				
约当产量				
单位成本				
计入产成品成本的"份额"				
月末在产品成本				

完工产品成本汇总表

成本项目	第一步骤转入	第二步骤转入	第三步骤转入	总成本	单位成本
直接材料					
直接人工					
制造费用					
合　计					

模块六

产品成本计算的
辅助方法

知 识 目 标	能 力 目 标
1. 了解各辅助方法的含义及运用范围; 2. 理解分类法、定额法的特点; 3. 明确各辅助方法的成本计算程序。	1. 能根据相关资料选择合适的成本计算方法; 2. 能运用系数法、定额比例法进行类内产品成本的核算; 3. 能根据相关资料运用定额法来进行产品成本的核算; 4. 能结合企业实际情况,结合使用各种成本计算方法。

案例导入

北华食品厂大量大批生产各种面包(如奶油面包、维生素面包、葡萄糖面包等)和饼干(如牛奶饼干、动物饼干、巧克力饼干等)。面包和饼干的生产在流水线上不断进行,生产工艺过程不能间断。生产面包和饼干所需的原料都按配料比例耗用。该厂为各种面包和饼干制定了较为准确的消耗定额和费用定额,面包和饼干的生产周期都很短,月末在产品数量不多,又多在包装工序,原材料费用占全部生产成本的85%左右。该公司应该选用哪种成本计算方法呢? 在完工产品和月末在产品的费用分配上应选择哪种方法?

相信通过本模块的学习,你将能够解决以上问题。

项目一 产品成本计算的分类法

任务一 了解分类法的含义及适用范围。
任务二 掌握分类法进行成本核算的一般程序。

一、分类法概述

产品成本计算的分类法是为了简化某些特定企业成本计算工作,在产品成本基本方基础上发展起来的一种方法。核算上,它是以产品类别作为成本计算对象,按产品的类别开设成本明细账,计算出各类完工产品总成本;然后再按一定的标准分配计算类内各种产品成本的成本。

分类法适用于产品品种或规格繁多,而且可以对产品进行合理分类的企业或车间,如电子元件厂、针织厂、食品厂等。在这些工业企业中,生产的产品品种、规格繁多,如果按照产品品种来归集生产费用,则各种产品成本计算工作将会极为艰巨而复杂。在这种情况下,如果不同品种、规格的产品可以按照一定的标准分类,以类别为成本计算对象来汇集生产费用,就可以大大简化了成本计算工作。

二、分类法成本计算程序

分类法计算产品成本分两步进行:

第一步,对产品分类,按类别归集生产费用,计算各类完工产品的总成本;

第二步,选择合理的分配标准,分别计算类内各种产品的总成本和单位成本。

假定某企业生产甲、乙、丙、丁、戊五种产品,分为 A、B 两类,成本计算程序如图 6-1所示。

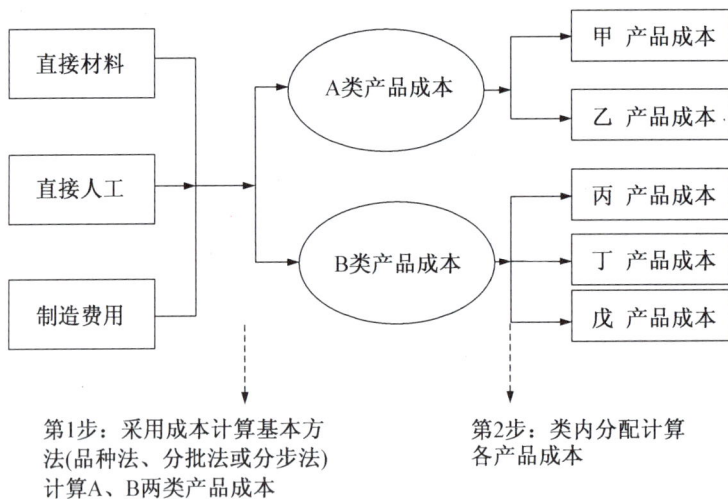

图 6-1　分类法成本计算程序

分类法计算产品成本是为了简化成本的计算工作。第一步是指根据不同类型生产特点和成本管理要求,采用成本计算基本方法(品种法、分布法、分批法)计算出各类产品的总成本。一般来讲,产品结构、所耗原材料和工艺过程相近的产品,其成本水平往往也比较接近,因此可以将产品结构、原材料或工艺过程相近的产品归为一类。在对产品进行分类时,类距要适当,类距过大,将不同性质的产品归为一类,会影响成本计算的正确性;而类距过小,成本计算对象过多,则达不到简化成本计算工作的目的。因此,合理确定产品类别是成本计算简化工作又相对正确的关键。

第二步解决的问题就是如何采用一个合理的标准将总成本分配到该类的各种产品中去。类内产品耗费分配标准一般有定额消耗量、售价以及产品重量、体积等。各成本项目的分配可选用统一的分配表中,也可根据成本项目的性质选择不同的标准。如分配直接材料选择定额消耗量,分配直接人工、制造费用选择定额工时标准,以使分配结果更加符合实际。

三、分类法应用实例

计算确定类内各产品成本的方法通常有系数法和定额比例法。

(一)系数法

系数法是把分配标准折成相对固定的系数,按照系数在类内各种产品之间分配费用。为保持产品成本的可比性,系数一旦确定,在一定时期内应相对稳定。具体步骤是:

(1)确定标准产品。一般在类内选择一种产销量大、生产比较稳定或规格比较适中的产品,作为标准产品,将其产品的系数定为"1"。

(2)将类内其他各种产品的分配标准数量与标准产品的分配标准数量相比,确定类内各种产品的系数。

(3)将各种产品的实际产量乘以系数,换算为标准产品产量即总系数。

(4)以总系数作为分配标准,计算确定类内各种产品的成本。

例 6 - 1　广华企业根据生产特点将所生产的甲、乙、丙三种产品合并为一类计算成本,称为 M 类产品。类内各种产品分配费用的标准为:直接材料按照各种产品的原材料费用系数进行分配,原材料费用系数按原材料费用定额确定。该企业规定乙产品为标准产品。直接人工、制造费用按定额工时比例分配。工时定额为:甲产品 16 小时,乙产品 14 小时,丙产品 11 小时。8 月份的产量为:甲产品 120 件,乙产品 90 件,丙产品 150 件。

M 类各种产品原材料消耗定额如表 6 - 1 所示。

表 6 - 1　M 类各种产品原材料消耗定额资料

产品名称	单位产品原材料费用			
	原材料编号	消耗定额(千克)	计划单价(元)	费用定额(元)
甲	101#	6.15	20	123
	102#	25	37	925
	103#	24	45	1080
	合计			2128
乙(标准产品)	101#	19	20	380
	102#	30	37	1110
	103#	26	45	1170
	合计			2660
丙	101#	48.45	20	969
	102#	32	37	1184
	103#	29	45	1305
	合计			3458

广华企业产品的在产品按定额成本计价,根据月初、月末在产品定额成本资料和本月各种费用分配表,登记的该产品成本明细账资料如表6-2所示。

表6-2 产品成本明细账

产品类别:M类   单位:元

月	日	摘　　要	直接材料	直接人工	制造费用	成本合计
8	1	月初在产品定额成本	41910	13530	44550	99990
8	31	本月生产费用	53340	18850	60090	131930
	31	合计	95250	32030	104640	231920
	31	完工产品成本	64770	19320	62790	146880
	31	月末在产品定额成本	30480	12710	41850	85040

根据上述资料,该企业的产品成本计算过程如下:

(1)根据原材料费用定额计算原材料费用系数,如表6-3所示。

表6-3 原材料费用系数表

产品名称	原材料消耗定额(元)	原材料费用系数
甲	2128	2128÷2660=0.8
乙	2660	1
丙	3458	3458÷2660=1.3

(2)根据各产品产量、原材料费用系数和工时定额,分配计算M类内甲、乙、丙三种产品的产成品成本,详见表6-4。

表6-4 M类各种产品成本计算表

产品类别:M类   200×年8月   单位:元

项目	产量	材料费用系数	原材料费用总系数	工时定额	定额工时	直接材料	直接人工	制造费用	成本合计
①	②	③	④=②×③	⑤	⑥=②×⑤	⑦=④×分配率	⑧=⑥×分配率	⑨=⑥×分配率	⑩=⑦+⑧+⑨
分配率						170	4	13	
甲	120	0.8	96	16	1920	16320	7680	24960	48960
乙	90	1	90	14	1260	15300	5040	16380	36720
丙	150	1.3	195	11	1650	33150	6600	21450	61200
合计	150		381		4830	64770	19320	62790	146880

表6-4中各种费用分配率的计算如下:

原材料费用分配率=64770÷381=170

直接人工费用分配率＝19320÷4830＝4

制造费用分配率＝62790÷4830＝13

在表6-4所示的产品成本计算表中,各项费用的合计数是分配对象,它应该是根据表6-2该类产品成本明细账中完工产品成本一行的数字填列。实际工作中,也可以按照本月费用合计数在本月完工产品与月末在产品之间的分配与各类完工产品总成本在类内各种产品之间的分配结合起来同时进行。

(二)定额比例法

在分类法下,某类产品的总成本,可以按照该类产品内各种产品的定额成本或定额消耗量比例进行分配,计算出类内各种产品的总成本和单位成本,这种方法就是定额比例法。采用定额比例法简便易行,但要求企业定额管理基础良好,为每一种产品制定准确、稳定的消耗定额。定额比例法的计算步骤如下:

(1)计算类内每种产品各成本项目的定额成本或定额消耗量,分项目计算费用分配率。

$$某类产品某项费用分配率＝\frac{该类产品该项费用总额}{该类内各种产品的定额成本(或定额耗用量)之和}$$

(2)分成本项目计算类内各种产品的实际成本。

$$类内某种产品某项目的实际成本＝\frac{该种产品该项目的定额成本(或定额耗用量)}{该类产品该项目的费用分配率}$$

例 6-2　某企业生产 A、B、C 三种产品,这三种产品所用原材料相同,生产工艺技术过程相近,为简化核算合为一类计算成本。该类产品原材料在生产开始时一次性投入,月末生产费用在完工产品和 A 类在产品之间分配采用约当产量比例法。该企业采用定额比例法来计算类内各种产品的成本,假定类内各种产品之间分配费用的标准为:直接材料按材料定额成本的比例分配,直接人工和制造费用按定额工时比例分配。该企业有关资料如表6-5、表6-6所示。

表6-5　三种产品有关成本资料　　　　　　　　　　　　　　　　　　单位:元

项　　目	直接材料	直接人工	制造费用	合　　计
月初在产品费用	36240	3719	4170	44129
本月生产费用	144960	15010	16640	176610
合　计	181200	18729	20810	220739

表6-6　三种产品的产量及定额资料　　　　　　　　　　　　　　　　单位:元

产品名称	完工产品数量(件)	在产品数量(件)(完工程度50%)	单位产品消耗定额	单位产品定额工时
甲	300	20	8	1.3
乙	400	10	7	1.6
丙	500	30	4	2

根据以上资料,需要将本月费用的合计数在类内甲、乙、丙三种产品的完工产品与月末

在产品之间进行分配。首先计算出各种产品各成本项目的定额成本,详见表6-7。

表6-7 三种产品的产量及定额资料　　　　　　单位:元

产品名称		实际产量	单位产品消耗定额	材料消耗定额	约当产量	单位产品定额工时	定额工时
		①	②	③=①×②	④	⑤	⑥=④×⑤
产成品	甲	300	8	2400	300	1.3	390
	乙	400	7	2800	400	1.6	640
	丙	500	4	2000	500	2	1000
	合计			7200			2030
在产品	甲	20	8	160	10	1.3	13
	乙	10	7	70	5	1.6	8
	丙	30	4	120	15	2	30
	合计			350			51

根据各种产品的材料消耗定额和定额工时,分配计算各种产品的成本,详见表6-8。

表6-8 类内各种产品成本计算表

产品:×类产品　　　　　　　　200×年×月　　　　　　　　单位:元

项目		材料消耗定额	直接材料	定额工时	直接人工	制造费用	总成本	单位成本
		①	②=①× 分配率	③	④=③× 分配率	⑤=③× 分配率	⑥=②+④+⑤	⑦
分配率			24		9	10		
产成品	甲	2400	57600	390	3510	3900	65010	216.7
	乙	2800	67200	640	5760	6400	79360	198.4
	丙	2000	48000	1000	9000	10000	67000	134.0
	合计	7200	172800	2030	18270	20300	211370	
在产品	甲	160	3840	13	117	130	4087	
	乙	70	1680	8	72	80	1832	
	丙	120	2880	30	270	300	3450	
	合计	350	8400	51	459	510	9369	
合计			181200		18729	20810	220739	

表6-8中各成本项目的费用分配率计算如下:

直接材料费用分配率=181200÷(7200+350)=24

直接人工费用分配率=18729÷(2030+51)=9

制造费用分配率=20810÷(2030+51)=10

项目二　产品成本计算的定额法

一、定额法概述

前面章节介绍的成本计算方法,其生产费用发生和成本计算都是根据实际发生额进行归集和分配的,因此只能在报告期末,实际成本计算出来之后,才能进行比较实际资料与定额资料之间的差异,而不能在生产过程中及时反映出来,更不能及时分析差异的原因。因此,为了改变只能在事后提供成本信息的被动状态,可以采用定额法来计算产品成本,及时反映和监督产品成本脱离定额成本的状况,为加强定额管理和成本控制提供了相关信息。

产品成本的定额法,是以产品定额成本为基础,根据定额成本、脱离定额差异、材料成本差异及定额变动差异计算产品实际成本的一种成本管理和成本计算相结合的方法。其计算公式如下:

产品实际成本＝按现行定额计算的定额成本±脱离定额差异±材料成本差异
±定额变动差异

二、定额法成本计算程序

(1) 按照企业生产工艺特点及管理要求,确定成本计算对象及成本计算的基本方法。

(2) 根据有关定额标准,计算各成本项目的定额费用,编制产品定额成本计算表。

(3) 生产费用发生时,将实际费用分为定额成本和差异两部分,分别编制凭证,予以汇总。

(4) 按确定的成本计算基本方法汇集、结转各项费用的成本差异,并按照一定的标准在完工产品与在产品之间进行分配。

(5) 在定额成本的基础上,加减各项成本差异,求得产品实际成本。

三、定额成本及其差异的计算

(一) 定额成本的制定

采用定额法,必须首先制定产品原材料、动力、工时等消耗定额,计算产品单位定额成本。定额成本一般是以产品现行的消耗定额和计划价格或费用的计划分配率为依据并分成本项目计算的,其具体的计算公式如下:

直接材料定额成本＝产品原材料消耗定额×原材料计划单价
直接人工定额成本＝产品生产工时定额×计划小时工资率
制造费用定额成本＝产品生产工时定额×计划小时费用率

产品的定额成本,也就是根据各种有关的现行定额计算出成本。制定定额成本,可以使企业的成本控制和考核更加符合实际,从而保证成本计划的完成。计算时,如果产品的零、部件不多,一般先计算零、部件的定额成本,然后汇总计算部件和产品的成本。产品定额成本编制程序如图 6-2 所示。

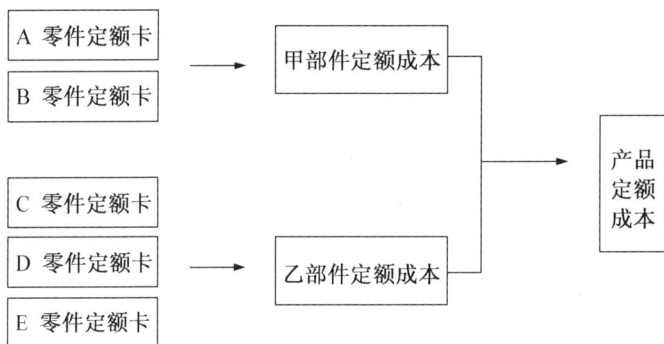

图6-2 产品定额成本编制程序

对于零、部件较多的产品,为了简化成本计算工作,可不计算零件的定额成本,直接计算部件的定额成本,然后汇总计算产品的定额成本。或者根据零、部件的定额卡直接计算产品定额成本。零件定额卡、部件定额成本及产品定额成本计算表分别如表6-9、表6-10、表6-11所示。

表6-9 零件定额卡

零件编号、名称:A　　　　　　　　　　　200×年×月

材料编号、名称	计量单位	材料消耗定额
1001	千克	6
工序编号	工时定额	累计工时定额
1	2	3
2	4	8

表6-10 部件定额成本计算卡

部件编号、名称:甲　　　　　　　　　200×年×月　　　　　　　　金额单位:元

零件编号名称	零件数量	材料定额						金额合计	工时定额
		1001			1002				
		数量	计划单价	金额	数量	计划单价	金额		
A零件	2	12	6	72				72	16
B零件					16	8	128	128	18
装配									2
合计				72			128	200	40

定额成本项目					
直接材料	直接人工		制造费用		定额成本合计
	计划工资率	金额	计划费用率	金额	
200	12	480	8	320	1000

表 6-11 产品定额成本计算卡

部件编号、名称：乙 　　　　　　　　　　 200×年×月 　　　　　　　　　　 金额单位：元

耗用部件编号或名称	所用部件数	材料费定额		工时定额	
		部件	产品	部件	产品
甲	2	200	400	40	80
乙	1	120	120	56	56
装配					14
			520		110

产品定额成本项目					
直接材料	直接人工		制造费用		产品定额成本合计
	工资率	金额	费用率	金额	
520	12	1320	8	880	2720

（二）脱离定额差异的计算

脱离定额差异是指各项生产费用的实际支出脱离现行定额或预算的数额,它反映了企业各项生产耗费支出的合理程度和执行现行定额的工作质量。要加强生产费用的日常控制,必须计算和汇总脱离定额差异,及时分析差异发生的原因,明确差异的责任,及时采取有效措施进行处理。计算和分析脱离定额差异是定额法的核心内容。

1. 直接材料脱离定额差异

在产品成本的各项目中,材料费用一般占有较大的比重,而且属于直接费用,因而更有必要在费用发生的当时就按产品计算定额费用和脱离定额的差异,加强控制。直接材料脱离定额差异的计算方法,一般有以下三种：

（1）限额法。在定额法下,原材料的领用应该实行限额领料(或定额发料)制度,符合定额的原材料应根据限额领料单等定额凭证领发。由于增加产量,需要增加用料时,在追加限额手续后,也可以根据定额凭证领发。由于其他原因发生的超额用料或代用材料的用料,应根据专门的限额领料单等差异凭证经过一定的审批手续后领发。

每月末应根据领料部门余料编制退料单,办理退料手续。退料单也是一种差异凭证,退料单中所列的材料数额和限额领料单中原材料余额,都是材料脱离定额的节约差异。

例 6-3 本月投产产品 200 件,单位产品甲材料消耗定额是 20 千克,每千克计划单位成本 5 元,超额领料单本月登记数量是 120 千克,则该产品的甲材料定额成本=200×20×5=20000 元,甲材料脱离定额差异=120×5=600 元。

（2）切割法。对于需要切割才能使用的材料如板材、棒材等,还应采用材料切割核算单来核算用料差异,控制用料。这种核算单一般应按切割材料的批别开立,单中填明切割材料的种类、数额、消耗定额和应切割成的毛坯数量和消耗定额,即可求得材料定额消耗量,再将此与材料实际消耗量相比较,即可确定脱离定额差异。如：发出甲材料 131 千克,实际切割成 12 个毛坯,每个毛坯的消耗定额是 10 千克,每千克材料计划单价 5 元,则脱离定额差异=(131-12×10)×5=55 元。同时确定是由于切割工人未按规定要求切割,因此多留了

边料减少了毛坯。采用材料切割核算单,及时反映材料的使用情况和发生差异的具体原因,加强对材料耗用的有效监督和控制。

(3)盘存法。对于大量生产,不能采用切割核算的材料,为了更好地控制用料,可通过盘存法来核算差异。首先根据完工产品数量和在产品盘存数量算出投产产品数量,再乘以材料消耗定额,算出材料定额消耗量。然后根据限额领料单、超额领料单、退料单等凭证以及车间余料的盘存资料,计算原材料的实际消耗量。最后将材料的定额消耗量与实际消耗量相比,确定出材脱离定额差异。

例6-4 某企业生产 A 产品,期初在产品数量 180 件,本月完工 920 件,月末在产品 200 件。A 产品耗用的甲材料在生产开始时一次投入,原材料消耗定额为 8 千克,计划单价为 4 元。本期领料凭证记载的实际领用数量为 8500 千克,期末车间甲材料实际盘点数为 500 千克。则:

本期材料定额消耗量=(180+920-200)×8=7200 千克

本期材料实际消耗量=8500 千克

直接材料脱离定额差异=(8500-7200)×4=4200 元(超支)

2. 直接人工脱离定额差异

在计件工资形式下,生产工人的薪酬均属于直接计入费用,其脱离定额差异的核算与材料脱离定额差异的核算类似。

在计时工资形式下,由于实际工资到月末才能确定,因此生产工人工资脱离定额的差异不能按产品直接计算,只能在月末实际生产工人工资确定之后才能计算。影响其脱离定额的差异的因素包括生产工时和小时薪酬率。计算其脱离定额差异的公式为:

某产品实际人工费用=该产品实际产量的实际生产工时×实际小时薪酬率

某产品定额人工费用=该产品实际产量的定额生产工时×计划小时薪酬率

其中:

$$实际小时薪酬率=\frac{实际生产工人薪酬总额}{实际生产工时}$$

$$计划小时薪酬率=\frac{计划产量的定额薪酬费用}{计划产量的定额生产工时}$$

例6-5 某企业 2009 年 8 月生产 A 产品和其他产品,计划工资总额 45100 元,计划产量的定额工时为 20500 小时。本月实际工资总额是 48024 元,实际生产工时为 20880 小时。本月甲产品的定额工时为 12000 小时,实际生产工时 13200 小时,则甲产品的生产工资脱离定额差异计算如下:

实际小时薪酬率=48024÷20880=2.3

计划小时薪酬率=45100÷20500=2.2

甲产品直接人工脱离定额差异=2.3×13200-2.2×12000=3960 元

3. 制造费用脱离定额差异

制造费用一般属于间接费用,发生时按照费用的发生地点和具体项目进行归集,月末按照一定的标准分配计入有关产品成本。所以在日常核算中,不能按照产品直接核算费用脱离定额的差异,只能根据费用计划,按照费用项目核算费用脱离计划的差异,据以控制和监督费用的发生。月末将实际费用分配给各产品之后,将实际费用与定额费用相比较来确定各种产品制造费用脱离定额的差异。计算时比照计时工资的计算方法,注意将小时薪酬率改为小时制造费用率。

(三) 材料成本差异的计算

采用定额法计算产品成本,为了便于产品成本的分析和考核,原材料的日常核算,包括前面所述的定额成本以及脱离定额差异的计算都是按计划成本计价的。因此,在月末计算产品实际成本时,还必须按照下列公式计算产品应负担的材料成本差异。

$$某产品应分配材料成本差异=\frac{该产品材料的定额费用}{材料脱离定额差异}\times 材料成本差异率$$

上述公式括号内部分也即是本月消耗原材料的实际数量乘以计划价格,因此这里没有涉及数量的差异,仅是一种价差。

(四) 定额变动差异的计算

在定额执行过程中,由于生产技术和劳动生产率的提高,原来制定的消耗定额或费用定额经过一定时期后需要进行修订。修订后的新定额与修订前的老定额之间的差异,就是定额变动差异。定额变动只是定额变动的结果,它与生产中费用支出的节约或浪费无关,也与管理水平无关。

定额变动一般在年初、季初或月初等进行修订,在定额变动的月份,月初在产品的定额成本是按照旧定额计算的,当月发生的定额成本是按新定额计算的,因此为了统一计算产品成本,需要将月初在产品的定额成本按照新的定额进行调整。因此,定额变动差异指的是月初在产品由于定额变动产生的差异,其计算方法是:

$$月初在产品定额变动差异=\frac{月初在产品按旧定额计算的定额成本}{月初在产品按新定额计算的定额成本}$$

月末,对计算出的定额成本、脱离定额差异、定额变动差以及材料成本差异,应在完工产品和在产品之间按照一定的标准进行分配。以定额成本为基础,加减各种差异计算出产品的实际成本。

四、定额法应用实例

例 6-6 某企业采用定额法来计算 A 产品成本,相关资料如下:

(1) 月初在产品定额成本 40000 元,其中:直接材料 20000 元,直接人工 7500 元、制造费用 12500 元;月初在产品脱离定额的差异是 402.5 元,其中:直接材料-1250 元,直接人工 652.5 元,制造费用 1000 元。

(2) 原材料在生产开始时一次投入。本月 A 产品单位产品直接材料定额成本由上个月的 500 元调整为 487.5 元。

本月 A 产品投入直接材料定额成本是 190125 元,按计划单位价格和实际消耗量计算的原材料费用为 193750 元,材料成本差异率 1.2%。

本月实际人工费用是 149340 元,人工费用定额是 148125 元。本月实际制造费用是 243800 元,定额是 246875 元。

(3) 本月 A 产品完工入库 400 件,单位产品定额成本 1487.5 元,其中:直接材料 487.5

元,直接人工375元,制造费用625元。

(4)规定定额变动差异和材料成本差异由完工产品负担,脱离定额差异按定额成本比例在完工产品和在产品之间分配。

要求:计算本月完工产品的实际成本,并完成A产品的产品成本明细账。

产品成本计算结果如表6-12所示。

该产品成本明细账的有关项目按如下情况分别填列:

①"月初在产品成本"中的"定额成本"、"脱离定额差异",根据上月末在产品成本资料1登记。

表6-12 产品成本明细账

产品:A产品　　　　　　　　产量:400件　200×年5月　　　　　　　　单位:元

项　　目	行　　次	直接材料	直接人工	制造费用	合　　计
一、月初在产品成本					
定额成本	①	20000	7500	12500	40000
脱离定额差异	②	−1250	652.5	1000	402.5
二、月初在产品定额变动					
定额成本调整	③	−500	0	0	−500
定额变动差异	④	500	0	0	500
三、本月发生生产费用					
定额成本	⑤	190125	148125	246875	585125
脱离定额差异	⑥	3625	1215	−3075	1765
材料成本差异	⑦	2325	—	—	2325
四、生产费用合计					
定额成本	⑧=①+③+⑤	209625	155625	259375	624625
脱离定额差异	⑨=②+⑥	2375	1867.5	−2075	2167.5
材料成本差异	⑩=⑦	2325	—	—	2325
定额变动差异	⑪=④	500	0	0	500
五、差异分配率	⑫=⑨/⑧	1.133%	1.2%	−0.8%	
六、完工产品成本					
定额成本	⑬	195000	150000	250000	595000
脱离定额差异	⑭=⑬×⑫	2209	1800	−2000	2009
材料成本差异	⑮=⑩	2325	—	—	2325
定额变动差异	⑯=⑪	500	0	0	500
实际成本	⑰=⑬+⑭+⑮+⑯	200034	151800	248000	599834
七、月末在产品成本					
定额成本	⑱=⑧−⑬	14625	5625	9375	29625
脱离定额差异	⑲=⑨−⑭	166	67.5	−75	158.5

② 根据资料 2 知月初在产品有 40 件(20000÷500),只有直接材料的定额有变动,其定额变动差异＝(500－487.5)×40＝500 元,"定额变动调整"项目按"定额变动差异"的相反数填列。

③ "本月生产费用"中的"定额成本"、"脱离定额差异"根据资料 3 中各成本项目填列。

④ 材料成本差异＝(材料定额成本＋材料脱离定额差异)×材料成本差异率
$$＝(190125＋3625)×1.2\%＝2325 元$$

⑤ "生产费用合计"根据"月初在产品成本"、"月初在产品定额变动"、"本月生产费用"中各相同项目合计而成。

⑥ 完工产品的定额成本是用完工产品的数量乘以产品的定额成本计算的。在产品的定额成本是用定额成本合计减去完工产品的定额成本计算的。

⑦ 脱离定额差异按定额成本比例在完工产品和在产品之间分配,定额变动差异和材料成本差异由完工产品负担。

⑧ 将完工产品的定额成本、定额差异、材料成本差异和定额变动差异相加,就是完工产品的实际成本。

定额法作为一种成本计算方法和成本管理制度,它有利于加强成本控制,有利于提高成本的定额管理和计划管理水平。采用定额法计算产品成本应具备以下条件:① 定额管理制度比较健全,定额管理工作的基础比较好;② 产品的生产基本定型,消耗定额比较准确、稳定。

定额成本法与产品生产的类型没有直接关系,只要满足上述条件,都可以采用定额法计算成本。但定额法不是一种独立的成本计算方法,必须与成本计算的品种法、分批法和分步法等基本方法结合运用。

知识拓展

柳工的标准作业成本设计案例

广西柳工机械股份有限公司是一家以生产销售装载机为主的大型机械制造企业,该公司的广西区内第一家上市公司,现有非独立核算的分厂 12 个,涉及铸造、锻压、热处理、机加工、总装等基本生产环节和工模具、机修等辅助生产部门。

2004 年下半年和中国管理会计网(北京米多软件技术有限公司)合作,广西柳工实施了标准作业成本管理体系设计,成功地运用了以内部转移价格为控制中枢、标准成本和作业成本相结合的管理会计应用发展模式,为该公司的成本核算、成本分析与成本控制奠定了坚实的基础。

引进市场机制,采用市场倒推的办法制定企业内部转移价格通过全国各地的装载机销售中心、零售点、维修中心、维修点调查各主要厂家各种整机的销售价格和总成、总件和零件修理的材料成本,计算整机、总成、部件和零件的行业平均价格;从行业平均价格中,扣除产品、材料、销售点、维修中心、维修点的行业平均进货成本;从行业平均进货成本中扣除从生产厂家到销售中心、销售点、维修中心、维修点的平均运输费用和增值税销项税额,得出生产厂家的行业平均对外销售价格;从中扣除公司预算年度的期间费用预算分摊额,得出分厂之间、分厂与公司之间半成品和产成品的基准内部转移价格;用基准内部转移价格乘上整机、总成、部件和零件的质量价格系数,得出最终的企业内部转移价格。

● 面向过程管理,以作业为对象制定标准成本

各个分厂依据产品设计、工艺路线、生产加工经验和预算年度的分厂责任预算按工艺作业制定直接材料、辅助材料、燃料动力、直接人工、固定制造费用和变动制造费用的标准成本,作为成本对象的作业应按以下原则进行划分:① 不同责任主体;② 不同加工手段;③ 不同加工对象;④ 不同加工工艺;⑤ 加工工艺可以间断。

凡同时满足上述五个条件的作业之间,才能单独作为标准成本的制定对象。为便于成本核算和成本控制,我们在分厂的会计制度和成本核算办法中规定:在作业标准成本的基础上按树型结构自下而上汇总产生的零件、部件、总成和整机标准成本应按结果对象,即分厂角度的产成品,在标准成本卡上进行事前归集;根据分厂对各成本项目的可控程度,对当月直接材料和辅助材料的实际发生金额,应按单记法的要求分别记入按成本项目开设明细的“基本生产”账户和不设明细账户的“直接材料用量差异”和“辅助材料用量差异”账户,对当月燃料动力、直接人工、固定制造费用和变动制造费用的实际发生额应按分记法的要求直接记入“基本生产”及其明细账户,月末对各成本项目的实际投入成本与标准投入成本的差异,应按产出法的原理进行分离,并将各标准成本差异记入相应差异账户。

● 实施成本决策,改进分厂业绩报告内容

我们在分厂会计制度设计中,改进了财务报告的内容和会计报表格式。

财务报告内容包括:内部会计报表和标准成本差异分析。其中内部会计报表包括五张主表(内部资产负债表、内部利润表、分厂产品生产投入产出表、分厂产品生产成本计算表、分厂制造费用明细表)和三张附表(从属于内部利润表的内部产品销售利润明细表、从属于分厂产品生产投入产出表的分厂产品生产投入产出差异表和从属于产品生产成本计算表的产品生产成本差异表)。标准成本差异分析包括由成本核算人员进行会计分析和由生产管理人员、技术人员和产品设计人员进行的技术分析。

在会计报表的格式设计上,我们对内部利润表的格式进行了重点改进:在“产品销售利润”之前增加了“已售产品增值”和“产品销售毛利”这两个指标。

● 加强整体控制,建立以公司财务部门为中心的信息流程

柳工在实行分权管理的同时,提出了加强企业整体控制的要求,我们建立了以公司财务部为中心,以星型结构为特征的信息流程。具体办法是:分厂与公司各职能部门之间、分厂与分厂之间、分厂与公司外部单位和个人之间发生的资金往来不仅要通过公司内部银行办理结算,同时在会计账上也必须反映为公司之间的往来。这一信息流程的特征是:分厂与分厂之间、分厂与公司外部单位之间存在物流,但不存在资金流和信息流,这是公司整体控制原则的基本要求。

● 应用设计技巧,简化公司对外会计报表编制

在柳工的标准作业成本核算体系设计过程中,遇到了存货计价和报表合并的问题,处理办法为:在分厂成本核算办法中规定了将标准成本调整为分厂实际成本的办法,有五点要求:

(1)直接材料、辅助材料和低值易耗品的价格差异应在月末库存量和当月生产用量之间按标准成本比例分配;

(2)燃料动力价格差异和应由公司负担的直接用量差异、辅助材料用量差异、燃料动力用量差异、直接人工差异、固定制造费用差异和变动制造费用差异应在整个公司的完工产品

和在产品之间按标准成本比例分配;

（3）分厂上交公司的内部利润与公司弥补分厂的内部亏损之间的差额和内行借款利息收入与内行存款利息支出的差额同样应在整个公司的完工产品和在产品之间按标准成本比例分配;

（4）总的完工产品或在产品的标准成本差异可按总装分厂的各种产品成本差异和其他分厂按各种产品成本差异和其他分厂按公司产品区分的总成的标准成本差异之和进行分配;整机的对外销售应按实际成本结转产品销售成本,散件的对外销售可按内部转移价格结转产品销售成本。

为了避免编制调整分录,我们在设计分厂会计制度时,对相关收入、费用和利润科目要求分设"公司内部产品销售收入"和"公司外部产品销售收入"等明细科目;并在公司会计制度中作了规定。这些处理技巧,公司本部在编制对外报表时只存在汇总和直接对冲,不存在业务调整问题,大大地简化了公司对外会计报表编制的工作量。

广西柳工机械股份有限公司的标准成本、作业成本与企业内部转移价格的有机结合体系中,标准成本是基础、作业成本是升华、企业内部转移价格是控制中枢。三者的结合应用将推动管理会计科学的发展,提高企业内部的成本核算与成本管理水平。

思考与练习

一、思考题

1. 什么是分类法？分类法主要适用于何种类型的生产企业？

2. 简述分类法的计算程序。

3. 定额法下产品实际成本的组成要素有哪几个？各要素的数额如何计算？

二、单项选择题

1. 分类法计算产品成本,不涉及生产类型,因而在各种类型的生产中可以应用。采用这种方法是为了（　　）。

A. 加强各类产品的成本管理　　　　　B. 计算各种产品成本

C. 简化成本计算工作　　　　　　　　D. 计算各类产品成本

2. 采用系数法时,被选定为标准产品的应是（　　）。

A. 成本计算工作量最大的产品

B. 盈利最多的产品

C. 占企业产品成本比重最大的产品

D. 产量较大,生产比较稳定或规格适中的产品

3. 按照系数比例分配同类产品中各种产品成本的方法（　　）。

A. 是一种在完工产品和月末在产品之间分配费用的方法

B. 是一种单独的产品成本计算方法

C. 是一种简化的分类法

D. 是一种分配间接费用的方法

4. 原材料脱离定额差异是（　　）。

A. 数量差异　　　　　　　　　　　　B. 价格差异

C. 一种定额变动差异　　　　　　　　D. 原材料成本差异

5. 材料成本差异是(　　)。

A. 数量差异　　　　　　　　B. 价格差异

C. 一种定额变动差异　　　　D. 原材料成本差异

6. 在完工产品成本中,如果月初在产品定额变动差异是负数,说明(　　)。

A. 定额提高了　　　　　　　　B. 定额降低了

C. 本月定额管理不善　　　　　D. 本月定额管理和成本管理有效

7. 定额成本是按(　　)制定的成本。

A. 现行消耗额　　　　　　　　B. 计划期平均消耗定额

C. 标准消耗定额　　　　　　　D. 实际消耗定额

8. 采用定额法计算产品成本,本月完工产品实际成本应以(　　)为基础。

A. 月初在产品定额成本　　　　B. 本月完工产品定额成本

C. 月末在产品定额成本　　　　D. 本月投入产品定额成本

9. 需要计算定额变动的产品是(　　)。

A. 月初在产品　　　　　　　　B. 本月投入产品

C. 月末在产品　　　　　　　　D. 本月完工产品

10. 企业大量生产一种产品,领料时使用限额领料单和超额领料单,以便控制材料的日常消耗,月末,在确认材料脱离定额差异时应采用的方法是(　　)。

A. 限额法　　　　B. 切割法　　　　C. 盘存法　　　　D. 技术推算法

三、多项选择题

1. 成本计算的辅助方法有(　　)。

A. 品种法　　　　B. 定额法　　　　C. 分步法　　　　D. 分类法

2. 采用分类法计算产品成本时,关键是(　　)的确定是否恰当。

A. 产品的分类　　　　　　　　B. 产品的售价

C. 分配标准　　　　　　　　　D. 系数

3. 采用定额法计算产品成本,产品实际成本的组成项目有(　　)。

A. 定额成本　　　　　　　　　B. 脱离定额差异

C. 材料成本差异　　　　　　　D. 定额变动差异

4. 定额法成本计算的特点有(　　)。

A. 事先制定定额成本

B. 分别核算定额成本和脱离定额差异

C. 根据月初在产品成本和本月发生的生产费用,计算产品实际成本

D. 以定额成本为基础,加减各种差异求得产品实际成本

5. 采用定额法计算产品成本的企业,应当具备的条件有(　　)

A. 定额管理制度比较健全　　　B. 定额管理基础工作比较好

C. 产品生产工艺流程比较定型　D. 各项消耗定额比较准确、稳定

四、判断题

1. 只要产品的品种、规格繁多,就可以采用分类法来简化成本计算工作。(　　)

2. 分类法是以产品类别为成本计算对象的一种产品成本计算的基本方法。(　　)

3. 分类法的应用与企业的生产特点没有直接联系。（　　　）

4. 分类法可以不与其他成本计算方法结合使用。（　　　）

5. 定额法是成本计算与成本管理相结合的一种成本计算方法。（　　　）

6. 如果月初在产品的定额变动差异是正数,说明定额降低了。（　　　）

7. 简化成本计算工作是采用定额法的优点之一。（　　　）

8. 材料脱离定额差异只反映材料耗用量的差异,价格差异反映在材料成本差异中。（　　　）

9. 在脱离定额差异的核算中,计件工资形式下的生产工人工资与原材料脱离定额差异核算方法类似。（　　　）

10. 对于同一种产品只能采用一种成本计算方法。（　　　）

五、案例题

1. 某企业生产 A、B、C 三种产品,这三种产品所用原材料相同,生产工艺技术过程相近,为简化核算合为一类计算成本。该类产品原材料在生产开始时一次性投入,月末生产费用在完工产品在在产品之间分配采用约当产量比例法。该企业的有关成本资料如表 1 所示。

表 1　三种产品有关成本资料

200×年×月　　　　　　　　　　　　　　　　　　　　　　单位:元

项　　目	直接材料	直接人工	制造费用	合　　计
月初在产品费用	12360	2280	2640	17280
本月费用	49440	9160	11660	70260
合　计	61800	11440	14300	87540

该企业采用系数法计算类内各产品成本,系数按定额成本确定,以 A 产品作为标准产品。本月产量情况如表 2。

表 2　三种产品产量资料

200×年×月

产品名称	单位产品定额成本(元)	完工产品产量(件)	在产品产量(件)	完工程度
A	140	150	20	50%
B	112	200	30	50%
C	168	180	40	50%

要求:根据上述资料,分别计算 A、B、C 三种产品完工产品总成本和在产品成本。

2. 某企业采用定额法来计算 A 产品成本,并规定:定额变动差异和材料成本差异由完工产品负担,脱离定额差异按定额比例在完工产品和在产品之间分配。假设原材料的投料程度与工时加工程度一直,月末在产品完工程度 50%。某月份有关资料如下:

(1) 单位产品定额成本:直接材料 250 元,直接人工 50 元,制造费用 200 元。

(2) 月初在产品成本及本月生产费用如表 3 所示。

表3　月初在产品成本及本月生产费用　　　　　　　　单位：元

项　　目		直接材料	直接人工	制造费用	合　　计
月初在产品成本	定额成本	20000	4000	16000	40000
	脱离定额差异	－1500	＋200	－1000	－2300
本月生产费用	定额成本	105600	24200	88880	218680
	脱离定额差异	－8000	＋1200	－6000	－12800

（3）该月 A 产品所耗材料的成本差异率是－2%。

（4）从本月1日起，A 产品实行新的定额成本。单位产品定额成本：直接材料 240 元，直接人工 55 元，制造费用 202 元。

（5）A 产品月初在产品 160 件，本月投入 440 件，本月完工 500 件，月末在产品 100 件。

要求：① 计算月初在产品定额变动差异。

② 计算本月 A 产品完工产品定额成本和实际成本。

③ 计算月末在产品定额成本。

模块七

其他行业成本核算

知 识 目 标	能 力 目 标
1. 熟悉商品流通企业成本的构成； 2. 掌握商品流通企业商品销售成本的计算方法； 3. 掌握施工企业工程成本的计算； 4. 熟悉旅游、餐饮服务企业营业成本的构成。	1. 能对批发企业、零售企业进行商品销售成本的核算； 2. 能根据商品流通企业的特点选择最优的会计核算方法； 3. 能对施工企业工程成本进行核算。

案例导入

23 岁的小王是某名牌大学环境工程专业的一名大四学生，自主创业，在学校附近开了一家超市，主要经营各种日用品。由于品种繁多，平时又没有接触过专业的会计知识，小李刚开张一个星期就发现成本核算一团糟，想请懂会计的来帮忙指导适合这家超市的成本核算方法。假如小王请教你来帮忙，你会选择什么样的成本核算方法呢？是不是零售业必须要用售价金额法核算呢？

相信通过本模块的学习，你将对商品流通企业成本核算和基本核算程序有一定的理解。

项目一 商品流通企业成本核算

任务一 理解商品流通企业成本的种类。
任务二 掌握商品流通企业商品销售成本的计算。

一、商品流通企业成本概述

商品流通企业的经济活动主要是商品的购销存，主要通过低价购进商品、高价出售商品的方式实现商品进销差价即销售毛利以弥补企业各种费用和税金，并将生产者的商品产品，从生产领域转移到消费领域，最终实现商品的价值。在我国商品流通企业主要包括商业、外贸、石油、粮食、医药、图书发行,以及以从事商品流通活动为主营业务的其他企业。

商品流通企业在组织商品流转过程,需要占用一定数量的资金,并占有和支配一定的生产资料和劳动力。商品流通行业主要经营活动是商品采购与商品销售两个环节,与制造企业相比资金运用的形态相对比较简单,即"G—W—G",因此成本核算的重点也就是商品的采购成本和销售成本。

二、商品采购成本

根据《企业会计准则——第1号存货》第六条的规定,商品的采购成本,指企业从采购到入库前所发生的全部支出,包括购买价款、进口关税和其他税费、运输费、装卸费、保险费以及其他可归属于存货采购成本的费用。商品的采购成本可以作为商品进价成本。这里注意,一般纳税人企业购买存货而支付的增值税,凡在增值税专用发票等完税凭证中注明的应作为进项税额单独核算,不计入采购成本。

商品流通企业采购成本的基本处理处理原则是:采购商品过程中发生的运输费、保险费、装卸费以及其他可归属于存货采购成本的费用等进货费用,应计入所购商品的成本。在实务中,企业也可以将发生的以上进货费用先进行归集,期末,按照所购商品的存销情况进行分摊。对于已销商品的进货费用,计入主营业务成本;对于未销商品的进货费用,计入存货成本。如果采购商品的进货费用数额很小,为简化会计核算,也可直接在销售费用列支。

三、商品销售成本

商品销售成本指已销商品的采购成本。按照商品流通企业的组织形式可以划分为批发企业和零售企业,不同类型的企业对商品经营管理有着不同的特点,因此商品成本核算方法也有所不同。批发企业以从事批发业务为主,商品销售成本的确定一般采用数量进价核算法。零售企业以从事零售业务为主,商品销售成本的确定一般采用售价金额法。

(一) 批发企业

批发企业一般按采购成本核算,即数量进价核算法。这种方法同时以实物指标和价值指标核算库存商品的增减变动及结存情况。库存商品总分类账和明细账均按照商品的进价登记入账,而且明细账按商品的编号、品名、规格分户。借方登记购入、盘盈的商品进价成本,贷方登记销售、发出和盘亏的商品成本。期末借方余额表示库存商品的进价成本。

关于成本计算包括两个基本问题:一是已销商品进货单价的确定,二是成本计算顺序。根据《企业会计准则》(2006),企业应当采用先进先出法、加权平均法或者个别计价法确定发出存货的实际成本。先确定商品销售成本还是先确定期末库存商品的成本,确认的次序不同,就产生了顺算、倒算两种成本计算顺序。这里简要介绍先进先出法和毛利率法计算法。

例7-1 某以批发为主的商品流通企业11月库存A商品收发结存情况如表7-1所示:

表 7-1　A 商品收发结存明细表　　　　　　单位：千克、元/千克

日　期	摘　要	收　入			发　出			结　存		
		数量	单价	金额	数量	单价	金额	数量	单价	金额
11.01	期初结存							2000	400	
11.08	购入	1000	410					3000		
11.12	发出				2000			1000		
11.22	购入	1500	440					2500		
11.28	发出				1000			1500		
11.30	购入	500	450					2000		

要求：采用先进先出法计算本期 A 商品的销售成本和期末库存商品成本。

根据以上资料求得：

期初商品存货成本＝2000×400＝800000 元

本期增加的商品成本＝1000×410＋1500×440＋500×450＝1295000 元

1. 顺算成本计算法

商品销售成本＝商品销售数量×商品单位进价

$\qquad$＝2000×400＋1000×410＝1210000 元

期末库存成本＝期初商品存货成本＋本期增加的商品成本－本期非销售付出的商品成本－销售成本成本

$\qquad$＝800000＋1295000－0－1210000＝885000 元

2. 倒算成本计算法

期末库存成本＝期末商品存货数量×商品单位单价

$\qquad$＝1500×440＋500×450＝885000 元

商品销售成本＝期初商品存货成本＋本期增加的商品成本－本期非销售付出的商品成本－期末商品存货成本

$\qquad$＝800000＋1295000－0－885000＝1210000 元

如果采用全月一次加权平均、移动加权平均法计算商品销售成本，其计算原理和方法也与财务会计中发出存货计价方法相同。在［例 7-1］中顺算成本计算时，直接用销售数量乘以原进货单价确认销售成本，但是如果该企业产品繁多，进货批次很多，并且每次进货单价均不相同时，如果按月份以个别计价法、全月一次加权平均法、移动加权平均法、先进先出法等分商品品种计算商品销售成本或月末通过实地盘点确定期末库存商品成本，成本核算工作量就会十分繁重。这时可以采用毛利率法进行简化计算。毛利率法是指将本期商品的销售收入按照一定的毛利率匡算出当期的毛利，并以此计算出当期已销商品和期末库存商品的成本，这里的毛利率可选用上季度的实际毛利率或本季度的计划毛利率等。其计算公式如下：

$\qquad$本期商品销售毛利＝本期商品销售收入×毛利率

$\qquad$本期商品销售成本＝本期商品销售收入－本期商品销售毛利

例 7－2 某商品流通企业预计第四季度毛利率为 10％，第四季度各月份的销售额分别是 50 万元、70 万元、60 万元。则：

10 月份的销售成本＝50－50×10％＝45（万元）

11 月份的销售成本＝70－70×10％＝63（万元）

12 月份的销售成本＝60－60×10％＝54（万元）

这种方法计算十分方便，但是根据计划毛利率来计算商品的销售成本，可能与实际成本有很大差异。实务中，一般都是在每个季度的前 2 个月采用该方法计算，最后 1 个月通过先确定期末库存商品成本倒挤出该月的商品销售成本，以保证季度商品销售成本和库存商品成本更加接近实际。

假如 12 月份期末库存商品按最后一次进货单价计算，期末盘点库存商品成本为 9.5 万元。该企业 10 月初结存商品总额为 10 万元，本季度各月分别购进 50 万元、60 万元、50 万元，则：

10 月份、11 月份的销售成本仍然分别为 45 万元、63 万元。

12 月份期初的库存商品成本＝10＋50－45＋60－63＝12（万元）

12 月份的商品销售成本＝12＋50－9.5＝52.5（万元）

结转 12 月份的销售成本的会计处理如下：

借：主营业务成本　　　　　　　　　　525000

　　贷：库存商品　　　　　　　　　　　525000

（二）零售企业

零售企业直接面对消费者，为方便营业员对存货的管理，一般采用售价金额核算方法。"库存商品"科目以零售价核算，以含税售价反映实物负责人的责任，从而使零售企业商品销售成本的会计有别于其他企业。设置的"库存商品"总分类账和明细分类账不是按进价而是按售价入账。借方登记购入、盘盈的商品售价，贷方登记销售、发出和盘亏的商品售价，期末借方余额表示库存商品的售价。

在商品采购时，仍然按进价借记"在途物资"账户；商品验收入库时，按售价（含税）借记"库存商品"账户，售价与进价之间的差额计入"商品进销差价"。因此，商品销售之后是按照售价结转销售成本，其中包含了已销商品的进销差价。为了正确计算财务成果，需要每期末将本期已实现的商品进销差价从以售价结转的商品销售成本中转出来。也就是说，在平时暂按售价结转商品销售成本，到月末采用一定的方法，计算出已售商品的进销差价后，再对"主营业务成本"科目进行调整，将平时按售价结转的商品销售成本调整为商品进价成本。

为正确计算商品销售成本，确认商品销售实现的收益，必须对商品进销差价进行分配。零售企业一般是采用差价率来计算已销售商品的进销差价，即：首先计算企业商品的进销差价率，进而据以计算出本月已售商品的进销差价额。企业商品进销差价率，是企业全部商品的进销差价额与按售价计算的全部商品额的比率，其计算公式如下：

$$进销差价率＝\frac{期初库存商品进销差价＋本期购入商品进销差价－非销售转出商品进销差价}{期初库存商品余额＋本期商品销售成本－本期非销售付出商品金额}$$
$$×100\%$$

已销商品进销差价＝本期商品销售成本×商品进销差价率

零售企业在采用差价率法计算已售商品进销差价时，可以根据企业各种商品的汇总资料，计算出一个综合平均差价率，再按已售商品售价总额和综合差价率计算出已售商品进销差价。这样做可以简化核算工作。但如果企业经营的商品各品种进销差价相差较大,或者各种商品销售不均衡,各种商品的销售比重也不相同,简单地用一个综合平均差价率来确定企业全部已售商品的进销差价额,准确性就比较差,从而不能正确地反映企业的经营成果。因此,为了克服综合差价率的不足,提高计算结果的准确性,企业可以将差价率的计算范围缩小,按各大类商品或各柜组商品分别计算分类或分柜组差价率,这样做可以使计算结果比较接近实际,因而为零售企业所广泛采用。

例 7-3　某零售企业采用售价核算库存商品,本月购进 A 商品 15000 件,每件不含增值税买价 2000 元,每件零售价 3000 元,款以银行存款支付,商品入库,另以现金支付运费 500 元。本月售出 A 商品 800 件,款收到存入银行。根据该资料进行以下成本计算和会计账务处理:

(1) 运费数额不大,以销售费用列支。

(2) 该商品的采购成本＝15000×2000＝30000000(元)＝3000(万元)

采购商品时:

借:在途物资　　　　　　　　　　　30000000
　　应交税费—应交增值税(进项税额)　5100000
　　贷:银行存款　　　　　　　　　　　35100000

同时支付运费 500 元。

借:销售费用　　　　　　　　　　　500
　　贷:银行存款　　　　　　　　　　　500

(3) 库存商品按售价验收入库。

借:库存商品　　　　　　　　　　　45000000
　　贷:在途物资　　　　　　　　　　　30000000
　　　商品进销差价　　　　　　　　　15000000

(4) 销售商品时,实现收入,同时结转成本。

借:银行存款　　　　　　　　　　　2400000
　　贷:主营业务收入　　　　　　　　　2400000
借:主营业务成本　　　　　　　　　2400000
　　贷:库存商品　　　　　　　　　　　2400000

(5) 销项税额＝240×17%＝40.8(万元),冲减收入。

借:主营业务收入　　　　　　　　　408000
　　贷:应交税费—应交增值税(销项税额)　408000

(6) 进销差价率＝1500÷4500＝33%

已实现的商品进销差价＝800×3000×33%÷10000＝80(万元)

本月各项业务全部记账之后,结转已销商品的进销差价:

借:商品进销差价　　　　　　　　　8000000
　　贷:主营业务成本　　　　　　　　　8000000

(7) 该批商品的销售收入额＝240－40.8＝199.2(万元)。

该批商品的销售成本额＝240－80＝160(万元)

该批商品的销售毛利额＝199.2－160＝39.2(万元)

四、商品流通费用（期间费用）

商品流通费用是商品流通企业在组织商品流转过程中所发生的直接计入当期损益的期间费用。包括商品流通企业管理和组织商品流通活动过程中发生管理费用，销售过程中发生销售费用，以及在筹集和使用资金时发生的财务费用。这些期间费用发生时计入相应的费用账户，期末转入"本年利润"账户，计入当期损益。

项目二　施工企业成本核算

> **任务一**　熟悉施工企业工程成本的内容。
> **任务二**　掌握施工企业成本核算程序。

施工企业是指从事建筑、安装工程或其他专业施工活动的工程施工单位。建筑工程主要包括房屋、建筑物、设备基础等建筑工程，管道、输电线路等敷设工程、道路工程、铁路工程、水利工程、钻井工程等。安装工程只要是指生产、动力、起重、运输、医疗、实验等各种需要安装设备的装配、装置工程。与工业企业相比，施工企业施工活动的对象都是不动产，具有如下独特的生产特点：

（1）建筑安装产品的多样性。每一工程几乎都有其独特的形式、结构和质量要求，需要单独的设计图纸和方案，也会由于受到地形、地质、水文等自然条件以及文化习俗等的影响而采用不同的施工方法和施工组织。

（2）流动性。施工企业在不同的工地、地区进行区域性流动施工。

（3）生产周期长且易受气候条件的影响。建筑安装工程一般规模较大，生产周期较长，一般都需要跨年度施工，甚至长达数年。建筑安装工程大都在露天施工，受气候条件影响很强，各个月份完成的工作量很不均衡。

一、施工企业工程成本项目的划分

企业在施工过程中发生的各项费用，应按成本核算对象和成本项目进行归集。凡是企业在生产经营过程中实际发生的与工程直接有关的各项支出都应计入工程成本，按经济用途划分为人工费、材料费、机械使用费、其他直接费和间接费用。

（1）人工费。指直接从事建筑安装工程的施工工人的工资、奖金、职工福利、工资性津贴以及其他各种形式的职工薪酬。采用计件工资支付的工资，一般都能分清受益对象，直接计入各个成本核算对象的"人工费"项目中。采用计时工资制度的，企业支付的工资按各工程当月实际用工数分配，计算公式如下：

单位工日平均工资＝计时工资总额/实际工日数
某成本核算对象应负担的工资＝该成本核算对象所耗实际工日数×单位工日平均工资

（2）材料费。指施工过程中耗用的构成工程实体的原材料、辅助材料、零件、半成品的费用和周转材料的摊销费用等。

（3）机械使用费。指施工过程中使用自有机械所发生的机械使用费和租用外单位施工机械的租赁费,以及施工机械安装、拆卸和进出场费用等。

(4)其他直接费。指不包括上述项目中的材料二次搬运费、临时设施摊销费、生产工具用具使用费、检验试验费、场地清理费等。其他直接费一般都能分清受益对象,直接计入成本核算对象。

(5)间接费用。指企业各施工单位为组织和管理工程所发生的各项支出,包括施工单位管理人员工资、奖金等职工薪酬、办公费、差旅费、固定资产折旧费、取暖费、工程保修费、排污费等。

二、施工企业成本核算程序

(一)成本核算应设置的主要账户

施工企业工程成本核算主要涉及"工程施工"、"机械作业"、"工程结算"等账户。

(1)"工程施工"账户用来核算企业实际发生的合同成本和合同毛利,按建造合同分为"合同成本"、"间接费用"、"合同毛利"进行明细核算。借方登记施工过程中发生的人工费、材料费、租用外单位施工机械的租赁费以及大部分其他直接费。间接费用可先在本账户的"间接费用"明细账归集,然后再分配结转至工程成本。已完工程的成本应从"工程施工"账户贷方结转,余额为未完工程的实际成本。

(2)"机械作业"账户用来核算企业及其内部独立核算的施工单位、机械站和运输队使用自有施工机械和运输设备进行机械作业时发生的各项费用。当费用发生时,借记该账户,月末再根据一定的分配标准计算各成本核算对象应分摊的施工机械作业费。这里要注意区别的是,从外单位或其他内部独立核算的机械站租入的机械租赁费,在"工程施工"账户核算。

(3)"工程结算"账户用来核算企业根据根据建造合同约定向业主办理结算的累计金额。合同完工时,应将本账户余额与相关工程施工合同的"工程施工"账户对冲,借记本账户,贷记"工程施工"账户。企业向业主办理工程价款结算,按应结算的金额借记"应收账款"等账户,贷记本账户。期末贷方余额反映企业尚未完工建造合同已办理结算的累计金额。

(二)施工企业成本核算程序

1. 确定施工成本计算对象

根据施工企业生产经营特点与经济管理的要求,施工企业一般应以每一单独编制施工图预算的单位工程作为成本核算对象。因为施工图预算是按照单位成本编制的,以单位工程作为成本核算对象不仅有利于分析工程预算和施工合同的完成情况,也有利于正确核算施工合同的成本与损益。如果在一个建设项目中,若干个单位工程的施工地点相同、结构类型相同、开工竣工时间接近,为了简化工程成本计算,可以合并作为一个成本核算对象;相反,对于个别规模大,工期长的工程,也可以将分部工程作为工程成本计算的对象。

2. 要素费用的归集与分配

施工工程规模较大、施工周期长的特点,决定了施工企业很多项目需跨月跨年完工,因此施工企业虽然以单位工程为成本计算对象,但生产费用一般按月归集和分配,而不能等到合同工程完工才结算收入与成本。当月发生的一切要素费用,均应按其经济用途分别计入施工成本。如果多项工程耗用一项要素费用,则应选择适当方法在各项工程之间进行合理分摊。如果属于期间费用,则计入期间成本,不属于施工成本。

3. 归集和分配间接费用

间接费用的归集是通过"工程施工—间接费用"明细账户来核算的。期末选择适当的方法在各项工程之间进行分配,转入工程施工成本。

4. 施工费用在已完工程和未完工程之间的分配

为了计算已完工程成本,确认当期损益,对成本计算对象已归集的施工费用,应在已完工和未完施工之间进行分配,将已完工程成本转入"工程结算"账户。已完工程实际成本一般按下列公式计算:

本期已完工程实际成本＝期初未完施工成本＋本期施工费用－期末未完施工成本

在实际工作中,为了简化核算手续,一般都把未完施工的预算成本当作它的实际成本。

5. 结转竣工工程成本

单项工程或整个工程完工后,应进行工程成本决算,按工程实际成本从"工程结算"账户转入"主营业务成本"账户。

三、施工企业成本核算实例

例 7-4 宏华建筑公司同时承包甲、乙两项建筑工程,按月计算工程实际成本。截至2009 年 9 月 30 日,各成本项目见表 7-2 所示。

表 7-2　月初未完工程明细　　　　　　　　　　　　　　　　　　单位:元

	人工费	材料费	机械使用费	其他直接费	间接费用	合　计
甲工程	3600	16000	500	300	2000	22400
乙工程	15400	48000	2500	1200	16500	83600

(一)人工费的核算

2009 年 10 月份,宏华建筑发生下列有关人工费的经济业务:

(1)本月应付建筑安装工人的薪酬总额为 100000 元,本月建筑安装工人的实际工日总数为 2500 个工日,其中:甲工程实际耗用 1500 个工日,乙工程实际耗用 1000 个工日。

(2)应付驾驶和操作施工机械人员的薪酬是 20000 元;应付管理人员的薪酬为 40000 元。

则:单位工日平均工资＝100000/ 2500＝40 元/工日

甲工程应分配人工费＝40×1500＝60000 元

乙工程应分配人工费＝40×1000＝40000 元

根据上述计算结果,编制人工费用分配表,如表 7-3 所示。

表 7-3　人工费分配表

工程成本对象	实际用工日数	分配率	分配金额(元)
A 工程	1500		60000
B 工程	1000		40000
合计	2500	40	100000
机械作业			20000
间接费用			40000
合计			160000

根据人工费用分配表,做如下会计分录:

借:工程施工——甲   60000

       ——乙   40000

  机械作业   20000

  工程施工——间接费用   40000

  贷:应付职工薪酬   160000

(二)材料费的核算

2009 年 10 月,宏华建筑发生下列有关材料费的经济业务:

(1)本月甲、乙工程领用原材料的计划成本分别为为 480000 元、350000 元。做会计分录如下:

借:工程施工——甲   480000

       ——乙   350000

  贷:原材料   830000

原材料的成本差异率为 5%。结转本月甲、乙工程应负担的材料成本差异。本月领用原材料的成本差异＝480000×5%＋350000×5%＝24000＋17500＝41500 元,做会计分录如下:

借:工程施工——甲   24000

       ——乙   17500

  贷:材料成本差异   41500

(2)计提本月其他在周转材料的摊销额 7200 元,其中:甲工程负担 4500 元,乙工程负担 2700 元,做会计分录如下:

借:工程施工——甲   4500

       ——乙   2700

  贷:周转材料——周转材料摊销   7200

(三)机械使用费的核算

2009 年 10 月,宏华建筑发生下列有关机械使用费的经济业务:

(1)本月施工机械领用燃料的计划成本为 35000 元,无材料成本差异。做会计分录如下:

借:机械作业   35000

  贷:原材料   35000

(2)本月以银行存款支付施工机械的维修费 5000 元,做会计分录如下:

借:机械作业   5000

  贷:银行存款   5000

(3)本月施工机械共工作了 500 个台班,其中:甲工程实际使用 300 个台班,乙工程实际使用 200 个台班。根据以上(一)、(三)资料,本月机械使用费总额＝20000＋35000＋5000＝60000 元,编制机械使用费分配表,如表 7-4 所示。

表 7-4　机械使用费分配表

工程成本对象	实际用工日数	分配率	分配金额
A 工程	300		36000
B 工程	·200		24000
合 计	500	120	60000

根据机械使用费分配表,做会计分录如下:

借:工程施工——甲　　　　　　　　　　　36000

　　　　　——乙　　　　　　　　　　　24000

　　贷:机械作业　　　　　　　　　　　　　　60000

（四）其他直接费的核算

本月以银行存款支付检验试验费、场地清理费等 6000 元,其中甲工程应负担 4000 元,乙工程应负担 2000 元,做会计分录如下:

借:工程施工——其他直接费　　　　　　　6000

　　贷:银行存款　　　　　　　　　　　　　　6000

借:工程施工——甲　　　　　　　　　　　4000

　　　　　——乙　　　　　　　　　　　2000

　　贷:工程施工——其他直接费　　　　　　　6000

（五）间接费用的核算

2009 年 10 月,宏华建筑发生下列有关间接费用的经济业务:

（1）用银行存款支付各种办公费用 8600 元,做会计分录如下:

借:工程施工——间接费用　　　　　　　　8600

　　贷:银行存款　　　　　　　　　　　　　　8600

（2）计提本月土地管理用固定资产的折旧额 11400 元,做会计分录如下:

借:工程施工——间接费用　　　　　　　　11400

　　贷:累计折旧　　　　　　　　　　　　　　11400

（3）甲工程的定额成本为 550000 元,乙工程的定额成本为 450000 元,将本月的间接费用按甲、乙两工程的定额成本进行分配。根据(一)、(五)资料知,本月间接费用总额＝40000＋8600＋11400＝60000 元,间接费用的分配计算如下:

间接费用分配率＝60000/(550000＋450000)＝0.06

甲工程应分配的间接费用＝0.06×550000＝33000 元

乙工程应分配的间接费用＝0.06×450000＝27000 元

（六）施工费用在已完工程和未完工程之间分配

2009 年 10 月 31 日盘点时,甲工程有 3500 m² 的外墙抹水泥砂浆未完施工,其完工进度为 60%,预算单价为 10 元/m²,其直接费中人工费为 2 元/m²,机械使用费为 1 元/m²,材料费 7 元/m²。

则甲工程未完施工成本＝3500×60%×10＝21000 元,其中:人工费 4200 元,材料费 14700 元,机械使用费 2100 元。月末盘点时乙工程没有已完工程。

通过以上各项费用的归集与分配,登记工程成本明细账,如表 7-5、表 7-6 所示。

表 7-5　工程成本明细账

工程名称：甲工程　　　　　　　　　　2009 年 10 月　　　　　　　　　　单位：元

摘　要	人工费	材料费	机械使用费	其他直接费	间接费用	合　计
月初未完工工程	3600	16000	500	300	2000	22400
本月施工费用						
人工费	60000					60000
材料费		508500				508500
机械使用费			36000			36000
其他直接费				4000		4000
间接费用					33000	33000
累计工程成本	63600	524500	36500	4300	35000	663900
未完工程成本	4200	14700	2100			21000
已完工程成本	59400	509800	34400	4300	35000	642900

表 7-6　工程成本明细账

工程名称：乙工程　　　　　　　　　　2009 年 10 月　　　　　　　　　　单位：元

摘　要	人工费	材料费	机械使用费	其他直接费	间接费用	合　计
月初未完工工程	15400	48000	2500	1200	16500	83600
本月施工费用						
人工费	40000					40000
材料费		370200				370200
机械使用费			24000			24000
其他直接费				2000		2000
间接费用					27000	27000
累计工程成本	55400	418200	26500	3200	43500	546800
未完工程成本	55400	418200	26500	3200	43500	546800

结转完工工程成本，做会计分录如下：

借：工程结算　　　　　　　　　　　　642900
　　贷：工程施工——甲　　　　　　　　　642900

项目三　旅游餐饮服务业成本核算

任务一　理解旅游餐饮服务业成本核算的特点。

任务二　熟悉旅游餐饮服务业营业成本的构成。

旅游餐饮服务企业是国民经济中第三产业的重要组成部分,包括旅游业、饮食业和服务业,具体指旅游业、饭店(宾馆、酒店)、度假村、游乐场、歌舞厅、餐馆、酒楼、旅店、理发美容店、浴池、照相馆、影视厅等。

旅游餐饮服务业是集生产、流通、服务三大职能于一体的综合性服务企业,其经营特点表现为以服务为中心,辅之以生产和流通,直接为消费者服务,其商品的生产与销售,兼有制造业和商品流通企业的特点,又具有服务业的性质,因此其成本核算也具有一定的特殊性。

一、旅游餐饮服务业成本核算的特点

(一)核算内容的综合性、多样性、涉外性

旅游活动是一种新型高级的综合性消费,为满足国内外旅游者在无知、文化生活上的享受,提供食、住、行、观光、游览、娱乐等各方面的综合性服务,服务、旅游、饮食业必然形成相互联系、相互交融的服务体系。这些企业的服务也与人们日常生活息息相关,涉及面广,业务内容复杂多样,反映在会计工作中,就形成了核算内容覆盖多个行业的综合性特点。

同时,旅游企业,大饭店经常组织国内旅客到国外旅游,或者接待国外旅客到国内旅游,因此会计核算也会涉及汇兑损益和换汇成本。

(二)核算方法的多样性

旅游餐饮服务业的综合性决定了其成本核算必须区分不同的经营活动,参照制造企业、商品流通企业和服务企业的成本计算方法来进行核算。旅游餐饮服务业经营的项目多,因而会计核算也有不同的内容和方法。对生产性服务,在成本核算上有归集成本费用的核算,对商品经营项目要核算经营成本,对旅行社、客房服务则主要核算营业费用和管理费用。如餐饮企业在业务经营过程中,除以服务为中心外,还应根据消费者的需要,加工烹制各种菜肴和食品,直接供应给消费者并给消费者提供消费的场所和时间。因此餐饮业经营过程就经过了类似于生产过程、商品销售过程和提供服务的过程,并且这些过程都在相对较短的时间内完成,因此产品一般不入库,随时生产随时销售,不可能像制造型企业一样去计算每个(桌)菜的成本,只要求计算出餐饮制品所耗用的原材料的成本。

(三)各期营业收入不均衡

旅游企业受季节影响,旅游旺季收入较高,旅游淡季收入相对较少;饮食业食品的销售价格往往随食品原材料的季节性变动而变动。

(四)分别计算自制商品和外购商品的成本

旅游餐饮服务业在生产经营中,如果既经营外购商品销售又经营自制商品销售业务,则需分别计算计算外购商品进价和自制商品的成本呢,并采用售价金额法,正确核算已销商品的进价成本。

二、旅游餐饮服务业营业成本的构成

旅游/饮食服务企业的营业成本是企业在各项经营业务中发生的各种直接耗费。由于旅游、饮食服务企业各类业务的经营特点各不相同,因而营业成本的构成内容也不相同。综合各行业营业成本的构成内容,主要包括以下五个方面:

(1)企业直接耗用的原材料、调料、辅料、燃料等直接材料,包括饭店餐馆和餐饮部耗用的食品,饮料的原材料、调料、配料成本;餐馆、浴池耗用的燃料成本;饭店洗衣房、洗染店、照

相馆、修理店耗用的原材料、辅料成本。

（2）旅行社代付的房费、餐费、交通费、文娱费、行李托运费、票务费、门票费、专业活动费、签证费、陪同费、劳务费、宣传费、保险费、机场费等。

（3）商品采购成本。商品采购成本分为国内购进商品采购成本和国外购进商品采购成本。国内商品采购成本是指购进商品的实际成本，包括购买价款、相关税费、运费、装卸费、保险费以及其他可归属于商品采购成本的费用。国外购进商品成本是指商品在购入过程中发生的实际成本，包括进价、进口环节缴纳的税金以及其他可归属于商品采购成本的费用。

（4）汽车成本。指宾馆车辆在服务营运过程中所发生的直接费用，包括汽油费、工资、维修费、养路费等。

（5）其他成本。指不计入以上内容的其他营业项目所支付的直接成本，如出售无形资产的实际成本。

在旅游餐饮企业的成本核算中，和制造业不同的是，人工费都是直接计入期间费用从而直接计入当期损益的，也即是经营人员的工资计入销售费用，而管理人员的工资计入管理费用。

三、旅游餐饮服务业营业成本的核算

企业的营业成本应当与其营业收入相互配比。当月实现的销售收入，应将与其相关的营业成本同时登记入账。旅行社之间的费用结算，由于有一个结算期，当发生的费用支出不能与实现的营业收入同时入账时，应先按计划成本先行结转，待算出实际成本后再接着其差额。结转营业成本时，借记"营业成本"，贷记"原材料"、"库存商品"、"应付账款"、"银行存款"等科目。旅游餐饮服务业在经营过程所发生的各种直接耗费，都应计入"营业成本"的借方，期末在结转到"本年利润"账户，以便确定企业的财务成果，结转后本科目无余额。

思考与练习

一、思考题

1. 商品批发企业和商品零售企业各自的成本核算特点是什么？
2. 商品流通企业如何选择合适的商品成本核算方法？
3. 施工企业工程成本核算需要设置哪些会计账户？分别核算什么内容？
4. 施工企业应如何归集和分配自有施工机械使用费？
5. 旅游餐饮服务业的成本核算有什么特点？

二、单项选择题

1. 下列各项与库存商品有关的费用，不应计入采购成本的有（　　）。

A. 采购过程中发生的保险费　　　　B. 入库后的仓储费用

C. 采购过程中发生的装卸费用　　　D. 采购过程中发生的运输费用

2. 下列项目中，不应计入采购成本的有（　　）。

A. 进口关税

B. 入库前的发生的途中合理损耗

C. 入库前的整理费用

D. 一般纳税人购买时所支付的增值税进项税额

3. 商业批发企业库存商品采用的核算方法是(　　)。

　　A. 数量进价金额核算法　　　　　　　B. 数量售价金额核算法

　　C. 售价金额核算法　　　　　　　　　D. 进价金额核算法

4. 商业零售企业库存商品采用的核算方法是(　　)。

　　A. 数量进价金额核算法　　　　　　　B. 数量售价金额核算法

　　C. 售价金额核算法　　　　　　　　　D. 进价金额核算法

5. 采用数量进价核算法时,商品购进后,按进价计入"库存商品"账户时,(　　)。

　　A. 既登记金额,又登记数量　　　　　B. 只登记品名、数量

　　C. 只登记数量　　　　　　　　　　　D. 只记金额,不记品名和数量

6. 施工企业一般将(　　)作为成本计算对象。

　　A. 单位工程　　　　B. 工期　　　　C. 建设项目　　　　D. 建筑材料

7. 施工企业为反映企业在工程施工中发生的各项费用支出,应设置的科目是(　　)。

　　A. 工程施工　　　　B. 机械作业　　　　C. 工程结算　　　　D. 预提费用

8. 以下项目中,不是旅游、饮食服务企业的成本核算特点的是(　　)。

　　A. 采用多种成本核算方法　　　　　　B. 分别计算自制商品与外购商品成本

　　C. 涉外企业需计算汇兑损益和换汇成本　　　D. 不需要进行成本核算

9. 不能计入旅游、饮食服务企业营业成本的有(　　)

　　A. 旅行社代付的餐费

　　B. 国外购进商品的进价成本

　　C. 企业管理人员的工资

　　D. 宾馆车辆在服务营运过程中发生的养路费

三、案例题

1. 某零售企业采用售价金额核算法对库存商品进行核算,200×年9月发生下列经济业务:

(1) 采购商品一批,已验收入库,货款以银行汇票支付,进价成本为50000元,增值税为8500元,该批商品售价(含税)70200元;

(2) 该批商品全部出售,收回价款70200元,存入银行;

(3) 该批商品的增值税为10200元;

(4) 结转已实现的进销差价20200元。

要求:根据上述资料编制会计分录,并计算该批商品的销售毛利。

2. 某零售企业采用差价率法计算已销商品进销差价,月末结账前"商品进销差价"账户的贷方余额为480000元,月末"库存商品"账户余额为400000元,本月"主营业务收入"账户贷方发生额和"主营业务成本"账户借方发生额结转前均为1200000元。要求:

(1) 计算差价率及已销商品应负担的进销差价,并编制相关的会计分录;

(2) 计算月末库存商品的实际成本。

8

模块八

成本报表的编制
和分析

知　识　目　标	能　力　目　标
1. 了解企业成本报表的概念、作用、种类及特点； 2. 了解成本报表编报的要求； 3. 熟悉各种成本报表的格式和编制方法； 4. 熟悉各种成本报表的分析方法。	1. 能根据有关资料进行全部产品生产成本表(按产品品种反映)的编制和分析； 2. 能根据有关资料进行全部产品生产成本表(按成本项目反映)的编制和分析； 3. 能根据有关资料进行主要产品单位成本表的编制和分析； 4. 能根据有关资料进行制造费用明细表的编制和分析。

案例导入

　　宁波雅戈尔服饰公司属于服装制造行业,主要生产西服、衬衫等产品。其生产工艺具有连续性,从原材料(布料)裁剪、验片、缝纫、熨烫到成品检验是多个连续加工步骤才形成服装产品。会计人员根据相关资料,已核算出了每种产品的总成本和单位成本,现需要根据相关资料生成各车间成本报表、全部生产产品成本报表、单件服装生产成本表、制造费用明细表等,并在此基础上对成本报表的完成情况进行分析,看是否还有进一步降低成本的空间,以便能在激烈的竞争市场中占据主动。如果资料给定,你能根据当前资料编制出从不同角度反映的企业产品成本报表吗? 你能否对所编制的成本报表进行详细分析,为企业管理当局提出相关建议,为他们进行决策提供数据支持?

　　通过本模块的学习,相信你一定有熟练运用成本报表的能力。

项目一　成本报表概述

任务一　初步认识企业成本报表。

任务二　分析编制要求对成本报表发挥作用的影响。

一、成本报表的概念和作用

(一) 成本报表的概念

成本报表是根据日常成本核算资料及其他有关资料定期编制,用以反映一定期间的产品成本构成的水平及构成情况的会计报表。企业产品成本水平综合反映企业生产和管理水平,在激烈的市场竞争中,成本的高低是决定企业前途的重要因素。因此,企业应加强内部成本管理,在此基础上,科学地设置和编制成本报表,是成本会计的一项主要内容。根据我国现行会计制度规定,成本报表不作为企业向外报送的会计报表,它主要是为满足内部管理需要而编制的。

(二) 成本报表的作用

成本报表是进行成本分析的主要依据。成本会计报表的主要作用是向企业职工、各管理职能部门和企业领导以及上级主管部门提供成本信息,用以加强成本管理,促进和挖掘成本的潜力。编制成本报表对于加强和改善成本管理,进行成本预测、决策都有重要意义,其作用主要有以下几个方面:

(1) 满足成本核算需要,反映一定时期的现状,为企业日常成本控制提供实际成本资料。

(2) 企业利用成本报表,可以检查企业成本计划的执行情况,考核企业成本工作绩效,对企业成本工作进行评价。

(3) 通过成本报表分析,可以揭示影响产品成本指标和费用项目变动的因素和原因,从生产技术、生产组织和经营管理等各个方面挖掘和动员节约费用支出和降低产品成本的潜力,提高企业生产耗费的经济效益。

(4) 成本报表提供的实际产品成本和费用支出的资料,不仅可以满足企业、车间和部门加强日常成本、费用管理的需要,而且是企业进行成本、利润的预测、决策,编制产品成本和各项费用计划,制定产品价格的重要依据。

二、成本报表的种类和特点

(一) 成本报表的种类

由于成本报表主要是服务于企业内部经营管理为目的,以考核各项费用与生产成本计划执行结果的会计报表。因此,没有固定的种类、格式和内容。企业成本报表的设置,既要全面反映成本费用情况,又要满足企业内部管理的需要。因此在编制的成本报表时也不尽相同,就企业而言其所编制的报表可按以下标准划分:

1. 按编报时间分类

成本报表根据企业管理的要求一般可按月、季、年度编报。若内部管理的特殊需要,也可以按日、按周、按旬,甚至按工作班来编报,目的在于满足日常、特殊任务的需要,使成本报表资料及时服务于生产经营的全过程。

2. 按成本报表反映的内容分类

企业的成本报表按照内容可分为反映费用情况和反映成本情况两部分。

反映费用情况的报表有制造费用明细表、管理费用明细表、销售费用明细表。通过它们可以了解到企业在一定期间内费用支出总额及其构成,并可以了解费用支出合理性以及支出变动的趋势,这有利于企业和主管部门正确制定费用预算,控制费用支出。

反映成本情况的报表有产品生产成本报表、主要产品单位成本表、主要成本消耗指标和技术指标表、各种责任成本表和质量成本表等。这类报表侧重于揭示企业生产产品所花费的成本是否达到了预定的目标，通过分析比较，找出差距，为下一步采取有效措施，挖掘降低成本的内部潜力提供有效的资料。

3. 按成本报表编制范围分类

根据成本报表编制范围可分为全厂成本报表、车间成本报表、班组成本报表、责任个人成本报表。目的是加强成本管理，便于管理者考核成本工作的绩效，对成本工作进行合理评价。

综上所述，可将成本报表按不同的分类归纳如图 8－1 所示。

分类标准　　分类结果

- 成本报表
  - 编报时间
    - 年报
    - 季报
    - 月报
  - 反映内容
    - 反映费用情况的报表
      - 制造费用明细表
      - 销售费用明细表
      - 管理费用明细表
    - 反映成本情况的报表
      - 产品生产成本表
      - 主要产品生产成本表
      - 责任成本表
      - 质量成本表
  - 编制范围
    - 全厂成本报表
    - 车间成本报表
    - 班组成本报表
    - 责任个人成本报表

图 8－1　成本报表的分类

（二）成本报表的特点

成本报表为内部报表，因此其信息属于企业的商业秘密，不需要对外报送公开，完全可由企业自行设计和编制。成本报表与对外报送的财务报表相比，具有自身的特点：

（1）成本报表是服务于企业内部管理的报表。成本报表揭示产品成本现状的信息，为企业内部管理者提供经营管理和成本决策的有用信息。企业可以根据管理的需要，设置成本报表的种类、格式、编报时间等。

（2）成本报表是会计核算资料和技术经济资料相结合的产物。成本报表反映企业经济与技术状况的技术经济指标，为了揭示成本管理中存在的问题，不仅需要列示会计核算结果，而且必须反映技术经济资料，为企业成本控制和经营管理提供依据。

（3）成本报表具有准确性与近似性、定期性与及时性相结合的特点。准确性与近似性相结合，是指有关成本报表的编制不要求绝对精确，有一些专题分析报告，其目的是指出问题，故取近似值即可。定期性和及时性相结合，主要是指对日常成本管理需要的信息，应定期报告，对于生产经营中出现的重要或例外的成本信息，则应立即编制报表。

例 8－1　宁波雅戈尔服饰公司主要生产西服、衬衫等产品，是典型的劳动密集型行业，生产过程也相对复杂，从布料经过裁剪、验片、缝纫等多个生产车间才形成服装产品。公司会计人员根据各部门的相关原始资料,生成各类车间成本报表、全部产品成本报表、制造费用明细表等,接着据以编制出单件服装生产成本等成本报表,将西服的各类成本报表仅向公司管理人员报告,用来分析产品的成本变动情况,便于管理者改进生产工艺,提高生产效率,努力降低产品的成本,以提高产品的竞争力。

请你根据该企业的情况,简要说明该厂的车间成本报表、全厂成本报表分别属于什么类型的报表?并指出该种类型报表有什么样的特点?

分析

车间成本报表、全厂成本报表都是成本报表,属于企业的内部报表,其信息属于商业秘密,不需要对外报送公开,完全可由企业自行设计和编制。具有自身的特点有:① 成本报表服务于企业内部管理。② 成本报表是会计核算资料和技术经济资料相结合的产物。③ 成本报表具有准确性与近似性、定期性与及时性相结合的特点。

三、成本报表编制的要求

为了充分反映成本报表的作用,必须做到数字准确、内容完整、编制及时,这是对成本报表质量的统一而不可分割的要求。

数字准确,就是指报表的指标必须如实地反映企业成本工作的实际情况,不得以估计的数字、计划数字、定额数字来代替实际数字。

内容完整,就是指编制成本报表的种类必须齐全;应填列的报告指标结合文字说明必须全面;表内项目和表外补充资料,不论根据账簿资料直接填列还是分析填列都应当完整无缺,并且不得随意变更。

编报及时,就是指要按照规定期限及时保送成本报表,以便有关方面及时利用成本资料的信息进行检查、分析等工作。

因此,财务人员要做好编制成本报表的准备工作,并且要加强与各有关部门的协作和配合工作,以按期报送各种报表,满足企业微观管理与成本分析的要求。

项目二 成本报表编制

任务一　完成全部产品生产成本表(按产品品种反映)的编制。
任务二　完成全部产品生产成本表(按成本项目反映)的编制。
任务三　完成主要产品单位成本表的编制。
任务四　完成制造费用明细表的编制。

一、全部产品生产成本表(按产品品种反映)的编制

全部产品生产成本表是反映企业在报告期内生产的全部产品(包括可比产品和不可比产品)的总成本,以及各种主要产品的单位成本和总成本的报表。

根据全部产品成本表所提供的资料,在格式上一般分为按产品品种反映和按成本项目反映两种形式。按成本项目反映的成本报表,分为生产费用和产品生产成本两部分,按上年

实际数、本年计划数、本月实际数和本年累计实际数分栏反映;按产品种类反映的成本报表分为实际产量、单位成本、本月总成本、和本年累计总成本四部分。

(一)全部产品生产成本表(按产品品种反映)的结构

利用全部产品成本表,可以考核和分析企业全部产品和各种主要产品成本计划的执行情况,以及可比产品成本降低计划的执行情况,对企业成本工作进行一般评价。产品成本表分为基本报表和补充资料两部分,基本报表又包括可比产品成本和不可比产品成本。

所谓可比产品:是指以前年度正式生产过,具有以往实际成本资料可供比较的产品;不可比产品:是指以前年度没有正式生产过,没有以往实际成本资料可供比较的产品。对于去年试制成功,今年正式投产的产品,也应作为不可比产品。

基本报表部分按可比产品和不可比产品的品种来设置,按照实际产量、单位成本、本月总成本等设置专栏,分别反映上年实际、本年计划、本月实际和本年累计实际单位成本,以及按上年实际单位成本计算和按本年计划单位成本计算的本月(或本年累计)总成本,本月(或本年累计)实际总成本。

补充资料包括可比产品成本降低额、可比产品成本降低率等。

利用产品成本报表,可以了解全部产品生产成本的现状,考核和分析企业全部商品产品和各种主要商品产品成本计划的执行情况,以及可比产品成本降低计划的执行情况,评价企业成本管理工作。

全部产品成本表(按产品品种反映)分为基本报表和补充资料两部分,报表格式见表8-1。

(二)全部产品生产成本表(按产品品种反映)的编制方法

1. 基本报表的填列方法

(1)"本月实际产量"栏(第1栏)、"本月实际总成本"栏(第9栏)应根据成本计算单或产品成本明细表中的有关记录填列。

(2)"本年累计实际产量"栏(第2栏)应根据本月实际产量加上上月本表的累计实际产量计算填列。"本年累计实际总成本"栏(第12栏)应根据本月实际总成本加上上月本表的本年累计实际总成本计算填列。

(3)"上年实际平均单位成本"栏(第3栏)应根据上年度本表所列示可比产品的全年实际平均单位成本填列。

(4)"本年计划单位成本"栏(第4栏)应根据本年度成本计划中各产品单位成本的计划数填列。

(5)"本月实际单位成本栏"(第5栏)、"本年累计实际平均单位成本栏"(第6栏)、"按上年实际平均单位成本计算的本月总成本"栏(第7栏)、"按本年计划单位成本计算的本月总成本"栏(第8栏)、"按上年实际平均单位成本计算的本年累计总成本"栏(第10栏)、"按本年计划单位成本计算的本年累计总成本"栏(第11栏)应根据报表中指示的计算方法填列。

例8-2　某厂在200×年10月份的产品成本表,如表8-1所示。

编制单位：×××厂

表 8 - 1　产品成本表（按产品品种）

200×年 10 月

单位：元

产品名称	计量单位	实际产量		单位成本				本月总成本			本年累计总成本		
		本月①	本年累计②	上年实际平均③	本年计划④	本月实际⑤	本年累计实际平均⑥	按上年实际平均单位成本计⑦	按本年计划单位成本计⑧	本月实际⑨	按上年实际平均单位成本计⑩=②×③	按本年计划单位成本计⑪=②×④	本年实际⑫
可比产品合计	—	—	—	—	—	—	—	19400	19100	18850	270000	266000	269400
其中：免烫衬衫	件	50	500	84	82	83	81	4200	4100	4150	42000	41000	40500
全新羊毛西服	件	20	300	760	750	735	763	15200	15000	14700	228000	225000	228900
不可比产品合计	—	—	—	—	—	—	—		216100	239000		9448000	13024000
其中：澳洲羊毛新款西服	件	209	10000	—	900	1000	1256		188100	209000		9000000	12560000
纳米免烫衬衫	件	250	4000	—	112	120	116		28000	30000		448000	464000
全部产品成本	—	—	—	—	—	—	—		235200	257850		9714000	13293400

补充资料（按本年累计实际数）

1. 可比产品成本降低额 600 元（本年计划降低额为 4000 元）

2. 可比产品成本降低率 0.222%（本年计划降低率为 1.48%）

2. 补充资料的填列方法

补充资料部分只填列本年累计实际数,其中:

(1)可比产品成本降低额。指可比产品累计实际总成本比按上年实际单位成本计算的累计总成本降低的数额(超支额用负数表示)。计算公式如下:

$$可比产品成本降低额 = 可比产品按上年实际平均单位成本计算的本年累计总成本\\ - 可比产品本年累计总成本$$

可比产品成本降低率。指可比产品成本降低额占本年累计实际成本比率。计算公式如下:

$$可比产品成本降低率 = 可比产品成本降低额/可比产品按上年实际平均单位成本\\ 计算的本年累计总成本 \times 100\%$$

以表 8-1 的资料为例。计算如下:

可比产品成本降低额 = 270000 - 269400 = 600 元

可比产品成本降低率 = 600/270000 × 100% = 0.222%

可比产品成本降低率的"本年计划数",应根据年度成本计划填列,可比产品成本的"超支额"和"超支率",应在"降低额"和"降低率"项目内以"—"来填列。

二、全部产品生产成本表(按成本项目反映)的编制

按成本项目反映的产品生产成本表,反映企业在报告期内发生的全部生产费用和全部产品成本以及各项生产费用的构成情况。

(一)按成本项目反映的产品生产成本表的结构

该表分为生产费用和产品生产成本两个部分,分别列示上年实际数、本年计划数、本月实际数和本年累计实际数。表中生产费用部分按成本项目反映报告期内发生的各项生产费用的合计数。产品生产成本是以报告期内生产费用合计数为基础,加上在产品、自制半成品期初余额,减去在产品、自制半成品期末余额计算得出的。

例 8-3 某厂在 12 月份全部产品成本表(按成本项目反映),资料见表 8-2。

表 8-2　全部产品成本表(按成本项目反映)

编制单位:××厂　　　　　　　　　　200×年 12 月　　　　　　　　　　单位:元

项　　　目	上年实际数	本年计划数	本月实际数	本年累计实际数
生产费用				
直接材料	150650	146180	14530	148680
直接人工	27630	27950	2840	30540
制造费用	13820	19570	1890	19420
生产费用合计	192100	193700	19260	198640
加:在产品、自制半成品期初余额	1920	2230	1780	1870
减:在产品、自制半成品期末余额	1870	2160	1830	1830
产品生产成本合计	192150	193770	19210	198680

（二）按成本项目反映的产品生产成本表的编制方法

表中上年实际数,应根据上年12月份本表的本年累计实际数来填列。

本年计划数则根据本年度计划的有关数据填列。

本月实际数,应根据本月各种产品成本明细账中记录的生产费用合计数,按成本项目分别汇总填列。

本年累计实际数,应根据本月实际数加上上月本表的本年累计实际数计算填列。

表中在产品、自制半成品的期初、期末余额,根据各种产品成本明细账和自制半成品的期末和期末余额分别汇总填列。

（三）按成本项目反映的产品生产成本表的作用

（1）反映报告期内全部生产费用的支出情况和各种生产费用的构成情况,将各项费用的本年累计数与本年计划数和上年实际数进行分析比较,了解生产费用的升降情况,考核评价成本计划的完成情况。

（2）反映报告期内全部产品的生产成本总额,将本年累计实际数与上年实际数和本年计划数进行比较分析,来考核分析产品生产成本升降情况和计划执行结果。

（3）将表中的各期产品生产成本合计数与该期的销售收入或者利润进行比较分析,可以计算出成本销售收入率,可考核各期的经济效益。

三、主要产品单位成本表的编制

主要产品单位成本表是反映企业在月份和年度内生产各种主要产品的单位成本的构成及其变动情况的会计报表。该表应按主要产品分别编制,是按产品品种构成的产品生产成本表的补充报表。

（一）主要产品单位成本表的结构和作用

主要产品单位成本表包括表首、按成本项目反映的单位成本和主要经济技术指标三个部分。表首部分列示主要产品的名称、规格、计量单位、销售单价、本月计划产量、实际产量、和本年累计计划产量、累计实际产量等。单位成本部分,分别按成本项目反映历史先进水平、上年实际平均、本年计划、本月实际和本年累计实际平均单位成本、主要经济技术指标部分主要是反映原材料、燃料和动力的耗量。

主要产品单位成本表可以具体说明"产品生产成本"中"单位成本"项目的具体构成。所以它是对产品成本表所列各种主要产品成本的补充说明。利用该表,可以考核各种主要产品单位生产成本计划的执行情况;按照成本项目来分析产品单位生产成本的超支或者节约的原因;了解各种主要产品的主要技术经济指标执行情况,以利发现问题,挖掘潜力,降低产品成本。

主要经济技术指标。是指产品主要原材料的耗用量,应根据业务技术核算资料填列。

例8-4 某厂在12月份的主要产品单位成本表的格式和内容见表8-3。

表 8 - 3　主要产品单位成本表

编制单位：××厂　　　　　　　　200×年 12 月　　　　　　　　　单位：元

产品名称：蒙古羊毛西服　　　　　计量单位：件　　　　　　本月计划产量：18

产品规格：V88482　　　　　　　　销售单价：860 元　　　　　本月实际产量：20

本年累计计划产量：200

本年累计实际产量：300

成本项目		历史先进水平 200×年	上年实际平均	本年计划	本月实际	本年累计实际平均
直接材料		470	480	470	475	482
直接人工		101	106	102	105	108
制造费用		70	72	70	70	80
产品单位成本		641	658	642	650	663
主要技术经济指标	计量单位	耗用量	耗用量	耗用量	耗用量	耗用量
面料	米	1.6	1.8	1.5	1.7	1.7
里料	米	1.1	1.2	1.0	1.2	1.2

（二）主要产品单位成本表的编制方法

主要产品单位成本表各项数字填列方法如下：

（1）表首部分。本月及本年累计计划产量应根据生产计划填列；本月及本年累计实际产量应根据产品成本明细账或产成品汇总表填列；销售单价应根据产品定价表填列。

（2）单位成本部分。"历史先进水平"栏应根据历史上该种产品成本最低年度本表的实际平均单位成本填列；"上年实际平均"栏，应根据上年度本表实际平均单位成本填列；"本年计划单位成本"应根据本年度成本计划填列；"本月实际单位成本"栏，应根据产品成本明细账或产品成本汇总表填列；"本年累计实际平均成本"栏应根据该种产品成本明细账自年初至报告期末完工产品成本分成本项目的实际总成本除以本年累计实际产量计算填列。

（3）主要经济技术指标部分。计划数应根据业务技术核算资料填列，各有关年度实际数应根据当年有关统计资料填列。

四、制造费用明细表的编制

制造费用明细表是反映企业在报告期内发生的制造费用总额及其构成情况的成本报表。该表的制造费用只反映基本生产车间的制造费用。

制造费用明细表的各部分按制造费用项目来设置，按"本年计划数"、"上年同期实际数"、"本年累计实际数"设置专栏，反映费用的发生情况。

企业为反映各生产单位各期制造费用的发生情况，制造费用明细表可分车间按月进行编制。

例 8-5 某厂在 12 月份的制造费用明细表的格式见表 8-4。

表 8-4 制造费用明细表

编制单位：××厂　　　　　　　　　　　　200×年 12 月　　　　　　　　　　　　单位：元

项　　目	本年计划	上年同期实际数	本月实际数	本年累计实际
工资及福利费				6800
折旧费				3860
修理费				530
办公费				1785
水电费				2435
机物料消耗				1790
低值易耗品摊销				258
劳动保护费	（略）	（略）	（略）	280
租赁费				0
运输费				340
保险费				600
设计制图费				700
停工损失				0
其他				42
制造费用合计				19420

制造费用明细表作用主要有：

（1）反映企业在一定期间内所发生的制造费用总额和各明细项目数额的报表；

（2）按照明细项目分析制造费用的构成与变动情况，以采取措施节约费用开支，降低成本；

（3）考核整个企业制造费用预算的实际情况，并为下年度制造费用预算提供依据。

项目三　成本报表分析

任务一　完成成本报表因素分析法的计算。

任务二　完成全部产品成本（按产品类别）计划完成情况的计算。

任务三　完成全部产品成本（按成本项目）计划完成情况的计算。

任务四　完成可比产品成本降低情况的计算。

任务五　完成产品单位成本情况分析的计算。

任务六　完成技术经济指标变动对产品成本影响的计算。

一、成本报表分析的意义

成本报表编制完成后,必须对其进行分析,才能使报表中的数据真正成为有助于成本管理与对策的有用信息。成本报表分析属于事后分析。它以成本报表所提供的、反映企业一定时期成本水平和构成情况的资料和有关的计划、核算资料为依据,运用科学的分析方法,对各项指标的变动及其相互关系进行分析研究,揭示企业各项成本指标计划的完成情况和原因,以促进企业节约成本开支,改善成本管理。

二、成本报表分析的基本方法

成本报表分析方法,在实践中是多种多样的。采用何种方法,是由分析的目的、分析对象的特点、所掌握的计划资料和核算资料的性质和内容来决定。

成本报表分析的基本方法,常用的有比较分析法、因素分析法、比率分析法等。

(一) 比较分析法

比较分析法,是指通过分析对象在目前的实际状况与相关标准的数据相比,确定差异的一种分析方法。通过对比分析,可以发现寻找差距,并为进一步的分析指明方向。根据比较基数的不同,成本报表的比较分析可采取以下几种方式:

1. 将本期实际指标与计划指标进行对比

以实际成本指标与计划成本指标或定额指标对比,分析计划或定额的完成情况,揭示差异的性质。

2. 将本期实际指标与前期指标进行对比

以本期实际成本指标与前期(上期、上年同期或历史先进水平)的实际成本指标对比,了解成本指标变动情况和变动趋势,揭示企业生产经营工作改进情况。

3. 将企业实际指标与同行业先进指标进行对比

以本企业实际成本指标与国内外同行业先进成本指标(或平均成本指标)对比,可以了解在大范围内成本管理所处的状况和水平,有利于吸收先进经验,推动企业改善经营管理。

采用比较分析法,应注意对比指标之间的可比性。指标对比法只适用于同质指标的数量对比,对比指标双方的指标内容、计算方法、采用的计价基础、时间单位及有关前提条件等应当相互一致。

(二) 比率分析法

比率分析法是通过计算和对比经济指标的比率进行数量分析的方法。在成本分析中,常用的比率分析方法主要有以下几种:

1. 相关比率分析

将两个性质不同但又相关的指标对比求出比率,再以该项实际数比率与计划数比率(或前期实际数比率)进行比较分析,以便从经济活动的客观联系中,进一步了解企业成本管理和经营状况。在成本效益分析中,与成本指标性质不同而又相关的指标有反映企业生产成果的产值指标,反映企业销售成果的营业收入指标和反映财务成果的利润指标等。运用相关比率分析法所计算的相关比率也就包括产值成本率、营业收入成本率和成本利润率等。例如:

产值成本率=产品成本/商品产值×100%

营业收入成本率=产品成本/营业收入×100%

成本利润率＝利润总额/产品成本×100％

2. 构成比率分析

通过计算某项经济指标的各个组成部分占总体的比重,进行分析。例如,在成本分析中,通过计算产品成本中各个项目的比重,费用总额中各个项目的比重,可以反映产品成本或费用总额的构成是否合理,为寻找降低成本、节约成本的途径指明了方向。例如:

直接材料费用比率＝直接材料费用/产品成本×100％

直接人工费用比率＝直接人工费用/产品成本×100％

制造费用比率＝制造费用/产品成本×100％

3. 趋势比率分析

将不同时期同类指标的数值对比求出比率,进行动态比较,据以分析该项指标的增减速度和变动趋势,可为定比趋势百分比和环比趋势百分比两种方式。

假设某服装公司生产全新羊毛西服在200×年四个季度的实际单位成本分别为760元、750元、780元、810元。

若以第一季度为基期,可以计算出其他各季度单位成本与之相比的定基比率,分别如下:

第二季度:750/760×100％＝98.68％

第三季度:780/760×100％＝102.63％

第四季度:810/760×100％＝106.58％

通过上述计算可以很明显地看出,该西服产品在第二季度有所下降,但在第三季度、第四季度比第一季度有上升的趋势。

如果以上季度为基期,根据资料计算各季度环比的比率,分别如下:

第二季度:750/760×100％＝98.68％

第三季度:780/750×100％＝104％

第四季度:810/780×100％＝103.85％

采用以上计算,该产品的单位成本在第二季度是有所下降,但在第三季度突然猛增,呈上升趋势;第四季度也上升趋势,但没有第三季度幅度大。

(三) 因素分析法

因素分析法也称连环替代法,是把综合性指标分解成各个构成因素,据以确定各因素变动对综合指标变动影响程度的一种分析方法。连环替代法是将综合性经济指标分解为各个因素后,以组成该指标的各个因素的实际数,按顺序替换比较的标准,来计算各个因素变动对该指标的影响程度的方法。运用连环替代法进行分析计算,应当遵循以下计算顺序:

(1) 根据综合性经济指标的特征和分析的目的,确定构成该指标的因素。例如,在分析单位产品成本中的直接材料费用的变动原因时,可以确定分析材料消耗的数量和单价两个因素的影响。

(2) 根据因素的依存关系,按一定顺序排列因素。采用连环替代法,改变因素的顺序,计算结果会有所不同。为了便于比较和分析,应当确定因素的排列顺序。在实际工作中,一般将反映数量的因素排列在前,反映质量的因素排列在后;反映实物量和劳动量的因素排列在前,反映价值量的因素排列在后。

（3）确定比较的标准后，依次以各因素的本期实际数值替代该因素的标准数，每次替换后计算出新的数据，有几个因素就需要替换几次，直至最后计算出该指标的实际数据。

（4）以每次替换后计算出的数据，减去前一个数据，其差额就是该因素变动对经济指标的影响程度。

（5）综合各个因素的影响程度，其总和就是该经济指标的实际数与标准数的差异。

例 8 - 6 某服装公司在生产成人免烫衬衫消耗布料的资料如表 8 - 5 所示。

表 8 - 5　免烫衬衫材料费用差异表

项　目	单　位	计划数	实际数	差　异
产品产量	件	500	520	＋20
单位产品消耗量	米	1.8	1.6	－0.2
材料单价	元/米	20	25	＋5
材料费用总额	元	18000	20800	＋2800

（1）首先建立材料费用总额与三个因素：产品产量、单位产品材料消耗量和材料单价的依存关系：

$$材料费用总额＝产品产量×单位产品材料消耗量×材料单价$$

（2）然后计算材料费用总额的实际数与计划数的差额作为分析对象。

材料费用总额的实际数与计划数的差额$＝520×1.6×25－500×1.8×20＝2800$

差异是由于产量增加、单位产品材料消耗量降低和材料单价升高三个因素综合影响的结果。

（3）按照上述公式中各因素的排列顺序，用连环替代法测定各因素变动对材料费用定额变动的影响程度。

① 以计划数为基数

材料总费用$＝500×1.8×20＝18000$（元）

② 第一次替代（将产品产量实际数 520 替代计划数 500）

$520×1.8×20＝18720$（元）

由此可得②－①，即产量变动对材料费用变动的影响

$18720－18000＝720$（元）

③ 第二次替代（在第一次替代基础上，将单位产品材料消耗定额的实际数替代计划数）

$520×1.6×20＝16640$（元）

由此可得③－②，即为单位产品材料消耗量对材料费用变动的影响

$16640－18720＝－2080$（元）

④ 第三次替代（在第二次替代基础上再将材料实际单价替代计划单价）

$520×1.6×25＝20800$（元）

由此可得④－③，即材料单价变动对材料费用的影响

$20800－16640＝4160$（元）

从上面计算可知，虽然单位产品材料消耗量降低使材料费用节约了 2080 元，但由于产量增加和材料单价升高，使得费用增加了 4880 元（720＋4160），因而总体来说，费用增加2800 元（4880－2080），企业可以进一步查明材料消耗节约和材料价格升高的原因，以便对

材料费用总额变动进行评价。

三、成本计划完成情况分析

成本计划完成情况的分析是重要组成部分,包括全部产品成本计划完成情况的分析和可比产品成本降低计划完成情况的分析。

(一) 全部产品成本计划完成情况分析

全部产品成本计划是按产品类别和成本项目分别编制的,全部产品成本计划完成情况的分析,也应当按照产品类别和成本项目分别进行。通过分析,查明全部产品和各种产品成本计划的完成情况;查明全部产品总成本中,各个成本项目的成本计划完成情况,同时还要找出成本降低幅度较大的成本项目,为进一步分析奠定基础。

1. 按产品类别进行的成本计划完成情况分析

全部产品按产品类别进行的成本计划完成情况的分析,依据是分析期内的产品生产成本表和按产品类别编制的全部产品计划完成情况分析表。

例 8-7 某厂在 200× 年度的资料,如表 8-6 所示:

表 8-6　全部产品成本(按产品类别)计划完成情况分析表

编制单位:××厂　　　　　　　　　　200×年度　　　　　　　　　　单位:元

产品名称	计划总成本	实际总成本	实际比计划升降额	实际比计划升降率(%)
一、可比产品	66000	67400	+1400	+2.12
其中:棉免烫衬衫	41000	40500	-500	-1.22
全新羊毛西服	25000	26900	+1900	+7.6
二、不可比产品	33550	33780	+230	+0.69
其中:澳洲羊毛新款西服	18750	18820	+70	+0.37
纳米免烫衬衫	14800	14960	+160	+1.08
合　　计	99550	101180	+1630	+1.64

计算表明,本年累计实际总成本却超过计划 1630 元,升高 1.64%。其中,可比产品成本实际比计划超支 1400 元,主要是全新羊毛西服成本超支 1900 元,而棉免烫衬衫成本是降低的;不可比产品成本实际比计划超支 230 元,澳洲羊毛新款西服、纳米免烫衬衫成本都超支了。显然,进一步分析的重点应查明全新羊毛西服成本超支的原因。

为了把企业产品的生产耗费和生产成果联系起来,综合评价企业生产经营的经济效益,在全部产品成本计划完成情况的总评价中,还应包括产值成本率指标的分析。

2. 按成本项目分析全部产品成本计划的完成情况

在生产企业里,为了生产产品所支出的费用是多种多样的,这些费用支出的节约或超支,最终势必影响到产品的生产成本。因此,为了了解成本变动的原因,挖掘成本降低的潜力,还要进一步比较和分析构成产品成本的各个项目支出的变动情况及其对总成本的影响程度,为解决降本增效难题指明了方向。

例 8-8 根据某制衣分公司的成本计划和成本核算资料,编制出下列分析表,详见表 8-7。

表8-7 全部产品成本(按成本项目)计划完成情况分析表

单位：元

成本项目	全部产品成本		节约或超支		各项目的差异占总份额的%
	计划	实际	绝对数	百分数	
①	②	③	④	⑤	
直接材料	13480	13680	+200	+1.48	+1.11
直接人工	2977	2879	-98	-3.29	-0.54
制造费用	1543	1586	+43	+2.79	+0.24
合计	18000	18145	+145	+0.81	+0.81

表中各栏填列方法：

①栏 $=\sum$（各产品成本项目的计划单位成本×该产品的实际产量）

②栏 $=\sum$（各产品成本项目的实际单位成本×该产品的实际产量）

③＝②栏－①栏

④＝③栏/①栏×100%

⑤＝③栏/①栏合计×100%

从表中可以看出，该企业产品成本比计划有所上升，主要原因是原材料价格上涨较大影响所致，直接人工费用在下降，制造费用有一定幅度的上涨，造成了产品单位成本的上涨。但是经过分析，结合当前原材料价格、物价上涨等宏观环境因素，才能找到成本项目变动的真正原因，以便及时采取有效措施。

（二）可比产品成本降低计划完成情况分析

企业可比产品是企业的主要产品，通常是分析期正常生产、大量生产的产品，可比产品的比重、消耗、成本、收入、利润等都在企业全部产品中占了很大比重，是产品成本分析的重点。

分析可比产品成本降低计划的完成情况，根据因素分析法的原理，首先确定需要分析的对象，其次是确定影响成本降低计划完成的主要因素，最后要计算出各个因素变动对成本降低计划完成情况的影响程度。

1. 可比产品成本降低计划及其完成情况的计算

例8-9 某公司在200×年度可比产品成本降低计划和实际完成情况如表8-8所示：

表8-8A 可比产品成本降低计划

品名称	计划产量（件）	单位成本（元）		总成本（元）		计划降低	
		上年	计划	上年	计划	降低额（元）	降低率（%）
衬衫	50	84	82	4200	4100	100	2.38
羊毛西服	20	760	750	15200	15000	200	1.32
合计				19400	19100	300	1.55

表 8-8B 可比产品成本实际降低情况

品名称	计划产量（件）	实际单位成本（元）	总成本（元）			实际完成情况	
			上年	计划	实际	降低额（元）	降低率（%）
衬衫	50	83	4200	4100	4150	50	1.19
羊毛西服	20	735	15200	15000	14700	500	3.29
合计			19400	19100	18850	550	2.84

该公司可比产品实际降低额比计划多降低了 250 元（550－300），实际成本降低率比计划多降低了 1.29%。如从上表计算可以看出，衬衫成本降低计划没有完成，企业应进一步查明原因。应进一步分析影响可比产品成本降低计划完成情况的相关因素，然后做出合理的评价。

2. 影响可比产品成本降低计划及其完成情况的因素分析

影响可比产品成本降低计划完成情况的因素主要有三个，即产品产量、产品品种结构和产品单位成本。

（1）产品产量。在其他因素不变条件下，单纯产品产量的变动，只引起成本降低额发生相应变化，而成本降低率不会变化。所以在实际产量、计划品种构成、计划单位成本情况下的成本降低率与计划降低率相同，那么，产品产量变动对成本变动的影响程度详见表 8-9。

例 8-10 假设该公司羊毛西服的实际产量比计划增长了 10%，衬衫产量未变的情况下对公司产品成本变化情况，详见表 8-9：

表 8-9 单纯产量变动后对可比产品成本降低计划完成情况

品名称	计划产量（件）	实际产量（件）	实际单位成本（元）	总成本（元）			实际完成情况	
				上年	计划	实际	降低额（元）	降低率（%）
衬衫	50	50	83	4200	4100	4150	50	1.19
羊毛西服	20	22	735	16720	16500	16170	550	3.29
合计				20920	20600	20320	600	2.87

计算公式如下：

产量变动对成本降低额的影响 $= \sum [($实际产量$-$计划产量$) \times$上年实际单位成本$] \times$计划成本降低率

依据上列该公司羊毛西服的实际产量比计划增长了 10%，衬衫产量未变的情况下，对成本降低的影响 $= [(50-50) \times 84 + (22-20) \times 760] \times 1.55\% = 23.56$（元）

（2）产品品种构成变动的影响。因为全部可比产品成本降低率实质上是以各种可比产品的个别成本降低率为基础，乘以各种可比产品的产量比重（权数）求得的加权平均成本降低率。由于各种产品的成本降低程度有高有低，假设成本降低幅度大的产品比重比计划比重提高，则全部可比产品实际成本降低率就会比计划降低，降低额也会比计划多，反之降低率和降低额会比计划少。

品种结构变动的影响可用结构变动后的降低额减去结构变动前的降低额计算。

某产品品种构成＝（某产品产量×该产品上年单位成本）/∑（各产品产量×该产品上年单位成本）×100％

例 8－11 本例根据表 8－9 的数据资料计算，在品种结构为发生变化前，可比产品中衬衫和羊毛西服的比重分别为

衬衫占比重＝4200/20920×100％＝20％

羊毛西服占比重＝16720/20920×100％＝80％

因此，可得

全部可比产品计划成本降低率＝衬衫占比重×衬衫计划成本下降率＋羊毛西服占比重×羊毛西服计划成本下降率

将表 8－9 的数据带入，则为

全部可比产品计划成本降低率＝20％×1.19％＋80％×3.29％＝2.87％

（3）单位成本变动的影响。在计算可比产品成本降低额时，是根据本年计划单位成本和上年实际单位成本进行比较计算的，而可比产品成本实际降低额则是根据本年实际单位成本和上年实际单位成本进行计算的，这样，当本年实际单位成本比计划单位成本有升降变化时，必然会引起可比产品成本降低和降低率相应产生升降变化。产品实际单位成本比计划单位成本降得越多，成本降低率和降低额就越大，反之，成本降低率和降低额就越小。

在表 8－9 中，羊毛西服上年单位成本为 760 元，计划单位成本为 750 元，则每件产品计划降低额为 10 元（760－750），降低率为 1.32％；如果实际单位成本为 735 元，则每件降低额为 25 元（760－735），降低率为 3.29％。此时，可看出实际比计划降低额多降低了 15 元，降低率多降低 1.97％。所以，产品单位成本对成本降低额和降低率产生影响。

在上述因素中，成本降低实主要因素，企业从购进材料成本、从生产和销售等环节分析查明原因，努力增加产量、降低单位成本，才是完成成本降低计划的有力措施。

四、产品单位成本分析

企业产品成本分析，除了要对全部产品和可比产品成本进行分析总括分析外，还应对企业主要产品的单位成本进行深入具体的分析。

主要产品单位成本表的分析，在于揭示各种产品单位成本的各个项目的变化情况，以及各项消耗定额的执行情况，查明单位产品成本升降的原因。同时，也只有对各种产品单位成本分析后，才能确切查明全部产品和可比产品成本脱离计划的具体原因，从而正确地评价企业成本计划的完成情况。

主要产品单位成本分析有主要产品单位成本计划完成情况的分析、产品单位成本各主要项目分析等。

（一）产品单位成本计划完成情况分析

根据"主要产品单位成本表"，确定产品单位成本与各成本项目的本期实际数比计划数、比上年实际数差异额和比历史最好水平差异率，以及各成本项目变动时对单位成本计划的影响程度。

例 8－12 某厂在 200×年度的主要产品成本表如表 8－10、表 8－11 所示：

表 8-10　主要产品单位成本表

编制单位：××厂　　　　　　　　　　　　　200×年度　　　　　　　　　　　　　单位：元

产品名称		羊毛西服	计量单位	件	计划产量 50
					实际产量 50
成本项目		上年实际平均单位成本	本年计划单位成本		本年实际平均单位成本
直接材料		480	470		475
直接人工		106	102		105
制造费用		72	70		70
合计		658	642		650
明细项目	单位	上年数		计划数		实际数	
		单位用量	金额	单位用量	金额	单位用量	金额
原材料							
毛料	米	1.8	250	1.5	300	1.7	266
里料	米	1.2	25	1.0	20	1.1	20
工时		210		180		200	

表 8-11　主要产品单位成本表　　　　　　　　　　　　　　　　　　　单位：元

成本项目	计划成本	实际成本	降低（一）或超支（十）		各项目超降对单位成本的影响%
			金额	%	
直接材料	470	475	＋5	1.06	＋0.78
直接人工	102	105	＋3	2.94	＋0.47
制造费用	70	70	0	0	0
合计	642	650	＋8	1.25	1.25

根据表 8-10 资料可以编制成本分析表 8-11，以了解成本升降情况和一般原因，从上表可以看出产品单位成本分析表。

（二）产品单位成本各主要项目分析

下面介绍产品单位成本按主要项目进行分析的方法。

1. 直接材料项目的分析

直接材料成本在产品成本构成中，一般都占有很大的比重，其超降对产品成本水平有着重大影响。所以，直接材料成本项目分析，是产品单位成本分析的重点。材料费用变动主要受单位产品材料消耗数量和材料价格两个变动因素影响。其关系可表示为：

单位产品材料费用＝单位产品耗用量× 材料单价

在分析材料项目变动情况时，首先，将各种主要材料的实际成本与计划成本相比较，查明哪些材料成本的超降较大；其次，分析材料成本超降的原因，一般来说，材料成本取决于消耗数量和材料的价格，它们的变动对材料成本的影响计算方法如下：

材料耗用量差异的影响＝（实际单位耗用量－计划单位耗用量）×材料的计划单价

材料价格差异的影响＝（材料实际单价－材料计划单价）×实际单位耗用量

例 8 - 13 该厂在羊毛西服的直接材料成本，根据成本计划和成本核算资料，经整理计算得出，详见表 8 - 12：

表 8 - 12　原材料成本分析表

材料名称	计量单位	耗用量		材料单价		材料成本		差异分析	
		计划	实际	计划	实际	计划	实际	数量	价格
面料	米	1.5	1.7	300	266	450	453	＋0.2	＋3
里料	米	1.0	1.1	20	20	20	22	＋0.1	＋2
合计						470	475	＋0.3	＋5

羊毛西服直接材料成本超支主要是材料消耗量上升，进而材料成本上升了 62 元[300×(1.7-1.5)+(1.1-1.0)×20]。另外，因为经济采购材料单价降低了，进而材料成本降低 57 元[(300-266)×1.7+0]。两者共同作用的结果导致材料成本的超支数仅为 5 元。

分析单位产品的材料费用，要在上面两因素分析的基础上，进一步了解单耗和单价变动的具体原因。归纳起来就是：材料价格变动多属外界因素，需结合市场供求情况进行分析；材料消耗量变动的主要原因有：材料加工方法、材料质量的好坏、生产中废料数量和回收情况、产品结构变化、生产工人技术水平以及产品结构变化等，企业应进行具体分析，区别对待。

2. 直接人工项目的分析

直接人工的分析，必须结合工资制度和生产工人的工资分配方法来进行。采用计时工资制度时，在工资直接计入产品成本的企业里面，单位产品的工资成本的多少，就决定于这种产品的产量增减及其工资的高低。直接人工费用变动主要受单位产品工时消耗量和小时工资额两个因素变动的影响，它们之间的关系可以表示为：

单位产品直接工资＝直接工资总额/产品数量

从上式可以看出，如果产品产量增长的速度超过工资增长的速度，单位产品成本中的工资额就会相应地下降；反之，产量增长的速度低于工资增长的幅度，那单位产品的工资额就会相应地增加。

产量差异的影响＝直接工资总计划数/产量实际数－单位产品直接工资计划数

直接工资额差异的影响＝单位产品直接工资实际数－直接工资计划数/产量实际数

例 8 - 14 某服装厂生产的生产羊毛西服工资材料为例，详见表 8 - 13：

表 8 - 13　直接工资材料分析

项　　目	计划数	实际数	差　　异
直接工资(元)	5300	5610	＋310
产品产量(件)	50	55	＋5
单位产品直接工资(元)	106	102	－4

产量差异的影响＝5300/55－106＝－9.6(元)

工资差异的影响＝102－5300/55＝5.6(元)

产品产量的增加,主要靠技术革新,设备的先进,改进产品设计和工人技术熟练等因素。因此,应深入实际,认真总结提高产量的经验,挖掘提高产量的潜力,促进产品成本的降低。

在很多企业,各个车间和班组生产产品的品种都是两种以上,产品的工资费用一般是按照生产工时消耗分配计入各产品成本中去。因此,单位产品成本中工资费用的多少,取决于单位产品中的生产工时和小时工资额两个因素,它们之间的公式为

$$单位产品直接人工成本＝单位产品工时消耗量×小时工资额$$

其中:小时工资额＝生产工人工资总额/生产工时总数

为确定这两个因素的影响,可按下列公式计算:

单位产品生产工时差异的影响＝(单位产品的实际生产工时－单位产品的计划生产工时)×计划小时工资额

小时工资额差异的影响＝(实际小时工资额－计划小时工资额)×单位产品的实际生产工时

例 8－15 该厂生产免烫衬衫,对其相关的直接人工成本资料进行分析,详见表 8－14:

表 8－14　免烫衬衫直接人工成本分析资料

项　目	计划数	实际数	差　异
单位产品的生产工时	6	6.31	＋0.31
小时工资额	14	13	－1
单位产品的直接工资	84	82	－2

单位产品的直接工资降低了 2 元,可以分析如下:

单位产品生产工时差异的影响＝(6.31－6.0)×14＝4.3(元)

小时工资额差异的影响＝(13－14)×6.31＝－6.3(元)

两者共同作用的结果就是该产品单位成本降低了 2 元。因此,在进行成本分析的时候,要深入实际调查研究,并结合班组核算的资料,才能查明真正的原因,促进降低成本的目的。

3. 制造费用项目的分析

制造费用是企业各生产单位为组织和管理生产所发生的各项费用,以及固定资产使用费、维护费等费用。影响单位产品制造费用的因素可以用公式来表示,

$$单位产品制造费用＝单位产品工时消耗量×小时费用分配率$$

其中:小时费用分配率＝制造费用总额/生产工时总数

用因素分析法来分析效率和分配率两个因素变动的影响,即表示为:

效率差异的影响＝(实际单位产品生产工时－计划单位产品生产工时)×计划小时费用率

分配率差异的影响＝实际单位产品生产工时×(实际小时费用率－计划小时费用率)

例 8－16 该厂生产的免烫衬衫,对其有关制造费用分析,详见表 8－15:

表 8－15　免烫衬衫制造费用分析表

项　　目	计划数	实际数	差异
单位产品的生产工时(小时)	6	6.31	0.31
小时费用率	1.26	1.11	−0.16
单位产品的制造费用(元)	7.56	7	−0.56

单位产品的制造费用降低了 0.56 元,可以分析如下:

单位产品生产工时差异的影响＝(6.31−6.0)× 1.26＝0.39(元)

小时费用率差异的影响＝(1.11−1.26)× 6.31＝−0.95(元)

二者共同作用的结果是单位产品的制造费用下降了 0.56 元。为了进一步了解制造费用变动的原因,提出改进措施,降低单位产品成本,应按费用项目逐项分析。

(三) 制造费用预算执行情况的分析

在单位成本中制造费用项目的分析中,要了解制造费用节约或超支的原因,应当进一步分析制造费用总额及其构成项目情况。根据制造费用预算、制造费用明细表和其他有关资料对制造费用预算执行情况进行分析时,要遵循以下几点要求:

1. 运用比较分析进行分析

运用比较分析对本年实际制造费用总额分别与上年实际制造费用总额和本年制造费用预算进行比较,查明两个年度制造费用总额的变化情况,查明制造费用预算执行情况。

2. 分别对固定费用和变动费用进行分析

根据费用与产品产量的关系,将制造费用划分为固定费用和变动费用。在一定产量范围内,固定费用总额应当是相对固定的;变动费用总额随着产量的变化而变化。在进行分析时,固定费用项目可以直接对比;变动费用项目可以先按产品产量的变化情况,对本年预算进行调整,再将本年实际数与调整后的预算数进行对比。

3. 分析重点费用项目

对制造费用各明细项目逐项分析,分析的重点是实际脱离预算较大的费用项目,以及在制造费用中占了较大比重的费用项目。

4. 分析费用项目的构成比例

在重点费用项目的数额变动的同时,应当进一步分析制造费用各明细项目构成比例的变化情况,检查费用构成变化的合理性。

五、技术经济指标变动对产品成本影响的分析

(一) 技术经济指标的含义及作用

技术经济指标是从各种生产资源利用情况和产品质量等方面反映生产技术水平的各种指标的总称。每个企业都有一套与其生产技术特点相联系的技术经济指标,它作为一个中间环节,把技术与经济联系起来。在企业产品成本分析中,则表现为各项技术经济指标完成的好坏,都直接或间接地影响到产品成本的高低,即技术——技术经济指标——单位产品成本。

技术经济指标是指与企业生产技术特点具有内在联系的经济指标,如材料利用率、劳动

生产率、设备利用率、产量增长率、产品合格率等。考核企业经济活动的技术经济指标随生产技术不同的工业企业而不同。企业技术经济指标,综合地反映企业的经济与技术状况,技术经济指标的变动直接或间接地影响着产品成本的高低。因此,进行技术经济指标变动对单位产品成本影响的分析具有重大的作用。

(1) 技术经济指标分析可以使成本分析深入到生产技术领域,使经济分析与技术分析相结合,具体查明成本升降的原因,有针对性地提出问题,指出改进生产技术的方向。

(2) 技术经济指标分析可以促使企业生产技术部门、职工群众从提高经济效益的角度出发,提高工作质量,改进、提高生产技术,更好地完成各项技术经济指标,从而使产品成本不断降低。这样可以促进工人密切重视、关心和积极参加成本技术经济分析。

(3) 技术经济指标分析把日常分析和专门分析结合起来,发现生产技术和经济管理中存在的问题,及时掌握成本偏差,迅速采取必要措施,改进生产技术和经营管理,保证成本计划的顺利完成,使成本分析起到有效控制成本的作用。

(二) 技术经济指标的分类

技术经济指标变动对产品成本的影响主要表现在对产品单位成本的影响。一种产品单位成本的高低取决于该种产品的总成本和总产量的高低,其计算公式为:

$$产品单位成本 = \frac{总成本(料、工、费)}{总产量}$$

从各项技术经济指标同产品单位成本的关系来看,我们可以把技术经济指标划分为三类:

第一类指标其变动直接影响单位成本水平的技术经济指标。如每吨电炉铜耗电量,造纸生产的每吨纸耗用标准煤量等,它们的变动直接影响产品成本中直接材料、燃料及动力等费用水平。

第二类指标其变动间接影响单位成本水平的技术经济指标。如企业的生产设备利用率,它们的变动并不直接影响产品的总成本,却可以直接影响产品产量,并通过产量间接地影响产品单位成本。

第三类指标其变动既直接影响产品的单位成本,又通过产量、质量变动间接影响产品成本水平的。如成本率、废品率等指标的高低既影响总成本中的原材料和燃料消耗,又影响产量变动而间接影响产品单位成本。

(三) 编报主要技术经济指标变动对产品成本影响分析表应突出的特点

(1) 及时性。讲求时效,使报表提供的信息与报表反映的内容在时间上保持一致。

(2) 针对性。根据各部门、车间管理分工和岗位责任,针对性地提供成本会计信息,满足有关方面的需要。

(3) 灵活性。报表不拘泥于一定格式,指标可多可少,单项指标也可以。可以事后报,也可以事中报或事前预报,讲求实效。

(四) 成本技术经济指标分析的一般程序

(1) 研究企业生产组织、技术设备和生产工艺等方面的特点,以及与其相适应的技术经济指标同成本指标之间的依存关系。

(2) 制定各项技术经济指标对成本影响的经济计算模型,以及各项生产技术操作因素对技术经济指标影响的分析数据。

（3）根据各项经济计算模型,结合技术经济指标完成情况,测定技术经济指标变动对成本影响的程度。

（4）深入生产技术领域,测算各项生产技术操作因素对技术经济指标的影响,以便及时采取措施,促进产品成本不断降低。

（五）成本技术经济指标的内容分析

下面仅就产量、质量、劳动生产率及材料消耗量等技术经济指标的变动对单位成本的影响进行分析

1. 劳动生产率变动对成本影响的分析

劳动生产率是劳动者在一定时期内小生产的产品数量与耗费的劳动量之比。劳动生产率的提高,一方面可以增加工人生产产品的数量,减少单位产品工时消耗量,从而降低单位产品中直接人工成本;另一方面,劳动生产率提高,则应付给劳动者的小时工资额可能也要提高,从而增加单位产品中直接人工成本。因此,企业在对劳动者增加幅度没有超过劳动生产率的增长速度时,既能保证企业增加职工工资,又能提高盈利水平。

在单位产品成本项目分析中,已分别进行了工时消耗量变动及小时工资额变动对直接人工成本的影响。现在进行劳动生产率变动对单位成本影响的分析既进行工时消耗量和小时工资额同时变动时对产品单位成本影响的分析。劳动生产率变动对单位成本的影响可用公式表示如下：

$$\text{劳动生产率提高对单位产品成本降低额的影响} = \left(1 - \frac{1+\text{小时工资增长率}}{1+\text{劳动生产增长率}}\right) \times \text{计划直接人工成本}$$

$$\text{劳动生产率提高对单位产品成本降低额的影响} = \text{劳动生产率提高对单位产品成本降低额的影响} \div \text{计划直接人工成本}$$

例 8 - 17 假设某服装制衣厂全新羊毛西服计划单位成本每件 750 元,其中直接人工成本 100 元,实际劳动生产率比计划提高 20%,同时,工人小时工资额也相应增加 10%,则劳动生产率提高对单位成本的影响程度为：

劳动生产率提高对单位产品成本降低额的影响=(1-(1+10%)/(1+20%))×100=8.3(元/件)

劳动生产率提高对产品单位成本降低率的影响=8.3/750=1.1%

2. 材料消耗量变动对成本影响的分析

生产中投入材料发生的废料越少,说明材料的利用率越高,即单位材料消耗量降低。因此,改进工艺加工方法,降低单位材料消耗量,提高材料利用串,可以降低产品成本。

材料利用率是指投入材料的重量和实际利用材料重量的比值。在单位产品包含的直接材料重量及其他条件不变的情况下,单位材料消耗量变动时对成本的影响,即材料利用率变动对成本的影响,可用公式表示如下：

$$\text{材料利用率变动对单位成本降低额的影响} = \frac{\text{实际单位材料成本}-\text{计划单位材料成本}}{\text{计划单位材料成本}} \times \text{计划单位成本中的材料成本}$$

$$= \left(\frac{\text{实际材料利用率}}{\text{计划材料利用率}}-1\right) \times \text{计划单位成本中的材料成本}$$

其中：

$$直接材料利用率 = \frac{产品中包含的直接材料重量}{该产品直接材料耗用总量}$$

例 8-18 根据某服装厂生产的生产羊毛西服有关资料,分析直接材料利用率变动对单位成本的影响,详见表 8-16。

表 8-16 产品直接材料成本及利用率

项 目	计 划	实 际
单位成本(元/件)	750	735
其中:直接材料(元/件)	480	470
直接材料利用率(%)	88	90

材料利用率变动对单位成本降低额的影响 = (90%/88%-1)×480 = 10.91(元)

材料利用率变动对单位成本降低率的影响 = (90%/88%-1)×(480/750)×100% = 1.45%

计算结果表明,由于单位材料消耗量变动直接材料利用率提高,使产品单位成本比计划降低 10.91 元,降低率为 1.45%。

3. 产量变动对成本影响的分析

在进行产量变动对成本影响的分析时,需将产品成本划分为变动和固定两部分。当产量增加时,单位产品分摊的固定成本将会减少;反之,当产量减少时,单位产品分摊的固定成本将会增加。因此,在有剩余生产能力、产品有销路的情况下,增加产品产量能够降低产品单位成本。产量变动对单位成本影响程度用公式表示如下:

产量变动对单位成本降低额的影响 = 计划单位成本-产量变动后的实际单位成本

产量变动对单位成本降低率的影响 = (计划单位成本-产量变动后的实际单位成本)
÷计划单位成本×100%

例 8-19 假设某服装厂生产羊毛西服的产量及产品成本资料,如表 8-17 所示。在单位变动成本和固定戈本总额不变条件,分析产量变动对乙产品单位成本计划完成情况的影响。

表 8-17 产量变动对成本影响的分析

项 目	产量(件)		单位成本(元)	
	计划	实际	计划	实际
变动成本			525	
固定成本			225	
合 计	20	30	750	735

产量变动对单位成本降低额的影响 = 750-735 = 15(元)

产量变动对单位成本降低率的影响 = 15/750×100% = 2%

计算结果表明,在西服产量增加到 30 件时,实际单位成本比计划成本下降了 15 元,降低率为 2%。

4. 产品质量变动对成本影响的分析

衡量产品质量的指标有合格品率、废品率、等级品率等，产品质量变动对单位产品成本计划影响可以从以下两方面分析：

（1）废品率变动对单位成本计划的影响。由于产品生产过程中的废品损失要计入产品成本。因此，废品率越高，生产中的合格品就越少，应负担的废品损失就要增加，如果在生产消耗水平等其他因素不变的前提下，则产品单位成本就会提高；反之，废品率越低，则产品单位成本就会降低。废品率降低对产品成本影响程度用公式表示如下：

$$\begin{matrix}\text{废品对计划单位}\\\text{成本降低额影响}\end{matrix}=\text{计划单位成本}\times\text{废品率对单位成本降低率的影响}$$

$$\begin{matrix}\text{废品率对单位成}\\\text{本降低率的影响}\end{matrix}=\frac{\text{废品率}\times(1-\text{可回收残值与废品成本的比重})}{1-\text{废品率}}$$

其中废品率的计算公式：

$$\text{废品率}=\frac{\text{废品数量}}{\text{产品数量}}=1-\text{合格品率}$$

例 8-20 假设某服装厂生产羊毛西服计划单位成本 750 元，计划废品率为 2%，实际废品率下降到 1%，可收回废品的残值占废品成本的 30%，分析实际废品率比计划废品率下降后对产品单位成本计划的影响。

$$\text{废品对计划单位成本降低额的影响}=\frac{2\%\times(1-30\%)}{1-2\%}=1.43\%$$

$$\text{实际废品率对单位成本降低率的影响}=\frac{1\%\times(1-30\%)}{1-1\%}=0.71\%$$

废品率变动对单位成本降低率的影响 $=1.43\%-0.71\%=0.72\%$

废品率变动对计划单位成本降低率的影响 $=750\times0.72\%=5.4(\text{元})$

计算结果表明，由于乙产品实际废品率比计划废品率下降 1%，使乙产品实际单位成本比计划单位成本降低了 0.72%，降低额为 5.4 元。

（2）产品质量等级变动对单位成本的影响。企业在生产产品时，使用相同材料，经过相同加工过程，但却会生产出不同质量等级产品。质量等级变动对单位成本计划的影响，可用"折合产量的单位成本降低额"和"折合产量的单位成本降低率"两个指标来表示。所谓折合产量是指将其他等级的产品产量按一定折合率统一换算为一级品的总产量。在实际工作中，折合率一般按各等级产品的售价与一等品的售价的比值确定。

产品的平均质量水平可以通过等级系数来表现，其计算公式如下：

$$\text{产品等级系数}=\frac{\sum(\text{各等级产量}\times\text{该等级折合率})}{\text{各等级产量之和}}$$

产品等级系数公式中折合率按各等级品的价格与一级品价格之比确定。产品等级系数越高，说明折合一级品的产量越多，则折合产量的单位成本也就相应地降低，反之，则上升。

例 8-21 假设某服装厂生产免烫衬衫的产量及等级资料如表 8-18 所示

表 8-18　产品质量等级对单位成本的影响

级　别	折合率	产量（件）		折合成一级品产量		成本（元）	
		计划	实际	计划	实际	计划	实际
一级品	1	400	450	400	450		
二级品	0.8	100	50	80	40		
合计		500	500	480	490	42000	42000

从上列可看出：

计划等级系数＝480/500×100％＝96％

实际等级系数＝490/500×100％＝98％

计划折合产量单位成本＝42000/480＝87.5(元)

实际折合产量单位成本＝42000/490＝85.7(元)

折合产量的单位成本降低额＝87.5－85.7＝1.8(元)

折合产量的单位成本降低率＝1.8/87.5×100％＝2.05％

也可以通过计算公式来计算折合产量的单位成本降低率

$$折合产量的单位成本降低率 = \left[\frac{该等级折合率×折合产量的实际单位成本}{该等级折合率×折合产量的计划单位成本} - 1\right] × 100\%$$

$$= \left[\frac{计划等级系数}{实际等级系数} - 1\right] × 100\%$$

即：$$折合产量的单位成本降低率 = \left(\frac{96\%}{98\%} - 1\right) × 100\% = 2.05\%$$

计算结果表明,该产品的实际总产量与计划总产量相同,实际总成本与计划总成本也相同,但由于实际一等品产量增加,二等品产量减少,使得折合产量的产量单位成本降低 1.8元,降低率为 2.05％。

知识拓展

蝴蝶效应(The Butterfly Effect)是指在一个动力系统中,初始条件下微小的变化能带动整个系统的长期的巨大的连锁反应。这是一种混沌现象。蝴蝶在热带轻轻扇动一下翅膀,遥远的国家就可能造成一场飓风。蝴蝶效应通常用于天气、股票市场、企业管理等在一定时段难以预测的比较复杂的系统中。此效应说明,事物发展的结果,对初始条件具有极为敏感的依赖性,初始条件的极小偏差,将会引起结果的极大差异。比如在 1995 年 2 月,具有 230多年历史、在世界 500 大银行的英国巴林银行宣布倒闭,究其原因是因为一名交易员违反制度,擅自越权操作而导致银行不得不接受这样的严重恶果。

"蝴蝶效应"之所以令人着迷、令人激动、发人深省,不但在于其大胆的想象力和迷人的美学色彩,更在于其深刻的科学内涵和内在的哲学魅力。混沌理论认为在混沌系统中,初始条件的十分微小的变化经过不断放大,对其未来状态会造成极其巨大的差别。我们可以用在西方流传的一首民谣对此作形象的说明。

这首民谣说：

丢失一个钉子,坏了一只蹄铁;

坏了一只蹄铁,折了一匹战马;

折了一匹战马,伤了一位骑士;

伤了一位骑士,输了一场战斗;

输了一场战斗,亡了一个帝国。

马蹄铁上一个钉子是否会丢失,本是初始条件的十分微小的变化,但其"长期"效应却是一个帝国存与亡的根本差别。这就是军事和政治领域中的所谓"蝴蝶效应"。

有点不可思议,但是确实能够造成这样的恶果。一个明智的领导人一定要防微杜渐,看似一些极微小的事情却有可能造成集体内部的分崩离析,那时岂不是悔之晚矣?横过深谷的吊桥,常从一根细线拴个小石头开始。

其原因在于:蝴蝶翅膀的运动,导致其身边的空气系统发生变化,并引起微弱气流的产生,而微弱气流的产生又会引起它四周空气或其他系统产生相应的变化,由此引起连锁反应,最终导致其他系统的极大变化。

管理启示:今天的企业,其命运同样受"蝴蝶效应"的影响,因为消费者越来越相信感觉,品牌消费、购物环境、服务态度、企业产品质量、成本的优势……这些无形的价值都成为他们选择的因素。所以,只要稍加留意,我们不难看到一些管理规范、运作良好的公司在理念中出现这样的句子:

"在你的统计中,对待100名客户里,只有一位不满意,因此你可骄称只有1%的不合格,但对于该客户而言,他得到的却是100%的不满意。"

"你有1%的次品导致客户不满,公司需要10倍甚至更多的努力去补救。"

"你要将产品成本降低一个百分点,公司就得付出成倍的成本降低努力"。

今天,能够让企业命运发生改变的"蝴蝶"已远不止"计划之手",随着中国联通加入电信竞争,私营企业承包铁路专列、南京市外资企业参与公交车竞争等新闻的出现,企业坐而无忧的垄断地位日渐势微,开放式的竞争让企业不得不考虑各种影响发展的潜在因素。精简机构、官员下岗、取消福利房等措施,让越来越多的人远离传统的保障,随之而来的是靠自己决定命运。而组织和个人自由组合的结果就是:谁能捕捉到对生命有益的"蝴蝶",谁就不会被社会抛弃。

思考与练习

一、思考题

1. 什么是成本报表?与对外报表相比,成本报表作为内部报表具有哪些特点?

2. 什么是成本分析?请简述成本报表分析的主要作用。

3. 成本报表分析方法主要有哪几种?各如何具体运用?

4. 如何设计主要产品单位成本表?

5. 连环替代法的计算程序是什么样的?

二、单项选择题

1. 成本报表属于内部报表,其种类、格式等由(　　)。

A. 企业自行决定　　　　　　　　　　B. 国家统一规定

C. 上级主管部门制定　　　　　　　　D. 当地税务机关制定

2. 某企业可比产品 A 产品,上年实际总成本为 100000 元,实际总产量 500 件,本年实际总产量为 600 件,实际总成本为 118000 元。本年可比产品成本降低额为(　　　)元。

A. −2000　　　　　　　　　　　　B. 2000
C. −18000　　　　　　　　　　　　D. 18000

3. 商品产品成本表反映的是企业在报告期内生产(　　　)的成本。

A. 全部商品产品总成本　　　　　　B. 主要商品产品总成本
C. 主要商品产品单位成本　　　　　D. 全部商品产品单位成本

4. 反映产品本身质量的指标,一般用(　　　)来表示。

A. 劳动生产率　　　　　　　　　　B. 废品率
C. 等级品率　　　　　　　　　　　D. 合格品率

5. 劳动生产率的增长速度(　　　)工资单增长速度时,才会使产品成本降低。

A. 超过　　　　　　　　　　　　　B. 等于或大于
C. 等于　　　　　　　　　　　　　D. 小于

6. 可比产品成本降低额指可比产品本年累计实际总成本比按(　　　)计算的累计总成本降低的数额。

A. 企业历史先进水平　　　　　　　B. 上年实际平均单位成本
C. 本年计划单位成本　　　　　　　D. 上年计划单位成本

三、多项选择题

1. 成本报表编制的要求是(　　　)。

A. 数字准确　　　　　　　　　　　B. 内容完整
C. 编制及时　　　　　　　　　　　D. 可比性

2. 主要产品单位成本表应列示的内容有(　　　)。

A. 历史先进水平　　　　　　　　　B. 上年实际平均水平
C. 本年计划　　　　　　　　　　　D. 本月实际

3. 反映产品质量好坏的指标有(　　　)。

A. 合格品率　　　　　　　　　　　B. 等级品率
C. 劳动生产率　　　　　　　　　　D. 废品率

4. 影响可比产品成本降低额变动的因素有(　　　)。

A. 产品产量　　　　　　　　　　　B. 产品品种结构
C. 产品单位成本　　　　　　　　　D. 产品售价

5. 成本报表常用的分析方法主要有(　　　)。

A. 比较分析法　　　　　　　　　　B. 比率分析法
C. 几何分析法　　　　　　　　　　D. 因素分析法

四、判断题

1. 会计报表按其保送对象可以分为对外报表和对内报表两类。(　　　)

2. 连环替代法的替代顺序确定原则是:先质量,后数量;先实物,后价值量。(　　　)

3. 可比产品在企业全部产品中占了较大比重,是产品成本分析的重点。(　　　)

4. 比较分析法只适用于同质指标的数量对比。(　　　)

5. 差额计算分析法是连环替代法的简化计算方法。（　　　）

6. 比率分析法主要有对比分析和相关指标比率分析法两种。（　　　）

7. 在分析各项费用计划执行情况时，应当根据费用超支或节约做出评价。（　　　）

五、核算题

1. 某服装公司按产品品种编制全部商品产品成本报表，相关信息如下：

商品产品成本(按产品种类反映)表

编制单位：××公司　　　　　　　　　200×年12月　　　　　　　　　单位：元

产品名称	计量	实际产量	单位成本			总成本		
			上年实际平均	本年计划	本期实际	按上年实际平均单位成本计算	按本年计划单位成本计算	本期实际
可比产品合计								
其中：甲产品	件	50	860	850	855			
乙产品	件	40	120	110	105			
不可比产品合计								
其中：丙产品	件	30	—	350	360	—		
全部商品产品	—	—	—	—	—			

要求：（1）计算并填列商品产品成本表中总成本各栏数据。

（2）计算可比产品成本降低额和降低率。

（3）根据上表的数据结果，来对可比产品成本降低计划的完成情况进行简要评价。

2. 某单位生产的甲产品单位成本表，各项目资料如下所示：

主要产品单位成本表

名称：甲产品　　　　　　　　　　　　　　　　　　　　　　　　　单位：元

成本项目	上年实际平均	本年计划	本期实际
原材料	480	460	495
工资及福利费	106	110	108
制造费用	72	70	68
合计	658	630	671
主要技术经济指标	耗用量	耗用量	耗用量
原材料消耗量（米）	1.6	1.484	1.55
原材料单价	300	310	320

要求：（1）分析甲产品单位成本变化情况；

（2）分析影响原材料费用变动的因素和各因素变动的影响程度。

参 考 文 献

1. 张维宾.成本会计学.上海：上海社会科学出版社,1994
2. 于富生,王俊生,黎文朱.成本会计学.北京：中国人民大学出版社,2005
3. 陈守文.成本会计.吉林：辽宁人民出版社,1994
4. 贺南轩.成本会计学.北京：北京经济学院出版社,1994
5. 全国会计专业技术资格考试领导小组办公室.成本会计.北京：中国物价出版社,2006
6. 欧阳清,万寿义.成本会计.哈尔滨：东北财经大学出版社,2002
7. 徐政旦等.成本会计.上海：上海三联书店,1995
8. 成荣晖,杨令芝等.成本会计.长沙：湖南大学出版社,2005